馆藏资源元数据的语义描述及关联网络构建研究

成 全 著

国家社会科学基金项目成果

科学出版社

北 京

内 容 简 介

关联数据技术的出现使得馆藏资源的语义揭示与网络化构建成为可能,这将极大提升各类文化服务机构在知识服务过程中的智能化与个性化水平。本书重点关注网络环境下馆藏资源知识组织、知识序化、知识服务等理论与实践问题,根据增强数字化馆藏资源语义描述能力及构建语义关联网络的整体目标,本书围绕馆藏资源组织的理论溯源及技术发展、馆藏资源元数据语义描述标准与模型构建、基于关联数据的馆藏资源元数据语义描述、馆藏资源元数据的关联数据发布、馆藏资源元数据的语义关联发现机制、馆藏资源关联数据的关联关系构建、馆藏资源元数据的关联网络构建与案例分析等七方面的内容进行系统研究。

本书不仅可以作为信息管理与信息系统、图书馆学、档案学专业本科生的教材,而且可以作为图书情报与档案管理等相关专业研究生的教材,同时也可供图书馆、档案馆、博物馆及各级图书情报机构相关研究人员参考。

图书在版编目(CIP)数据

馆藏资源元数据的语义描述及关联网络构建研究/成全著. —北京:
科学出版社,2022.10
ISBN 978-7-03-067267-4

Ⅰ. ①馆… Ⅱ. ①成… Ⅲ. ①数字图书馆-馆藏管理-研究
Ⅳ. ①G250.76

中国版本图书馆 CIP 数据核字(2020)第 252658 号

责任编辑:王丹妮/责任校对:贾娜娜
责任印制:张 伟/封面设计:无极书装

科学出版社 出版
北京东黄城根北街 16 号
邮政编码:100717
http://www.sciencep.com

北京建宏印刷有限公司印刷
科学出版社发行 各地新华书店经销
*
2022 年 10 月第 一 版 开本:720×1000 1/16
2025 年 2 月第三次印刷 印张:17
字数:343 000
定价:170.00 元
(如有印装质量问题,我社负责调换)

前　言

　　大数据时代的到来使人类的信息环境进入前所未有的数据风暴时期，面对纷繁复杂的数据汪洋，信息用户将如何快速高效地获取所需的信息资源，成为信息生产与消费部门面对的重要课题，已经得到学术界及行业界的高度关注。一直以来，图书馆以其海量的信息资源占有量成为信息资源生产、开发、利用的核心部门，对信息资源的有效序化、揭示、表达与组织也成为图书馆业务工作的核心。然而，数字环境的深度发展对图书馆知识组织（knowledge organization，KO）、开发与服务形态提出了全新的要求，传统的图书馆信息组织体系、用户拉动式的服务形态已不适合新的知识需求，必须适应数据网络环境的要求进行继承性创新。语义 Web 的出现，对传统图书馆资源的揭示与组织方法带来了巨大的冲击，同时也为图书馆资源的语义揭示、描述与网络化组织提出了一种全新的思路。由语义 Web 催生出的关联数据技术的出现使得图书馆资源的深度语义化揭示与面向知识单元的网络化构建成为可能。以网络平台为基础的图书馆智能化、个性化知识型服务将在以关联数据为代表的语义 Web 相关技术的推动下成为现实。

　　关联数据作为语义 Web 实现的有效技术之一是近年来国内外学术界关注的焦点，是由万维网联盟（World Wide Web Consortium，W3C）推荐，用来发布、联结各类数据、信息和知识，进而实现语义网络的实用性规范，它希望在现有的万维网基础上，建立一个映射所有自然、社会和精神世界的数据网络，通过事物之间的相互关系进行机器可读的描述，使互联网进化为一个富含语义的、互联互通的知识网络。由于传统信息组织方法揭示馆藏资源语义特征及其关联关系能力的先天不足，寻求有效的语义描述技术与工具一直以来都是知识组织领域追求的核心目标。馆藏资源描述的语义缺失使得面向用户需求的智能化信息服务永远只是高置于理论研究的空中楼阁，而难以植根于知识服务的前沿阵地。关联数据的应用将为数字形态的馆藏资源的多层次深度语义描述及深层次应用提供一个可操作的应用示范。然而，当前对于关联数据的应用研究大多关注其通过有效的发布机制与其他数据集建立关联形成关联开放数据（linked open data，LOD）的浅层次开发应用领域。对于以此为基础而进行的网络环境下馆藏数字资源语义的深层次描述与关联构建及推广应用服务研究尚极度缺失。

馆藏资源元数据的语义描述及关联网络构建研究即以此为核心,重点研究如何利用关联数据的关键技术在庞大的馆藏数字资源规模下发现馆藏书目数据之间的语义关联关系,构建知识链接、形成知识网络,并对其实施动态的关联关系跟踪与维护。长期以来,我国各级各类文化机构虽然都拥有丰富且各具特色的馆藏文化资源,许多单位也进行了简单的数字化加工,但服务能力和效果依旧并不理想。因此,针对人们不同的服务要求,如何对丰富的馆藏文化资源进行有效挖掘并科学地加以组织和展示,从而整体提升图书馆、博物馆、美术馆等公益性文化机构的服务水平及用户体验,成为当前乃至未来一段时间亟待攻克的重大战略问题。

依据增强数字化馆藏资源语义描述及关联揭示能力的整体目标,本书首先根据国际图书馆协会联合会(International Federation of Library Associations and Institutions,IFLA)于1998年正式推出的《书目记录的功能需求》(Functional Requirements of Bibliographic Records,FRBR),以及由《英美编目条例》联合修订指导委员会(Joint Steering Committee for Revision of The Anglo-American Cataloging Rules,JSC)于2009年正式出版的《资源描述与检索》(Resource Description and Access,RDA)等馆藏资源元数据语义描述的重要标准和指导性纲要,构建基于FRBR与RDA的馆藏资源元数据语义描述与关联网络构建模型;其次,通过引入资源描述框架(resource description framework,RDF)、关联数据(linked data)等语义Web的核心技术依据特定命名机制赋予不同粒度馆藏数字资源实体以统一资源标识符(uniform resource identifier,URI)标识并进行RDF语义化描述;再次,选择合适的关联数据发布工具将馆藏资源关联数据集予以发布;最后,利用语义链接技术实现对不同馆藏资源关联数据集之间资源对象的语义链接,进而利用语义链接动态维护方法实现对关联关系的动态跟踪与管理。具体而言,针对下列问题开展了深入研究。

(1)传统书目系统概念关联及层次关系构成及其语义揭示性能评价研究。深入分析主题词表(subject headings)及分类法等传统图书馆信息组织工具中词汇的构成及关系的表现形式,剖析现有的组织方式在馆藏资源语义揭示与关联描述等方面的不足之处并分析其原因。

(2)基于关联数据的数字资源语义描述理论与方法研究。世界上任何事物之间都存在着复杂的联系,这种联系往往既是多维度或多变量的,也存在显性与隐性之分。网络环境下的海量数字资源之间纷繁复杂的关联关系更是表现得尤其突出,尽管都柏林核心(Dublin core,DC)元数据标准、标签系统等的引入为网络数字资源的标准化描述及系统化组织提供了有效的解决途径,但是在语义层面对数字资源关联关系的揭示方面,传统的标准与技术依然显得力不从心,尚需要借助关联数据这种简单有效的技术手段实现对数字资源之间语义关联关系的发现与建立。具体研究内容包括：基于元数据的关联规则与关联算法研究、基于知识单元的关联规则与关联算法研究等。

（3）馆藏资源关联数据的创建与发布研究。利用关联数据技术对传统 Web 环境下馆藏元数据资源进行语义化改造，这是构建馆藏资源关联网络的前提条件。Web 利用 XML 框架对各类型馆藏数字资源进行了有效的封装，然而资源语义特征的揭示尚缺乏有效途径，使得隐藏在图书馆书目数据中的相关概念或知识单元无法作为独立的知识单元实现开放获取。因而，要消除书目数据信息描述的语义功能障碍，引入关联数据的实体 URI 发布命名规则、书目数据词汇集创建、RDF 三元组描述框架等基础理论与方法，实现对馆藏资源的有效发布。

（4）馆藏资源关联关系的发现机制研究。在 Web 环境中，通过 RDF 链接实现不同数据集之间的语义关联关系是行之有效的一种实现手段。RDF 链接可以使 Web 用户利用关联数据浏览器在不同的关联数据集中进行遍历，实现数据最大限度的共享与耦合；RDF 链接也能够成为搜索引擎和网络爬虫的数据采集媒介，实现更加完善的数据采集效果。为了实现在构建数据资源网络化过程中，关联数据集之间的语义关联与融合问题，我们必须面对的一个重要课题就是语义关联关系的发现机制。它是关联数据集之间关联关系构建的基础，也是关联数据实现、发布和扩展的前提。本章即从关联数据在实现其语义关联过程中主要的应对问题入手，分析在关联数据构建过程中的具体表现形态，这些问题将为关联数据集之间的语义关联工作带来极大的挑战。

（5）馆藏资源关联网络构建与维护研究。馆藏资源关联网络的构建目标是将相同或相关领域的馆藏关联数据集依据实体对象与概念之间的显性或隐性关联关系构建 RDF 链接，从而利用链接机制创建馆藏资源关联网络以实现数据的开放共享与重用。其中，RDF 链接构建就是要通过人工或自动方式在关联数据集内部与外部创建各种类型的语义链接，从而实现关联网络中馆藏资源数据的相互关联；RDF 链接的维护则是要基于关联数据的变化不断对已构建 RDF 链接进行新建、变更、删除等操作，从而保证数据关联与网络构建的精确性和有效性。

（6）馆藏资源元数据关联网络结构及网络构建案例分析。馆藏资源元数据的关联数据发布目标是将符合关联数据发布原则的本地数据集通过 HTTP 内容协商机制予以开放式发布，是构建馆藏资源知识关联网络的基础。知识网络是由知识节点和知识的关联关系构成的网络化知识结构体系，可以看成是知识的时空结构的集合，本章通过对知识网络的结构特征进行探讨，构建了基于 FRBR 及 RDA 概念体系的馆藏资源元数据关联网络模型，并借用元数据范畴的馆藏资源中重要的两类数据：规范词表及馆藏机器可读目录（machine readable catalogue，MARC）书目数据为研究对象进行元数据的语义化改造，并分别以简单知识组织系统（simple knowledge organization system，SKOS）及 RDF 语义描述框架体系予以表达，同时尝试对其语义化的结果实施关联网络的构建，并给予视图展现。

  馆藏资源元数据的语义描述及关联网络构建是一个复杂的系统工程，需要综合运用信息组织与检索、计算机科学、信息管理、知识管理、语义学等学科理论、观点与方法。馆藏资源是采用自然语言描述的无结构化数据，对于如何揭示馆藏资源所蕴含的知识及其特征，传统的信息组织体系视角主要放在文献等大粒度信息单元的层次上，即通过分类法和主题词表等分类体系及 MARC、DC 等元数据间接地表示馆藏资源所包含的知识。但传统信息组织体系及元数据在语义处理方面功能极其有限，致使检索性能没有得到根本的改善，那些没有被文字直接表述出来但隐含在资源内容中的部分重要知识及其之间的关联也无法被检索和体现，这对于数字资源的深层次挖掘与利用极为不利。这就需要从语义层面提升现有信息组织标准及元数据对信息资源的揭示功能。通过对主题词表的改造，并与分类法相结合，能够构建一个嵌入了分类体系的抽象的概念网络，在此基础上根据元数据的语义标引信息将其分配至概念网络中形成一个具有语义功能的知识网络。

成 全
2022 年 7 月

目 录

第1章 馆藏资源组织的理论溯源及技术发展 ·················· 1
  1.1 馆藏资源组织的思想缘起 ································· 1
  1.2 知识组织理论思想的演进历程 ··························· 4
  1.3 知识组织实用系统的演进历程 ··························· 13
  1.4 知识组织表示工具的演进历程 ··························· 16
  1.5 知识组织技术的新发展 ··································· 19

第2章 馆藏资源元数据语义描述标准与模型构建 ············ 26
  2.1 馆藏资源描述工具的类别 ································· 27
  2.2 传统馆藏资源描述工具的语义揭示性能评价 ············ 29
  2.3 FRBR 概念模型及其核心思想辨析 ······················ 35
  2.4 RDA 编目规则及其核心思想辨析 ······················· 50
  2.5 FRBR 与 RDA 的关联及其与关联数据的契合 ·········· 57
  2.6 基于 FRBR 的馆藏资源元数据语义描述与关联网络构建模型 ·· 60

第3章 基于关联数据的馆藏资源元数据语义描述 ············ 63
  3.1 馆藏资源元数据的实体对象抽取及 URI 命名 ·········· 64
  3.2 馆藏资源元数据的语义化分析及表达 ··················· 75
  3.3 馆藏资源元数据的语义描述实例分析 ··················· 100

第4章 馆藏资源元数据的关联数据发布 ························ 106
  4.1 馆藏资源元数据的关联数据发布方式 ··················· 106
  4.2 馆藏资源元数据的关联数据发布步骤 ··················· 112
  4.3 馆藏资源元数据的常用关联数据发布工具实例 ········ 117

第5章 馆藏资源元数据的语义关联发现机制 ·················· 139
  5.1 馆藏资源关联数据语义关联应对的问题 ················ 140
  5.2 馆藏资源关联数据实体语义相似度计算 ················ 151
  5.3 馆藏资源关联数据语义关联的发现方法 ················ 174

第 6 章　馆藏资源关联数据的关联关系构建 …………………………… 184
　　6.1　馆藏资源关联关系的理论层次 ………………………………… 185
　　6.2　馆藏资源关联数据的关联关系构建基础 ……………………… 187
　　6.3　馆藏资源关联数据的关联关系构建类型 ……………………… 193
　　6.4　馆藏资源关联数据的关联关系构建方法 ……………………… 200
　　6.5　馆藏资源关联数据的关联关系构建实例：基于 Silk Workbench
　　　　平台的应用 ……………………………………………………… 204
第 7 章　馆藏资源元数据的关联网络构建与案例分析 ………………… 217
　　7.1　馆藏资源元数据的关联网络结构 ……………………………… 218
　　7.2　规范词表的语义描述及关联网络构建案例分析 ……………… 224
　　7.3　馆藏 MARC 书目数据的语义描述及关联网络构建案例分析 … 230
参考文献 ………………………………………………………………… 253
后记 ……………………………………………………………………… 263

第 1 章　馆藏资源组织的理论溯源及技术发展

馆藏资源的组织与检索问题一直以来都是信息资源管理领域的焦点与核心问题，随着馆藏资源载体形态的不断变化，其组织工具与管理手段也都发生了巨大的变革，其中最主要的特征是从纸质馆藏资源组织工具到以计算机、网络为工具的馆藏资源组织的转变。然而，无论组织工具与管理手段发生何种变化，馆藏资源组织的核心内容都始终围绕着对馆藏资源特征的有效揭示展开。回顾人类对馆藏资源的揭示历程，书目记录的手工操作向机器操作、人工理解向机器理解转变是发展的主流趋势，馆藏资源语义特征的揭示和描述已经成为在语义网推动下馆藏资源组织与检索领域不可回避的重要问题。拟从馆藏资源组织、语义网及关联数据三方面追溯馆藏资源元数据语义描述的理论思想，以此构建基于关联数据的馆藏资源元数据语义描述模型。

1.1　馆藏资源组织的思想缘起

人类被信息淹没，但渴望知识。知识是人类智慧的结晶，对知识进行有效的组织是对其进行发现、利用、再创造的前提，人类文明史的进程一直伴随着对知识组织的探索和追求。从古人的《别录》《七略》《通志·校雠略》《校雠通义》，以及《四库全书》中经、史、子、集分类法的应用到当代的分类法、主题法、元数据、叙词表、概念图、主题图、本体等，无一不是在不同历史时期对知识组织进行的探索和尝试。面对当前信息资源极度膨胀的泛在网络环境，人类对于信息资源的组织与序化需求变得越来越急迫。新时期、新环境下的知识组织将何去何从是萦绕在无数信息科学工作者头脑中的重大问题。尽管当前学术界对知识组织领域的研究已将智能化组织、语义化揭示、可视化表达等作为前沿方向做了大量的开创性研究工作，但是鲜有学者对知识组织的理论根源性问题、发展过程中的认知路径问题做一个系统化、体系化的深入研究，这些基础性研究问题对于构建完善的知识组织学科体系而言具有重要意义。本章则以史学的视角对知识组织理论的产生、发展及演进历程进行深入剖析，以期对本领域研究有全景视图的把握。

互联网和计算机的出现与普及颠覆了原有的、人们已经认可和接受的传统知识组织体系，网络数字资源的几何级数增长趋势也使得传统的知识组织系统与工具陷入缺少灵活性、适应能力不强的尴尬困境，图书馆对于信息资源掌控的绝对权威地位受到了万维网的严峻挑战，由此也引发了万维网技术的拥护者与图书馆学界此起彼伏的口水战。尽管争论的结果并没有影响图书馆事业的发展进程，但是，每一个图书馆人也不禁陷入沉思：高新技术是否应该广泛进入图书馆阵营？如何通过高新技术的应用更便捷、更高效地为图书馆的用户提供全方位服务？Web 2.0 所倡导的知识平民化、大众化的理念将促使人类为网络知识组织的科学化投入更多的关注，而知识组织理论、方法、工具也将更加顺应互动式网络的变革，变得更加灵活化、多元化、草根化。语义 Web 时代的到来使英国情报学家布鲁克斯提出的"知识地图"美妙图景从空中楼阁接上了实践之地气，使其所想逐渐呈现为一幅幅美妙绝伦的知识图谱，然而知识组织的未来依然布满荆棘，需要我们披荆斩棘不断创新才能使知识组织的理论体系更加完善、知识组织的工程实践更加科学、知识组织的服务形态更加丰富。

从知识组织的学科体系、理论思想、实用系统、表示工具这四个横向维度对知识组织的演进历程进行时间序列的深入剖析。分别揭示出知识组织学科体系的"文献组织→情报组织→信息组织→知识组织"的演化路径；理论思想的"线性结构组织思想→树形结构组织思想→盒状结构组织思想→链式结构组织思想→网状结构组织思想"的演化路径；实用系统的"词表系统→分类与归类系统→关联网络系统"的演化路径；表示工具的"纸质媒体时代的表示工具→机读目录表示工具→互联网时代的表示工具→语义 Web 时代的表示工具"的演化路径。

追溯知识组织的源流，在铸造人类文明的历史长河中蕴含着众多先知对知识组织理论的探索和追求，这集中体现在《别录》《七略》《通志·校雠略》《校雠通义》这几部经典著作，以及《四库全书》中经、史、子、集四部分类法的实践应用中。

（1）在我国，知识组织思想的萌芽出现在西汉成帝河平三年（公元前 26 年），杰出的学者刘向、刘歆父子受命主持了我国历史上第一次大规模整理群书的工作。在每一部整理完毕时，刘向便撰写一篇叙录，记述这部书的作者、内容、学术价值及校雠过程。将这些叙录汇集成书便成为我国第一部图书目录《别录》；刘歆在其父刘向的基础上继续整理群书，并把《别录》各叙录的内容加以简化，并将所有的叙录分为六略，即六艺略、诸子略、诗赋略、兵书略、术数略、方技略，再在前面加上一个总论性质的"辑略",编成了我国第一部分类目录《七略》。《七略》是一部分类目录,第一次展示了我国古代的图书分类方法,它以学术性质作为分类标准。在著录上确立了较为完全的著录方法,除编撰有内容提要外,还利用了"互见法"和"分析法"。《七略》创立的分类法和著录法对我国图书目录学的发展产生了深远影响。

(2)继《别录》《七略》之后,南宋著名的古典目录学家郑樵利用整体论、类例论、记录论、揭示论的目录学思想提出了一系列书目方法论,他的古典目录学核心思想集中体现在其所著的《通志·校雠略》中(王国强和柯平,1996):①整体论是郑樵目录学的指导思想,该思想来源于中国文化——"会通"这一基本精神,"会通"即整体,整体是存在的基本元素,个体由整体分化而来,同时也必须依附、顺从于整体才有价值。"会通"关注的是事物之间的联系性、连续性和全局性。这种指导思想决定了郑樵目录学思想的一切层面,乃至于出发点和归宿。②类例论是郑樵目录学思想的核心,尽管"类例"一词在郑樵的《通志·校雠略》中并没有明确界定,然而从后人对其学术观点的深度剖析来看,"类例"与"分类体例"差可相近,即"类例"既体现出学术分类之意,也包含图书分类之意,郑樵的类例思想旨在使书目担当起更多更重要的文化责任。③记录论表明郑樵认为书目的基本作用是记录和整序文献,不但要记录书籍,还要记录图谱,郑樵认为"见书不见图,闻其声不见其形;见图不见书,见其人不闻其语"。可见,郑樵记录图、书的理念不仅体现出穷尽上下古今文献的思想,更是英国情报学家布鲁克斯所指"知识地图"的思想本源。④揭示论认为文献揭示思想的核心是"泛释无义",指出文献揭示应当"取简而易晓""盖有应释者,有不应释者,不可执一概而论",而不应该"每书之下,必著说焉"(王国强和柯平,1996)。

(3)乾隆四十四年(公元1779年),清代学者章学诚在郑樵学术思想的基础上撰写了《校雠通义》,并提出"辨章学术,考镜源流"的思想。其贡献在于借用学术分类和学术史的方法对传统的书目编排进行创新,完善古籍目录、优化目录质量,对文史目录学的发展和研究具有划时代的意义(王琰,1998)。"辨章学术"是将各科目依学术性质划分清楚、排列在一起;"考镜源流"是提取古今学术发展的史料,通过比较鉴别,溯其源流和变化。章学诚借用学术分类和学术史的方法改革书目编排,完善古籍目录、优化目录质量,把文史目录学研究引入较高的学术领域,提高了文史目录的使用价值,实现按类找书、以书助学的使用价值(王琰,1998)。

(4)1772年开始清代乾隆皇帝在"文字狱"的背景下亲自组织了中国历史上一部规模最大的丛书《四库全书》的编撰,经十年编成。丛书按照经、史、子、集4部共44类66属对中国国学经典名著进行分类组织,其中经部收录的是儒家经典，史部主要是各种体式的史书，子部收集先秦以来诸子百家及释道宗教的著作，集部收录历代诗文集、文学评论及词曲方面的著作。

倘若，我们用"文献组织"对这段历史时期知识组织的实践探索定义标签的话，那么知识组织的产生与发展则应该推进到20世纪20年代末了。

知识组织概念由美国著名图书馆学家、分类法专家布利斯（H. E. Bliss）于1929年首次提出，并出版著作《知识组织和科学系统》《图书馆的知识组织》，随后引发图书情报领域学者的广泛关注。美国著名图书馆学、目录学家谢拉（Jesse Hawk Shera）分别于1965年和1966年出版《图书馆与知识组织》《文献与知识组织》两部论著，对图书馆的知识组织表现及作用进行了初步研究（李雷和张亚茹，2012）；1964年我国著名文献情报学家袁翰青教授将知识组织概念引入我国图书情报学界，由此引发了以王知津（2009年出版《知识组织理论与方法》）、蒋永福、王军（2009年出版《数字图书馆的知识组织系统——从理论到实践》）等为首的大批学者对该主题领域广泛而深入的研究，极大地推动了我国知识组织研究与国际前沿的接轨（吴晖和徐丹琪，2007）。

1.2 知识组织理论思想的演进历程

现代意义的知识组织理论基础来源于对一切显性与隐性知识描述和表达的理论与方法，是一个多维的概念。符号学学者史密拉格利亚（Smiraglia，2005）认为知识组织不可能仅靠独立的理论基础就能对智力资本和物理实体进行科学的组织，计算语言学、认知科学、计算机理论、社会认知论、逻辑学、模式科学等都会对知识组织的理论构建起到相应的影响。追溯本源，这些众多的理论思想来自知识组织与信息检索理论衍生进程中的两大经典流派：一是解释性流派，包括社会认知方法、符号学、语用学和历史主义方法等；二是描述性流派，包括认知科学、计算机、语言学及概念理论等。对知识组织理论的形成起到核心支撑作用的则是分别来自两大流派的符号理论及概念理论。随着知识组织系统构建的不断完善，这两大理论基础逐渐走向趋同的集成化发展态势，使知识组织的理论研究进入新的历史阶段。

1.2.1 知识组织的符号理论基础

符号理论是知识组织解释性理论流派的主要代表，而"符号"作为一种描述知识的重要工具，其表现形式多种多样，可以通过词语、图像、图片等各种形式呈现,然而学术界对符号的界定并不严格。对"符号"这一术语的首次描述可追溯到古希腊时期,认为"符号"与"症状"存在必然的联系,且这两个术语都来自"记号"这个语词。到了19世纪,随着关注学科的界限越来越分明,关于对"符号"本质的探讨也逐渐衍生出两个方面的理论体系,分别是以瑞士语言学家索绪尔(Ferdinand de Saussure)为主要代表的语言符号理论和以美国哲学家皮尔斯(Charles Sanders Peirce)为主要代表的符号学运行理论。然而,对知识组织理论体系构建起到重要支撑的则是皮尔斯的符号学运行理论。

皮尔斯的符号学运行理论是一个具有解释功能的前后连贯的系列过程。皮尔斯将其理论定义为三元组成分,分别为"对象""替代""解释",对象即要描述的客体,替代即用于描述该客体的其他表达形式,解释即对象与替代之间的关系,能够对它们起到沟通调节的作用。三元组成分是构成皮尔斯符号学运行理论的最基本单元。符号的含义也就被各种解释的形态来描述其所揭示的客体对象。个人心理解释的反应则被已经广泛接收的符号属性来决定,最终,符号含义的选取是临时的也是不完整的,它们之间的沟通则主要依赖于彼此之间的共同点。

皮尔斯将其符号运行理论体系按纵向和横向分别界定为三个维度,横向维度则按"对象""替代""解释"三元组成分对符号进行分类,如图1-1所示。

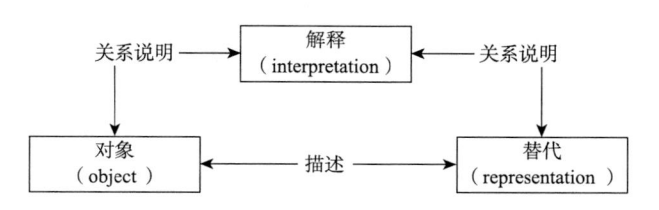

图1-1 皮尔斯的符号运行理论体系

"对象""替代""解释"这三个元素可分别从其表现形式上分为三级概念,第一级"对象"可理解为潜在级,第二级"替代"可理解为存在级,第三级"解释"则可理解为智力概念级,它是对"对象"进行"替代"的逻辑解释说明。

在此基础上皮尔斯从纵向维度按三个层次对符号进行分类,从而构成符号三元组体系结构,如表1-1所示。

表1-1 皮尔斯的符号三元组体系结构

符号三元组层次	替代	对象	解释
第一层分类	质量	图标	含义
第二层分类	客体	索引	主题
第三层分类	权利	记号	述位

质量符号作为描述对象质量的标志而言,是一个不可再分的基本单元,然而它作为标志而言应该充当一个被多个组织广泛认可与共享的控制手段,如商标。通常,质量符号由一个图标来表征;客体符号描述的是对象或事件的个体信息,一般而言,质量符号必须是客体符号的实例,而客体符号则包含了某一质量符号,如同商品与商标的关系;权利符号描述的是法律与规则性的信息,它将客体符号与质量符号之间建立关联,因而,任一权利符号必然包含客体符号与质量符号的相关信息。

知识的表达行为通常从多种维度来揭示物理实体或智力思维的含义,其中包含实体文本、电子文本、图片、视频、音频等形态信息。根据 Jorna 和 van Heusden (2003)等众多学者的理解,知识表达的术语通常应是来源于经验的具备抽象性、概括性等特征的可变词汇。Markman(1999)通过大量的调查提出了知识表达的四层含义:第一层含义关注现实世界所表达知识的地理方位信息;第二层含义则关注发生的事件信息;第三层含义则刻画了为方便理解而应遵循的相关规则信息;第四层含义则指明了过程信息。过程与上述三层含义息息相关,通过这四层含义的揭示能够有效帮助我们更好地理解知识表达的术语符号。

1.2.2 知识组织的概念理论基础

概念理论是知识组织描述性理论流派的主要代表。根据 Margolis 和 Laurence (1999)的理解,概念是以语言为基础的,用来描述一个抽象思想含义的认知单元。他们认为概念根据主体所关注领域或视角的不同成为不同哲学家体现其思想的艺术成果。这一思想也逐渐成为一种有效进行概念分析的思维框架。在此基础上,现代研究者进一步从自然语言揭示心理表达的角度阐述概念是一种心理实体。在概念理论思想中,对知识组织起到重要推动作用的当属达尔伯格的概念理论。

达尔伯格对概念理论的主要贡献是提出了著名的概念三元组结构,根据这个模型,概念的产生不仅仅依托于现实存在。概念的三元组由参照、特征与口语形式构成,其核心为参照功能,参照指明个人对已有概念单元或知识单元的真实评价。参照的过程则来源于三个基本活动过程,即断言、指示与命名,断言表示参照的假定,指示的含义等同于参照步骤,命名则实现了参照特征与参照口语形式之间的转换。

达尔伯格的主要目标是提供一种更易于理解的模式组织新知识,将其分类成为知识单元或概念,图 1-2 则揭示了达尔伯格基于三元组的概念理论思想。

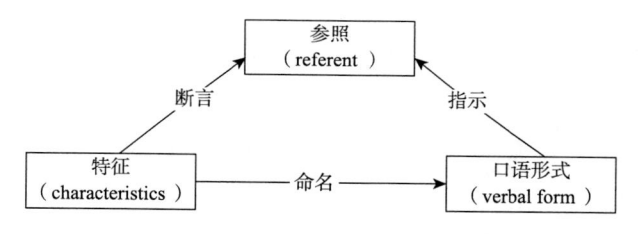

图 1-2 达尔伯格的概念体系

指示对象是达尔伯格三元组的重要组件之一，指示对象指明了一个行为、一个目标，以及为了某种信息的目的性而进行的资源利用。在达尔伯格的概念理论中，参照的概念包含三个基本成分：现实的参考行为、参考行为的评价及表达概念的动词形式。与此同时，参照也能够对任何主题领域的概念进行系统的划分，进而提供一种区分异构模式的必要基础。为了对参照进行精确化分析，达尔伯格明确指出每一个参照都需要根据抽象的程度、关于现实世界个体或群体的范围等因素进行检验。

概念所产生的特征来源于其参照对象的一个陈述，特征作为一个功能能够被定义为知识的一个概念或单元，达尔伯格认为一个概念的特征能够被其内容而不是形式来进行评价，每一个概念都具有不同的特征。为了区分不同的概念特征，达尔伯格将特征功能界定为三个重要因素，即必要性特征、偶然性特征和独立性特征。必要性特征是对所有概念参照物的描述；偶然性特征则只是对少数概念参照物的描述；独立性特征则是应用于孤立的概念参照物的描述。

口语形式的主要功能是为更加方便地综合、总结及描绘出以人际交流为主要目标的概念设计。口语是概念设计的一种重要表达形态及功能，达尔伯格将其功能揭示为六大原则，包括：遵循参考原则；组件原则；特征揭示原则；最短术语长度原则；口语化原则；国际化原则。

这些原则充分体现出分析概念参照与其特征的现实过程，与此同时，达尔伯格也指出概念的描述方式通常不止一种，其利用逻辑与语法规则验证了概念揭示功能过程的困难程度，因而需要借助各种口语形式来强化其功能，而部分概念及其相关特征的属性缺乏相关的精确定义就很容易理解了。

概念三元组的访问过程应遵循相关的属性特征，概念的诊断通常可从三个步骤执行。第一步为概念的建立，该阶段将考虑所有的参照对象所出现的全部主题或应用领域，这个过程为类型的定义；第二步为概念的区分，也即根据参照对象出现的情景确定其具体类别；第三步为独立群组的建立，在这个过程中独立概念在评价完成后被分到某一独立群组中。

与此同时，达尔伯格对概念间的关联关系按照10种标准进行了系统划分，即基于研究范式（定性与定量）、数理统计、数学概念、概念理论、层次、分片、对立、功能形式、形态分类、物质联系。每种概念划分后的群体能够进一步细分为更小的子类。

在知识组织领域，对概念理论进行研究的视角并不多，在达尔伯格研究的基础上，俄罗斯学者 Hjorland（2018）从理性主义、经验主义、历史主义、解释学、务实理论、活动论等方面阐述了概念理论的哲学思想。他认为，从认识论与活动论的观点来验证概念理论在知识组织领域的应用是非常有效的，然而，对于概念的符号学特征和语言的角色等问题却没有做出更好的解释。因而，在知识的组织与表达领域概念理论需要投入更多的研究。

对于知识的表达问题，达尔伯格提出了需要解决的两个关键问题：①概念之间的关系问题；②概念的分类问题。对于第一个问题的理解，达尔伯格将概念间的关系区分为正式、形式分类及物质三大类。在此基础上，将概念之间的正式关系进一步划分为验证、包容、交叉、排斥关系；物质关系则进一步划分为一般或抽象关系、分区关系、对立关系、互补关系及功能关系。

达尔伯格同时也提出了显示概念及其之间关系的三种不同方法：第一种是数理统计法，该方法基于概念及其关系之间的聚类分析；第二种是数学概念法，该方法基于达姆施塔特工业大学提出的概念分析；第三种是概念理论法，该方法将概念特征分析作为一种精细化系统来进行，这种概念特征分析方法在文献检索领域得到了广泛的应用，在主题词表和叙词表等受控语言系统中，概念之间的关系通常都用到了系统中的层次关系来表达。但达尔伯格也明确指出概念特征分析的缺陷，认为利用该方法进行知识组织将过度依赖于主题领域知识，因而，科学问题的陈述也过分依赖于知识组织的主题领域，对于跨学科领域知识的描述与组织而言是极其不利的。

达尔伯格概念理论思想的主旨是从语言学的视角对知识及其之间的特征进行明确的定义，认为：知识到知识组织系统包含了四个层次的基本元素，分别是知识基因（元素）、知识单元、大粒度知识单元及知识系统。其中，知识基因（元素）以概念特征被定义；知识单元关注知识的切分方式；大粒度知识单元是指内容与定义之间的概念融合；知识系统是体现知识单元之间关系的附属结构。

1.2.3 符号理论与概念理论的融合研究

皮尔斯的符号理论与达尔伯格的概念理论对于知识表示与知识组织相关理论的构建起到了重要的推动作用。虽然，两种理论各具特征，且关注的角度各有侧重，然而，两个理论的共性特征也非常明显。它们都利用语言哲学的视角对知识体系进行分类研究，形式上都表现为利用三元组的稳定结构去描述知识在大类及子类层面所揭示出来的主要特征，以三元组结构作为符号与概念分类揭示的核心，且关键组件及其元素之间的转换具有相似性。在皮尔斯的符号理论中，这种变化发生在解释、替代与对象三组件之间，转换往往同时发生；在达尔伯格的概念理论中，这种变化发生在参照、特征与口语形式三组件之间，转换往往也是同时发生。

尽管，符号理论与概念理论在认识论的视角具有较强的相似性，但是从知识组织结构的知识表达及语言系统工具的角度，两者关注的重点还存在鲜明的区别。

在皮尔斯的符号理论中，解释项起到了连接对象与替代项的作用，概念的含义来自解释项的阐述，而替代项只是解释项的简洁符号，起到符号功能的作用，也只能作为一种符号被认知，因而，解释项是符号理论的先决条件。皮尔斯的符号理论重点考虑三个方面的内容：①符号成立的正式条件；②真理的正式条件；③调查的正式条件。三方面内容环环相扣，第三层面依托于第二层面，第二层面则来源于第一层面。因而，符号理论不只是知识的表达理论，同时也是对实体对象的全面调查理论。通过这种全面调查将客观对象符号化，并对其进行深入解释。

达尔伯格的概念理论并没有直接探讨如何表达术语、概念或定义所揭示的含义，而是建立了一种利用概念间的关系及类别进行概念揭示的方法。同时，其概念三元组中的三要素"参照""特征""口语形式"也指出概念之间的关系与类别揭示需要对术语及知识的表示进行更深入的探讨。达尔伯格的概念理论重点关注概念及其概念之间关系的探讨，缺乏对知识组织系统的全面认知和揭示，不利于知识组织理论对电子环境及网络化环境的延伸。

纵观这两大理论，它们分别依托概念与符号构建了不同的框架体系与应用范式，从对知识表达与知识组织的贡献来看，皮尔斯的符号理论对知识组织系统的结构与工具研究显得更加细致，而达尔伯格的概念理论则重点关注概念及其概念之间关系的探讨，这对于新知识的发现及挖掘具有重要的促进作用。然而，在当前的社会化多媒体环境下，孤立地对这两种理论进行应用研究已不能满足当前数字化信息资源组织与描述的需求，亟须将两种理论进行有效整合，从整体结构上发挥各自优势，使知识组织的理论研究迈入新的历史时期，见图 1-3。

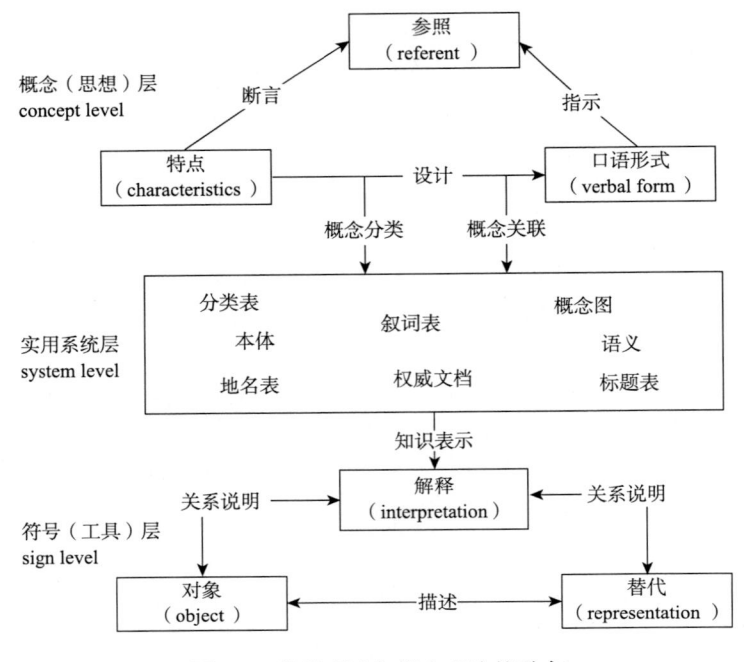

图 1-3 符号理论与概念理论的融合

皮尔斯的符号理论与达尔伯格的概念理论基础虽然都关注对知识的揭示，然而，符号理论来源于哲学与逻辑论的观点，重点关注符号如何能够有效揭示客体或思维的含义。皮尔斯的符号理论对知识表达系统并没有深入探讨，但为我们提供了一个实现知识对象与其替代项转换的有效工具。达尔伯格的概念理论并没有直接构建完善的知识表示方法体系，但从概念的关系及概念的类型两个方面建立了概念及其表示之间的转化规则。两种理论各有侧重，如图 1-3 所示，利用中间层的知识组织系统充当知识表示的纽带，能够将符号系统与概念理论进行有效结合完成客观知识与主体认知符号之间的相互转化（Friedman and Thellefsen，2011）。

1.2.4　知识组织概念理论思想的形成

概念理论与符号理论从哲学的高度抽象出知识的概念特性及知识表示的本质与内涵，揭示出人类对概念与知识的认知规律。两大理论的融合研究建立起了知识组织学科系统中完整的知识体系，从而形成知识组织的三个重要维度，即概念思想、实用系统、符号工具维度。理论上看，这三个维度也构筑了人类在进行知识组织实践过程中从形而上的智慧、概念向形而下的工具实现与符号表达的具体过程。

概念理论思想为知识组织提供了一个形而上的认知视角，而人类对于知识概念的认知历程也经历了线性思维—树形思维—盒状思维—链式思维—网状思维的五种思想演进路径，并且已逐渐成为指导知识组织系统开发与知识组织应用实践的理论基础。

1. 概念的线性思维

线性结构知识组织是最为简单和常用的知识组织理论思想，是按照某种预先制定好的顺序序列对知识进行简单排序的组织方式。其典型的顺序序列有：拼音字母排序序列、笔画排序序列、时间序列、地点序列等。在人类对知识组织的应用实践过程中，无论是《牛津英语大词典》，抑或是《新华字典》，无一不是沿袭着线性结构的知识组织体系，在很长一段历史时期都成为人类不可替代的查找所需知识的重要方法和工具。然而，随着人类知识量的级数生长，知识结构复杂程度的不断提高，线性结构早已不能有效揭示知识之间的结构特征。由于预先制定的顺序序列并未充分考虑到知识之间纷繁复杂的关联关系，造成线性知识组织系统无法完全满足人类高效查找知识的需求。因而，以字母或笔画顺序为基础的组织体系的随意性割裂了许多知识间的关联成为线性结构组织体系的缺陷之一；当人们试图组织那些尚不完全的、正在发展中的知识体系时，没有人能够清楚知道应该在某个字母或者某个笔画下预留多少空间，无法满足知识不断生长的需求，这成为线性结构组织体系的另一重要缺陷（滕广青和毕强，2010）。

2. 概念的树形思维

树形结构知识组织是一种最为常见的分类方法，是来源于生物科学领域的系统分类思想，主要过程是将待分类对象按某一标准分成若干大类，进而在每一类中再按另一分类标准继续进行细分，直到无划分标准为止。理论上，树形分类结构中每一级分类不作数目的限制。树形结构组织知识的典型应用是1735年瑞典植物学家卡罗鲁斯·林奈（Carolus Linnaeus）提出的植物分类法。林奈依据植物雄蕊和雌蕊的类型、大小、数量及相互排列等特征，将植物分为24纲、116目、1 000多个属和10 000多个种，通过"纲—目—属—种"的类系结构搭建植物学参天大树（滕广青和毕强，2010）。时至今日，树形结构的知识组织分类思想已在各个领域得到了广泛而深入的应用，如学科体系分类、商品目录分类等。与线性结构相比，树形知识分类体系的优势是较明显的。首先，分类结构使知识之间的关系得以展现，类目之间的层次关系揭示了知识之间的关联关系；其次，树形结构在一定程度上体现了知识的自然属性，统一了术语，促进了交流；最后，通过树形结构知识组织体系能够发现知识的宏观结构特征。然而，树形结构知识组织的规则严密，使得知识叶片的生长具有严谨的排他性，一片知识叶子只能生长在一个枝杈上，非此即彼，而在现实情况下，新知识的出现往往受到多种因素的影响，很难严格限制在一个标准口径下生长，因而，树形结构知识组织思想不利于知识的交叉与融合，缺乏灵活性。

3. 概念的盒状思维

盒状结构知识组织在图书分类领域占据了重要的地位，其主要应用是美国图书馆学专家梅尔维尔·杜威（Melvil Dewey）于1876年发布的图书馆编目体系"杜威十进制分类法"（Dewey Decima Classification，DDC），主要思想是将知识按学科主题来进行分类，以10个主要的学科来涵盖所有的知识体系，每个大类下再细分10个小类，每个小类继续再分成10个更小的类别，如此，整个知识体系被划分到10×10×10个盒子当中。尽管，盒状结构与树形结构知识组织都是将知识体系进行逐层划分，但是盒状结构的每层次主题类别固定，缺乏必要的灵活性。同时，10×10×10的大主题划分方式并不符合知识的自然形态，知识组织体系显然不是整齐划一的"十进制"结构，不满足知识不断变化与增长的自然属性。因而，以杜威十进制为主要代表的盒状知识组织体系中的层级结构约束了新的重要主题的产生。在现实应用的过程中，平均每五至六年就要对"杜威十进制分类法"进行全方位的维护，这也成为盒状结构知识组织思想的重要缺陷（滕广青和毕强，2010）。

4. 概念的链式思维

链式结构知识组织思想的出现给知识组织系统的构建带来了一次质的飞跃，其解决的核心问题是对未来知识的不确定性及难以预见性提出了较好的改进方案。链式结构知识组织的主要应用是印度图书馆学家阮冈纳赞在其1933年出版的著作中提出的"冒号分类法"，该分类法采用冒号作为分段符号，认为不必详尽列举所有主题，只需列出文献的主题要素，分类时再综合成所需类目（马张华和陈志新，1998），这种思想也逐渐演变成为知识组织领域中重要的组配式组织方法。毫无疑问，不同于树形结构与盒状结构的事先预分类而造成的缺乏灵活性的特征，线性结构事先并未明确规定知识的类别数量，而是通过冒号作为分隔符对知识的类别特征及其构成进行自由的组配，与人类知识的不断创新和发展相适应，能够实现将新的主题随时插入适当位置的需要。然而，尽管链式结构思想解决了前人没有解决的知识不断增长带来的难以动态分配的问题，但是在语义描述和知识间关联关系发掘与构建方面仍然存在缺陷，不适用于网络信息资源组织与构建的目标需求（滕广青和毕强，2010）。

5. 概念的网状思维

计算机和互联网的普及应用颠覆了原有的、人们已经认可和接受了的知识组织体系，数字时代必将有新的知识组织体系与之匹配。数字时代，由于知识的组织不再受其载体物理特性的制约，因此，可以摆脱必须编排页码的纸质图书限制，不必被刻板地排序，不必被固定地挂在严格的枝杈上或装入苛刻的盒子里，也不必被非此即彼地分类。知识排序与知识归属的特征逐渐模糊，知识关联与知识链接的特性日趋鲜明，数字时代的知识组织体系呈现出一种网状结构（赵蓉英，2007a）。这种网状结构并非简单的二维平面结构，而是一种多向度的、多元化的、不断生长的、发展变化的、知识间有着内在与隐性关联关系的错综复杂的立体结构。网状结构知识组织体系打破了传统知识组织体系中一片叶子只能被挂在一个枝杈上，或者一种知识只能被装入一个盒子中的教条主义的组织格局。在网状结构的知识组织体系中，知识可以多向度地延展其触角，形成庞大的、不断生长的知识网络体系（滕广青和毕强，2010）。

1.3 知识组织实用系统的演进历程

概念思想是知识组织实践的基础，其演变历程也催生出现代知识组织实践系统的产生及演变。尽管人类对知识的认知方式从线性思维到网状思维的理论思想越来越遵循知识之间交互融汇、动态发展的演进特征，然而，无论其理论思想如何变化，知识组织系统的最终目标与功能却并未发生任何改变。其功能主要体现在：①信息检索功能，提供高效的信息检索手段；②文献信息功能，提供文献的相关信息；③资源序化功能，提供信息资源序化方法。

曾蕾教授根据对概念关系的揭示程度，从语言的受控程度及结构化程度对知识组织系统进行划分，认为知识组织系统可分为词表系统、分类与归类系统和关联组织系统三个层次，如图 1-4 所示。

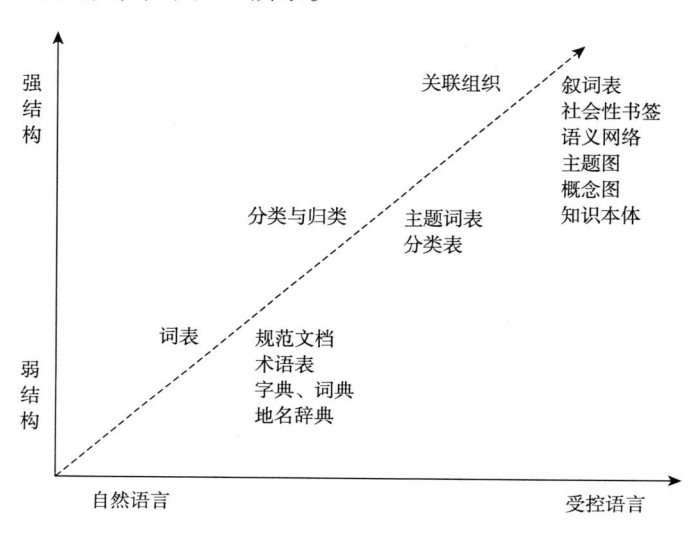

图 1-4 知识组织系统的演进

1.3.1 词表系统

词表系统是概念的线性思维方式的典型应用，是由一系列专业化的词按某种排列规则构建的列表，词表系统强调概念的定义，而不涉及概念之间复杂的语义关系和分类结构，也无法将概念和与这个概念相关的信息资源联系起来（马建霞，2007）。常见的词表系统如下。

（1）规范文档（authority files）。规范文档是用来控制同一实体不同名称或特定领域域值的词表系统，规范文档无法揭示复杂的结构和组织关系。

（2）术语表（glossaries）。一个术语表就是术语与其定义的列表，术语可来源于特定领域或特定作品，这些术语在特定的环境中定义而且很少有不同的含义。

（3）字典、词典（dictionaries）。字典、词典是以字母或字顺排列的字或词及其定义的列表，包括字或词的各种不同含义，字典、词典可提供字或词的含义、同义、近义、相关词，但无法描述字词之间明确的层次与等级关系。

（4）地名辞典（gazetteers）。地名辞典是地方名称的列表，通常地名辞典以书本形式出版或者以地图的索引形式出现（刘茜，2003）。

1.3.2 分类与归类系统

分类与归类系统是概念的树形、盒状、链式思维方式的典型应用，强调的是概念之间的层级关系和类别体系，通过分类与归类能够将知识划分到特定类目当中，同时在某种程度上揭示知识之间的属种与类别关系，但是不能完全反映概念之间的所有联系。分类与归类系统在图书馆的传统知识组织领域得到了广泛的应用，其中最为典型的应用系统为主题词表和分类表（taxonomy）。

（1）主题词表。主题词表是建立在主题法基础上的知识组织系统，通过提供一组受控的标准词汇来代替某一领域的对象或概念集合，同时将表达同一对象或概念的相关词汇作为非标准词汇聚在对应的标准词下，由此实现对知识的揭示与表达。标准词汇间可以存在一定层级关系，但其关系揭示的程度较浅。典型的主题词表包括汉语主题词表、美国国会图书馆主题词表等（刘茜，2003）。

（2）分类表。分类表是建立在分类法的基础上的知识组织系统，分类法是一个组织条目/概念的分类系统，它是用来展现这些概念之间的类和子类的成员关系的一种方式（马建霞，2007）。分类表提供了详细的层级式知识分类体系，将各种对象或概念划分到该体系的各层次类别中。分类表一般使用字符或数字标记来代表分类类别。典型的分类表包括中国图书馆分类法、美国国会图书馆分类法、杜威十进制分类法等（刘茜，2003）。

1.3.3 关联组织系统

关联组织系统是概念的网状思维方式的典型应用,强调的是概念之间的关系,通过图形或符号将概念之间的关系予以揭示,是对网络环境下数字信息资源进行有效组织与管理的重要知识组织方式,其典型应用包括叙词表、社会性书签、语义网络、主题图、概念图及知识本体。

(1)叙词表(thesaurus)。叙词表是叙词法的具体体现,是一种概括某一学科领域,以规范化的、受控的、动态性的叙词为基本成分并以参照系统显示词间关系,用于标引、存储和检索文献的词典。概念之间用、代、属、分、族、参等关系的揭示是叙词表的主要特征,而叙词表中的关系可借助各种符号进行表达,如层级关系,包括上位词(broader term,BT)、下位词(narrower term,NT);同义关系,同义词(synonym,SY);相关关系,相关词(associative or related term,RT);等等(刘茜,2003)。

(2)社会性书签(social bookmark)。社会性书签是根据大众分类法(folksonomy)的思想而发展起来的面向 Web 2.0 环境的网络协同知识组织系统。社会性书签系统的基本工作原理是向社群参与者提供一种协同构建与共享各自网络资源标签的开放式平台,标签的创建由社群成员自主提供,通过标签的相关程度可将网络信息资源进行动态聚合,是一种来源于社会大众的知识组织方式。作为一种自由而有效的网络信息组织方法,社会性书签为传统的网络信息分类和传播方法带来了新的理念,体现了互联网所推崇的共享与协作精神,开创了互联网信息传播的新阶段。然而,由于标签的开放性和不规范性等特征,标签缺乏统一的认知标准,标签质量参差不齐,从而造成社会性标签的多样性、模糊性和组织方式的非等级性等缺陷,阻碍了标签的深层次应用(陈伟,2012)。

(3)语义网络(semantic networks)。将概念组织成网络而不再是简单的层级关系,概念相当于网络中的节点,而节点间的边就是概念之间的关系。语义网络中的关系除了叙词表中的层级关系、同义关系及相关关系以外,还包括整体与部分关系(whole-part)、因果关系(cause-effect)、父子关系(parent-child)等。著名的语义网络之一是普林斯顿大学的 WordNet,现已广泛应用到网络信息资源的组织与检索系统实践中(刘茜,2003)。

(4)主题图(topic maps)。主题图是以图形方式揭示信息资源的主题概念,并将主题概念进行链接,从而展示整个资源库的知识结构,使用户可以在浏览该资源库知识结构图的前提下进行信息资源的检索。主题图由三个基本元素构成,分别是主题、关系和资源(李雷等,2012)。

(5)概念图(concept maps)。概念图是利用概念及概念之间的关系表示和组织结构化知识的一种可视化方法（Novak and Gowin，1984）。概念图用节点表示概念，用连接线和连接词表示概念之间的关系。通常概念图蕴含着三方面的信息：①命题，由两个以上的概念及其关系构成，并表达完整意义的陈述；②等级结构，概念图中的概念按照宽泛概念在上、具体概念在下的顺序排列形成等级结构；③交叉关系，不同分支中的概念之间形成的连接关系（Ruiz-Primo and Shavelson，1996）。

（6）知识本体（ontology）。知识本体是语义 Web 环境下知识组织系统的新发展，领域本体一词来自哲学领域，是对某一知识领域的概念化描述和说明（刘茜，2003）。领域本体以特定领域的知识资源作背景，通过某领域的形式本体可将该领域的知识组织起来，构成基于领域本体的知识研究体系（吴晖和徐丹琪，2007）。Neches 等（1991）最早给出了对于领域本体的定义，他们认为，"一个领域本体定义了组成相关领域词汇的基本术语和关系，以及用于组合术语和关系以定义词汇的外延的规则"。此后，很多学者都对领域本体给出了自己的定义，但是始终没有形成一个统一的认识。美国斯坦福大学的知识系统实验室的学者 Gruber 指出："本体是概念化的一个明确的规范说明"，几年后，学者 Borst 等（1997）对这个定义做了进一步修改，认为"本体是对共享概念模型的明确的形式化的规范说明"。这两个定义后来成为人们经常引用的对于本体的定义。其中，"明确"是指所用的概念的类型及其约束都必须是明确定义的；"形式化"是指领域本体必须是计算机可读的；"概念"是指通过抽象客观世界的概念而得到的一些概念模型；"共享"则表示领域本体代表的是该领域所接受的共性知识，是公认的概念集合（孙鑫，2011）。领域本体在知识组织与知识处理中具有较大的学术意义和广泛的应用价值，因而受到越来越多的关注（吴晖和徐丹琪，2007）。

1.4 知识组织表示工具的演进历程

知识组织表示的符号工具是将概念思维方式与系统组织方法论加以实现的具体手段。信息资源的迅速扩张，尤其是网络信息资源的级数增长，使得知识组织的实践应用面临着从手工方式向机械化、电子化、网络化方向的演进。在不同的媒介环境下如何将知识组织系统所描述的概念、概念间的关系和知识结构用可读与可理解的方式表示出来是知识组织应用实践环节必须面对的重要问题，成为知识组织体系研究中不可或缺的重要分支。根据知识组织实践所经历的不同历史时期，我们可将知识组织系统的表示工具分成四个阶段：纸质媒体时代知识组织表示工具；机读目录知识组织表示工具；网络时代知识组织表示工具；语义 Web 时代知识组织表示工具（王军和张丽，2008）。

1.4.1 纸质媒体时代知识组织表示工具

以纸质媒介为载体形态的信息资源知识组织表示工具的典型代表是穿孔卡片的应用。穿孔卡片是由薄纸板制成，用孔洞的位置及其组合结构来表示信息，通过穿孔或轧口方式记录和存储信息的方形卡片，是手工检索和机械化信息检索系统的重要工具。在传统的纸质媒体时代，尽管穿孔卡片能够有效解决纸质文献的表示与处理的问题，但是由于纸质卡片固有的缺陷造成了穿孔卡片知识组织表示工具的局限性也非常鲜明，如信息存贮量小，代码容量有限，检索操作速度较慢，卡片易损坏，等等。机械化信息处理的需求使得以穿孔卡片为主要代表的纸质媒体知识组织表示工具不再满足于现实应用，因而逐渐出现了满足计算机联机处理需求的机读目录知识组织表示工具。

1.4.2 机读目录知识组织表示工具

机读目录知识组织表示工具是在信息资源处理与组织机械化、电子化的背景下产生并发展起来的。这段时期，知识组织系统表示工具的典型应用即 MARC 的发明及书目记录的数据库化存储。用 MARC 及数据库的方式表示与存储数字信息资源极大地改进了知识组织系统的管理与访问方式，同时也便于将表达后的信息资源替代物与相应的电子资源进行有效的集成。MARC 格式是电子化与联机管理和发布类表、词表、人名、机构名等规范文档的标准方式，能够从全方位的角度揭示与描述信息资源的特征。用 MARC 格式表示的知识组织系统可以植入联机公共检索目录（online public access catalog，OPAC）系统中与书目数据统一管理（王军和张丽，2008）。

1.4.3 网络时代知识组织表示工具

Web 时代的来临使得知识组织的表示工具必须充分考虑到网络信息资源的相关特征，网络资源表现形态的多元化趋势，使得以 MARC 为典型代表的烦琐知识描述工具已不具备承担高效描述网络资源的能力，因而，适应于网络环境下数字资源描述的元数据孕育而生，其中以都柏林核心元数据为网络资源描述工具的典型代表。随着万维网的普及应用，众多的知识组织系统都把 Web 作为展示的窗口，并通过 HTML 网页提供浏览和查询功能。基于 HTML 的知识组织系统表示是目前网络环境下知识组织系统表现的主要方式。HTML 是一种描述网页显示格式和布局的语言。知识组织系统的 HTML 表示，相当于把传统的知识组织系统移植于网络环境，使其顺应网络时代协同编目的需求。即便如此，网络版的不同知识组织系统在体例、结构、内容上的异构性问题依然存在，彼此之间的映射问题依然成为困扰信息资源共享的关键，也不便于计算机的自动处理和利用（王军和张丽，2008）。

1.4.4 语义 Web 时代知识组织表示工具

语义 Web 时代知识组织系统表示工具是在满足对数字信息资源语义揭示与描述的基础上，为提升机器对知识的可理解程度而发展的系列描述工具。在语义 Web 框架下知识组织系统的表示工具包括：描述结构的可扩展标记语言（XML）、表达语义的资源描述框架（RDF）、表示本体的基于 Web 的本体描述语言（Web ontology language，OWL）及描述轻量级本体的 SKOS 等，其最终目标是实现机器可理解的信息描述（王军和张丽，2008；娄秀明，2010）。

（1）XML 为网络信息资源提供了结构化文档的基本格式，具有灵活性和可扩展性，突破了 MARC 的局限，可以描述各种类型的信息资源。目前，利用 XML 描述的大型词表应用主要有杜威十进制分类法和医学主题词表（medical subject headings，MeSH）。计算机联网图书馆中心（Online Computer Library Center，OCLC）提供的 DDC 网络版即用 XML 实现，从美国国家医学图书馆的网站上，可以自由下载 MeSH 的全部 XML 文件。

（2）资源描述框架/模式［resource description framework/schema，RDF（S）］比 XML 有所进步，提供了通用的资源描述框架，能够表达概念资源之间直接的复杂关系，提供了简单的语义。利用 RDF 描述的知识组织系统主要有：欧盟跨语言项目 LIMBER 中制定的《语义网下的词表交换格式》标准、联合国粮食及农业组织（Food and Agriculture Organization of the United Nations，FAO）用 RDF 表示的《农业多语种词表》。

（3）OWL 是在 RDF（S）的基础上增加更多建模原语来描述特性、类别及它们之间的关系，并针对特性提供了更加丰富的类型定义和属性描述，它内嵌了描述逻辑的功能，能表达逻辑并进行推理。尽管 OWL 对知识的语义揭示及逻辑推理功能强大，但是由于其实现过于复杂，到目前为止其主要应用于实验研究阶段。

（4）SKOS 是 W3C 于 2005 年发布的简约知识组织系统表述语言，它以 RDF 为基础，是一种描述知识组织系统基本结构和内容的语义标记语言，与 OWL 相比，虽然在描述、推理性能上都有差距，但使用 SKOS 表示概念框架已经绰绰有余，最为重要的是它简单易用，降低了使用 OWL 的成本，SKOS 的不足可以通过与语义网上公开的术语［如都柏林核心元数据、朋友的朋友（friend-of-a-friend，FOAF）等］结合使用来弥补。目前已经采纳 SKOS 描述的词表主要有：欧盟开发的《通用多语种环境叙词表》（General Multilingual Environmental Thesaurus，GEMET）、大英档案词表（United Kingdom Archives Thesaurus，UKAT）、FAO 的《农业多语种词表》等。

1.5 知识组织技术的新发展

1.5.1 关联数据技术的产生

关联数据概念的首次提出要追溯至 2006 年，万维网创始人蒂姆·伯纳斯·李在其万维网体系架构笔记"关联数据"中创立了一种轻型的、可利用分布式数据集及其自主内容格式、基于标准的知识表示与检索协议，利用可逐步扩展的机制来实现可动态关联的知识对象网络，并支持在此基础上的知识组织和知识发现（娄秀明，2010）。关联数据的提出是从操作层面对语义 Web 深入实践所做的一套应用规范，并不是高难度的技术开发，因而，概念一经提出便吸引了众多互联网应用研究学者的关注。

2007 年，Chris Bizer 与 Richard Cyganiak 向 W3C 的语义网教育和拓展兴趣组（Semantic Web Education and Outreach，SWEO）提交了一份关联开放数据的项目申请，自此关联数据广泛流传开来，并成为互联网研究及应用的一个热门领域（沈志宏和张晓林，2010）。在关联开放数据运动的推动下，大批实验性应用项目获得立项，而代表关联数据集规模的关联数据云图的规模和范围也随之不断蔓延与扩张。

自 2008 年之后，历届国际万维网大会（The International Conference of World Wide Web）、国际语义网大会（International Semantic Web Conference，ISWC）、语义技术数据集成大会（Data Integration through Semantic Technology，DIST）都会在基于语义技术的数据集成领域围绕关联数据技术应用举办专题研讨会。

在关联数据发展的历程中，2009 年被称为关联数据之年，蒂姆·伯纳斯·李爵士在本年度的科技、娱乐、设计（technology，entertainment，design，TED）全球大会上讲到关联数据是和万维网的发明一样的巨大变革，我们正在通过万维网从文件互联网走向数据互联网，同时他也呼吁政府部门和个人开发自己的数据，并发布到互联网上便于数据的共享及他人的利用（谭洁清，2011）。

当关联开放数据集的发布发展到一定规模的时候，如何更有效地促进关联数据的消费问题被业界提出，并逐渐引起学术界的关注。2010年11月，国际语义网大会在上海召开，其中关联数据的消费（consuming linked data，COLD）成为本届大会讨论的一项重要议题。

与国外相比，国内对关联数据的研究主要以跟踪与应用研发为主，以刘炜为代表的上海图书馆数字图书馆研究所结合语义网、数字图书馆背景，对关联数据的理念展开深入研究和探讨；中国科学院国家科学图书馆设有项目组，研究利用关联开放数据实现数字图书馆中数字资源与知识内容关联揭示的技术方法，并针对关联数据在图书馆中的应用及Web应用现状进行研究；中国科学技术信息研究所的研究团队，以国家社会科学基金项目为契机，开展基于关联数据技术对信息组织深度序化的研究（沈志宏和张晓林，2010）。目前这些机构已经成为我国研究关联数据的前沿阵地。

1.5.2 关联数据的实现原则

尽管关联数据自诞生之日起就受到万维网研究与实践应用领域的广泛推崇，但是关于关联数据的定义问题却一直缺乏一个明确的陈述。Tim Berners-Lee将关联数据定义为一种URI规范，使人们可以通过HTTP/URI机制，直接获得以URI标识的各种数字资源实体；开放关联软件（open link software）的首席执行官及创建者Kingsley Idehen则从关联对象变更的视角认为关联数据是一种在Web上的富链接机制，将传统的以文件指向文件的超文本链接转变为以链接各类数字资源所代表的事物的超数据链接；维基百科的陈述则认为关联数据是语义Web的一种推荐的最佳实践，用来在语义网中使用URI和RDF发布、分享、链接各类数据、信息和知识。无论对关联数据的认知角度如何变化，关联数据的核心及本质都是由W3C推荐的一种用来发布和链接各类数据、信息和知识的实践规范，它希望在现有的万维网基础上建立一个映射所有自然、社会和精神世界的数据网络，通过对世界万物及其相互关系进行机器可读的描述，互联网进化为一个富含语义的、互联互通的知识网络，从而使任何人都能够借助整个互联网的计算设施和运算能力，在更大范围内准确、高效、可靠地查找、分享、利用这些相互关联的信息和知识（刘炜，2011）。

依托关联数据构建的语义Web的基本特征表现为：①万维网上，URI所标识的是各类不同层次、不同粒度的数据资源，而不是以网页为基本单位的文档；②URI的数据资源以RDF形式表达，通过语义三元组结构的弧指向更多数据的URI，富含各类链接；③RDF所表达的链接具有语义成分，不仅仅只是简单的关联而已，而是表明了当前资源与被链接资源关系语义链接（娄秀明，2010）。

从关联数据的实现层面来看，2009年Tim Berners-Lee在"关联数据的设计问题"（Linked Data：Up to Design Issues）中对关联数据的实现提出了四个重要的基本原则。

（1）使用URI作为任何事物在网络上唯一的标识名称。

利用URI描述的"任何事物"，在关联数据环境中均以资源实体的形式呈现。资源实体主要包含两大类：一类是信息资源实体，如网页、图片、媒体文件等；另一类是客观对象实体，即存在于网络之外的真实对象，如人、有形产品、地理位置、蛋白质等。无论是哪种类型的资源实体，关联数据都用URI来唯一标识。在为资源实体确定URI的过程中，通常需要遵循下列规则：①保证URI的稳定性和持久性；②保证URI的短小、易记性；③保证URI要在自己可控的HTTP命名空间里定义；④在受技术环境限制时，可以增加一些URI的重写规则；⑤用三种（HTML/RDF/XML）网络资源描述方式与某一客观对象有关的URI为结尾；⑥在定义URI时，使用某种形式的主键，以确保每一个URI都是独一无二的。

（2）利用HTTP/URI让任何人都可以参引这些全局唯一的标识名称。

利用HTTP/URI实现对标识名称的访问主要涉及HTTP的内容协商机制问题，客户端向服务器端发出访问请求，并由服务器端响应，这个过程由HTTP的内容协商机制完成。服务器端的资源类型可以用三种基本描述格式（HTML/RDF/XML）进行描述，而客户端需要何种类型的资源应该在向服务器端发出HTTP资源请求时就要明确，也即客户端每发送一个HTTP请求，在请求命令的标题字段就应该显示返回何种类型的资源实体，服务器端通过检查标题才能够选择适当的资源响应。如果标题表明客户端需要HTML，那么服务器会生成一个HTML表示形式返回；如果客户端需要RDF，服务器则会生成RD的表示形式。换言之，客户端要访问任何类型的信息资源，通过HTTP的内容协商机制，服务器端均能予以响应。因而任一非信息资源实体通常都可以与三种代表不同资源类型的URIs相关联，如下列三个URI描述的都是同一个资源实体Russia。

http://www4.wiwiss.fu-berlin.de/factbook/resource/Russia（URI标识客观对象为Russia）。

http://~4.wiwiss.fu-berlin.de/factbook/data/Russia（用RDF或XML形式描述Russia的信息资源）。

http://www4.wiwiss.fu-berlin.de/factbook/page/Russia（用HTML形式描述Russia的信息资源）。

（3）当用户访问某一标识名称URI时，以标准的RDF或SPARQL形式提供有用的信息。

用户访问URIs时提供有用的信息，URIs的访问过程也就是URIs的参引过程，参引 URIs 是指在万维网上查找 URI，获取引用资源的相关信息的过程。由于 URIs 标识的资源实体呈现为两种形态，因而在利用 HTTP 参引资源的过程中也必然面对两种资源类型的访问机制。

对于信息资源的参引，通过 HTTP 响应码 200 OK 直接将资源的表现形式传送回客户端即可，而对于客观对象实体的"参引"请求，则需要采用 HTTP 协议中的"内容协商"规则，返回其所请求的信息资源描述文件（对于客观对象的请求是无法返回具体实物对象的，只能以描述该对象的代码文件代替）。一般信息资源描述文件有两类：如果请求来自普通浏览器（即头信息中包含 text/html 请求，文件类型为图像文件、音视频文件等），则返回 HTML 网页；如果请求为 application/rdf+xml，则返回负责该对象语义描述的 RDF 文件（刘炜，2011）。

（4）尽可能提供指向相关 URI 的链接，使用户能够发现更多的相关资源实体。

关联数据是万维网上数据的一种发布方式，数据利用 URI 标识，利用 RDF 语义三元组进行描述。通常，RDF 文件中包含有许多利用 URI 标识的其他数据资源，当参引 URIs 时，便可以发现 RDF 文件中更多的相关 URIs，这便是 RDF 的链接现象。

在万维网的开放环境中，同一客观对象实体被不同的信息提供者谈论是十分正常的现象，这些信息提供者学科的差异、认识角度的差异导致在标识同一现实世界对象时采用了不同的 URI，那么这两个描述相同客观对象实体的 URI 则互称别名。例如，在以提取维基百科词条为基本词汇单元而形成的数据集 DBpedia 中用 URI http://dbpedia.org/resouree/Berlin 来标识柏林，而在另一地理词汇集 Geonames 中则用 URI http://sws.geonames.org/2950159/来标识柏林。可见，这两个 URI 指的是同一个客观对象实体，它们被称为 URI 别名。尽可能提供指向相关 URI 的链接，使用户能够发现更多的相关资源实体的主要目标即通过 RDF 链接追踪到更多的 URI 别名。要实现这一点，通常信息提供者可设置 owl:SameAs 属性将 URI 的别名进行关联，URI 别名可以说是 RDF 链接的特例。能将某种资源链接到由其他数据源发布的外部数据集的 RDF 链接是最有价值的，因为他们将不同的数据孤岛连接成为一个网络（娄秀明，2010）。

1.5.3 关联数据技术的应用领域

关联数据技术的出现为文件网络（web of document）向数据网络（web of data）的转变提供了一种可操作的实施规范。万维网的基础是非结构化的文献资源，因而，链接的基本单位都以大粒度的文件为对象，形成的是便于用户阅读与使用的文件网络。语义 Web 的主要目标是希望机器能够理解信息、处理信息、使用信息，从当前语义 Web 技术发展的现状来看，要让机器理解信息的基本前提是以信息资源语义描述的模型 RDF 为开端的，只有用 RDF 三元组结构将各种粒度的信息资源进行有效的语义揭示，才能够在此基础上进行知识的逻辑推理，进而实现机器对信息的理解。由于信息资源粒度的逐步细化及语义揭示程度的不断提升，文件网络逐渐向数据网络转变，而其中重要的技术支撑则是受到关联数据技术的推动。目前关联数据技术已经广泛运用于图书情报、政府、企业等部门数据网络的构建领域。

1) 关联数据技术在图书情报机构的应用

一直以来图书情报机构都是采集、组织、存储、应用信息资源的重要实践部门，充斥着大量需要加工处理的各种类型的信息资源，成为关联数据技术最佳的实践场所。目前，关联数据技术已引起世界各国图书情报机构的广泛关注，大量书目数据都已通过关联数据发布于语义 Web 环境中，具体如表 1-2 所示。

表 1-2 图书馆书目数据关联数据集

发布机构	关联数据集 URL
瑞典国家图书馆的国家书目（LIBRIS）	http://libris.kb.se/?language=en
美国国会图书馆标题表（LCSH）	http://id.loc.gov
德国国家图书馆的联合权威文档（Gemeinsame Normdatei）	https://d-nb.info/gnd
法国国家图书馆（BnF）的（RAMEAU）主题标目	http://stitch.cs.vu.nl/rameau/
OCLC 的杜威分类法及国际虚拟权威档（VIAF）	https://www.donnelly.edu/students/library/dewey-decimal-system http://viaf.org/
匈牙利国家图书馆的目录和叙词表	http://oszkdk.oszk.hu/resource/DRJ/404
STW 经济学叙词表	http://zbw.eu/stw
德国社会科学叙词表	http://lod.gesis.org
GEMET 环境叙词表	http://eionet.europa.eu/gemet
联合国粮食与农业组织多语种词表	http://aims.fao.org/
计算机科学文献库词表	https://dblp.uni-trier.de/

此外，IFLA 也注意到了关联数据与图书馆的密切联系，于 2010 年 6 月发布了关联数据与图书馆的专题报告，探讨了关联数据对于图书馆的意义和应用前景，对于全球图书馆如何互通互联数据，并在此基础上探索新的服务内容和方式进行了全面深入的思考；W3C 也专门成立了图书馆关联数据孵化小组，旨在充分挖掘现有图书馆领域的相关专业知识，如元数据模型、元数据模式、标准和协议等，重新定义需求、编制指南、开发新的标准，鼓励图书馆界将其各类数据和规范档以关联数据的形式发布到互联网上。

开放的书目数据具有可共享、可重用、结构化与规范化的特征，将孤立数据源的数据进行了有效的整合，使得同一作品的不同记录之间能够建立语义链接，从而实现了跨平台、跨系统的检索，提高了图书馆数据在万维网上的互操作性。目前，图书情报行业已成为万维网上最重要的语义数据提供者（刘炜，2011）。

2）关联数据技术在政府部门的应用

政府部门是产生数据资源的另一重要机构，政府数据是指一切产生于政府内部或虽然产生于政府外部，但对政府活动、公共事务和普通民众有影响、有意义的数据资源的统称（李绪蓉和徐焕良，2005a）。政府部门职能分工的条块分割，政府部门的信息系统建设通常都各自为政，这既导致了资源建设过程的重复浪费，政府数据标准异常混乱，又严重阻碍了政府信息资源的共建、共享。随着互联网和语义网技术的发展，各国政府日益意识到基于开放标准在互联网上发布政府数据大力推动关联部门的信息互联，政府关联部门走出"信息孤岛"，能够全面广泛地整合不同渠道的信息，推动政府信息化建设的进程。

2008年6月，W3C组织的e-Government兴趣小组指出开放政府数据（open government data）是其最主要的研究领域；2009年6月，Tim Berners-Lee发布了题为"将政府数据上网"的文章，邀请世界各国政府以关联数据为标准在网络上发布政府数据；2009年，英国和美国政府开始了关联数据的尝试，分别建立了data.gov.uk和Data.gov两个采用关联数据标准的政府数据网站，成为政府部门开放数据的先导。此后，在美国、欧洲和澳大利亚等国家和地区的众多政府部门、研究机构都开始了政府开放数据的工程实践。开放政府数据的最终目标是尽可能多地发现政府数据之间的语义关联和加强词汇复用，从而使机器能够理解并发现更多的相关数据（钱国富，2012）。

3）关联数据技术在企业的应用

继2007年关联开放数据项目启动之后，关联数据技术在行业领域的应用也逐渐开展起来，2010年关联企业数据（linked enterprise data）运动在关联数据应用领域悄然兴起。关联企业数据运动是语义Web七层架构与关联数据技术基本原则在商业机构、公益性机构与政府管理部门进行信息管理活动中的具体应用。其目标是将企业各部门所产生的数据资源按照统一的描述标准进行整合，实现企业、行业或产业层面的数据资源共享。

目前，关联数据技术已经在许多世界知名企业得到了广泛的应用，如英国广播公司、纽约时报、路透社、百思买等，这些企业已经将各种海量数据转化成为关联数据并进行了发布。例如，百思买利用关联数据技术，采用RDF/XML在网上发布45万种商品，每种大约60个三元组，并且每日更新商品信息；英国广播公司利用关联数据技术给每个节目（每一集）都建立了自己专属的网页和静态地址（Cool URL），每个知识单元都有自己的结构化描述和永久地址，而且每个网页都可以由所有这些知识单元根据模版自动生成，同时以同样的方法建立了455 465位艺术家的信息，682 473个播出节目，7 851 093个音轨及31 112个标签的完整资料，使英国广播公司网站和数据的可用性得到大大增强，用户的体验得到巨大提升，搜索引擎的查询效果得到优化，资源的可查找性、可点击性和可传播性都得到很大提高（刘炜，2011）。

第 2 章　馆藏资源元数据语义描述标准与模型构建

　　馆藏资源的有效组织与序化长期以来都是图书馆、档案馆、博物馆及其他信息管理机构的重要职能之一。传统的馆藏资源组织与服务理论、馆藏资源编目规则的建立一般都建立在以文献为基本单位的大粒度层面，因而形成了以"校雠""分类"为主要代表的文献组织理论思想和以"书目控制"为主要代表的信息组织理论思想，其研究的对象均以文献为主体单位。通过对文献外部特征的揭示与描述来实现对文献信息的分类与组织。元数据成为这段时期文献信息资源组织与序化工作得以实现的重要媒介，尽管元数据对信息资源能够进行详尽描述，然而其重点是关注外部特征的揭示，对于文献的内容特征及内容之间关系的抽取并未形成有效的方法。因而，文献组织、信息组织的理论思想难以实现用户深层次的知识需求。信息技术与网络技术的发展和图书馆采纳给图书馆、档案馆、博物馆等信息管理机构的数据库建设与维护及馆藏资源的著录、检索与利用带来了巨大的变化。由于用户需求的不断深入发展，馆藏资源的基本处理单位也将逐渐朝着细粒度的方向转移，这就要求传统的以文献单元为基本处理单位的文献组织体系、信息组织体系必须向以知识单元为基本处理单位的知识组织体系转变，而资源描述标准与资源编目规则也应向着满足用户深度需求的知识单元语义揭示及关联关系发现的层面转型。由 IFLA 于 1998 年正式推出的 FRBR 及在此基础上，由 JSC 于 2009 年正式出版的 RDA 正是从用户的深层次知识需求出发，对馆藏资源语义关系的描述与揭示领域从概念体系与实现规则两个层面予以全方位刻画，已经成为馆藏资源元数据语义描述的重要标准和指导性纲要。

2.1 馆藏资源描述工具的类别

2.1.1 面向文献单元的馆藏资源描述工具

传统的以文献单元为基本组织对象的知识组织系统,重点关注于研究对于文献外部特征的揭示与表达。MARC 成为此时重要的图书馆描述性元数据的标准,是图书馆界编目格式的大家族,LC MARC 元数据标准被各国纷纷采用。该家族现在包含约 50 种不同国家(地区)的 MARC,如 US MARC(美国)、UK MARC(英国)、CAN MARC(加拿大),由国际标准化组织制定、推荐给全世界各国使用的 UNIMARC 及由 UNIMARC 演化而来并结合各国国情制定的 CNMARC、JPMARC 等。US MARC 与 CAN/MARC 修订整合后形成 NARC 21。UKMARC 逐渐注意与 MARC21 保持一致,决定不再对 UKMARC(其最新版为 2002 年版)进行开发。MARC21 也受到其他一些国家图书馆的赞成,如俄罗斯国立图书馆使用 MARC21,《澳大利亚国家书目》(Australian National Bibliography)的机读数据主要有两种格式,即澳大利亚机读目录(AUSMARC)和美国机读目录(USMARC)。

面向文献单元的知识组织描述工具研究主要集中在对 MARC 描述和数据库化的研究方面。重点关注于用数据库存储和表示技术实现对 MARC 书目记录的管理和访问,实现书目记录向电子化、数字化方向转变。目前,该领域的研究成果较为成熟,如《中国分类主题词表》的电子版就是用数据库技术来制作的;在 INSPEC(英国科学文摘)和 EI(工程索引)数据库中分别集成了 INSPEC 词表和 EI 词表,以方便查询词的选取、扩检和缩检等操作。MARC 格式是电子化管理、发布类表、词表、人名、机构名等规范档的标准方式。例如,美国国会图书馆标题表(library of congress subject headings,LCSH)、美国国会图书馆分类法(library of congress classification,LCC)都提供 MARC 版本并可以在网上查询。用 MARC 格式表示的知识组织系统可以植入 OPAC 系统中与书目数据统一管理(王军和张丽,2008)。然而,MARC 的单维度、高结构化及多字段的特征限制了其在网络环境的发展,同时其通用性和语义揭示性差的特点使其在数字环境下对复合数字对象语义及关联的揭示难以适应。

2.1.2 面向数据单元的馆藏资源描述工具

以数据单元为基础的知识描述方式的出现,在很大程度上弥补了以文献为单元的知识组织方式的不足。这种组织方式采用标题、作者、关键词等表示馆藏资源，用形式化描述语言，对资源内的知识做标记。这方面的研究成果最显著的应属对馆藏实体资源能够做出详尽描述的 MARC 及对数字化信息资源能够便捷描述的 DC 核心元数据集（白海燕和乔晓东，2010）。

目前，该领域的研究主要集中在各个行业元数据的开发与应用层面，世界上已开发出并付诸使用的元数据种类繁多，除网络环境下最为广泛应用的都柏林核心元数据以外，艺术作品描述类目（CDWA）、编码文档描述（EAD）、美国联邦地理数据委员会/数字化地理元数据的内容标准（PGDC/CSDGM）、政府信息查找服务（GILS）、文本输入创始计划（TEI）和美国视觉资料协会（VRA）核心类目（VRA Core Categories）等各行各业的元数据标准已经十分成熟。元数据体系带有明显的学科倾向，即针对特定的学科或用户群体，如艺术类的 VRA Core Categories、面向档案资源的 EAD、面向古籍善本的 TEI、面向地理空间信息资源的 FGDC/CSDGM、面向博物馆的 CDMA、针对政府资源的 GILS 等。这些元数据体系中，有的使用综合性分类法，有的采用专门分类法甚至自编分类法（黄如花，2007）。

DC 元数据虽能够将资源属性的描述下放给非专业人士，然而，核心数据集字段定义上模糊性及描述格式的不稳定性导致其在揭示网络信息资源语义特征的过程中也存在严重缺陷（郝亚玲，2002；马艳霞，2005）。于是，图书情报学界的专家学者开始寻求一种能够揭示数字形态馆藏资源语义特征的技术和标准。

2.1.3 面向知识单元的馆藏资源描述工具

为了弥补以文献单元、数据单元为中心的馆藏资源知识组织工具在语义描述与揭示能力方面的不足，20 世纪 90 年代以后，以本体为核心的语义网技术逐渐进入信息资源组织与知识管理学者的视野，由此开展了大范围的信息资源语义描述、揭示、整合等领域的研究。这方面的研究成果主要有德国卡尔斯鲁厄大学开发的 OntoEdit，该工具支持 F-Logic、RDFs 和 DAML+OIL 等描述语言；英国开放大学开发的基于 Web 的本体编辑器 WebOnto；西班牙马德里技术大学开发的综合性本体建模工具 WebODE；德国卡尔斯鲁厄大学编制的用于语义网和本体研究的工具 KAON；美国斯坦福大学医学院医学信息研究组开发的 Protégé，由于 Protégé 源代码公开，同时支持中文，因而已经成为国内使用最为广泛的本体编辑工具。作为本体描述语言，相关的研究成果有 Web 资源的描述框架 RDF，RDF 中两个重要的技术是 URI 和 XML（Choi et al.，2005），URI 可唯一地标识资源，而 XML 则定义了 RDF 的表示语法，RDF+DC+XML 构成了信息资源描述的基本工具,基于 XML 的本体交换语言(XML based ontology exchange language)由描述逻辑(description logic,DL)、逻辑框架本体交换语言、本体描述语言及 W3C 提出的 SKOS 等构成(鲁奎,2003;卢刘明等,2005;邱奇志,2006)。

网络环境下,用语义网技术表示知识组织系统已成为本领域研究的主流。在语义网框架下发展出来一系列的语义描述语言,包括描述结构的 XML,表达语义的 RDF 和表示本体的 OWL 等。其目的是实现机器可理解的信息描述。这些工具被用来表示知识组织系统,标志着网络知识组织系统的产生。目前,这方面的研究成果主要有:利用 XML 描述的大型词表,如 DDC 网络版、美国国家医学图书馆网站上的网络版 MeSH;一些学者致力于利用 XML 进行 KOS 的规范化表示,其典型应用有 Voe-ML 规范;在欧盟跨语言项目 LIMBER 中制定的《语义网下的此表交换格式》标准;利用 RDF 描述的 FAO《农业多语种词表》;等等。

为了在语义网框架下简明地表示和使用各类简单概念系统,W3C 于 2005 年发布了 SKOS 标准草案。它以 RDF 为基础,是一种描述知识组织系统基本结构和内容的语义标记语言。SKOS 的出现标志着 NKOS(networked knowledge organization system,网络知识组织系统)朝着这个方向迈出了关键的一步。目前已经采纳 SKOS 描述的词表有:欧盟开发的通用多语种环境词表(GEMET)、大英档案词表(UKAT)、《农业多语种词表》等(王军和张丽,2008)。

2.2 传统馆藏资源描述工具的语义揭示性能评价

传统的图书馆书目记录重点关注对实体物理对象等大粒度信息资源的揭示,对于同一部作品的不同载体形态、不同版本信息均以独立的书目记录予以揭示和表达。这些书目记录以 MARC 字段作为揭示资源内容信息的标准,形成彼此之间相互分离的封闭记录。由此造成的结果是不仅无法对相同作品集内部书目数据间的显性关系建立关联,对于不同作品之间内容隐性关系的揭示更加无能为力。与此同时,传统图书馆用户的信息需求层次也相对较低,主要表现为更多关注于特定标题的信息资源,对于该标题信息的载体形态、版本类别、内容特征、人物关系、事件关联等细节信息大多会予以忽略。由此形成的图书馆信息检索系统,只是能够单一地帮助用户明确地检索到与标题信息匹配的馆藏资源,而要实现基于语义层面的多维度发散式关联检索,其功能显然不足以支撑。随着信息资源的几何级数增长,用户信息需求的层次和范围都发生了巨大的变化,而对于检索系统的需求也迅速突破了字符匹配的初级层面,更加关注于依托内容语义关联而表现出的智能推荐、个性化等检索系统。然而，纵观当今图书馆检索系统的应用，无论从知识组织系统的建构抑或是图书编目规则的确立无一不是建立在传统信息分类、信息组织体系的基础之上，对馆藏资源语义，尤其是资源之间关联关系的揭示与表达存在着明显的局限（Westrum et al., 2012）。

2.2.1 传统知识组织系统的语义功能局限

传统的知识组织系统产生并应用于以纸质本文献为主的传统图书馆中，对于纸质本文献的标引、著录、书目组织及藏书排架发挥了巨大的作用。传统知识组织系统依赖于20世纪五六十年代得到快速发展并成熟的分类法与主题法，它们是为纸质本文献信息分类排序、主题排序而创建的人工语言，其本质是对自然语言中的词汇进行选择、规范，并揭示其间相互关系，形成受控词汇的集合。它们的出现使得人们能够从大量文献集中快速、准确地检索出所需文献。

分类法是一种根据资源内容属性对资源进行分门别类、系统地组织和揭示的方法，以分类表为主要代表。它强调的是概念之间的层级聚合与类别体系，采用类目描述概念、用类级揭示概念之间的关系，其主要思想是基于范畴对信息与知识进行组织（李娜和任瑞娟，2007）。

主题法则是用人工约束的款目词来描述概念，用参照关系来揭示概念之间关系的方法，以主题词表（叙词表）为主要代表（张会平等，2007）。它定义的是一种语义词典，由术语及术语之间的各种关系组成，能反映某学科领域的语义相关概念，主要用于检索时的后控制和标引时自动或辅助选择索引词，是提高查全率、实现多语种检索和智能概念检索的重要途径（李景和钱平，2004）。

分类表与叙词表作为信息资源的第一代组织工具，在实践层面上得到了广泛的应用，对于纸质本文献资源的描述与揭示也起到了巨大的推动作用，然而由于其揭示资源特征的思路与方法不同，两者在组织结构、关系描述、结构性能、功能描述及交互性能等方面依然存在显著区别（表2-1）。

表2-1 分类表与叙词表的比较

逻辑表达形式	分类表（规范的受控词）	叙词表（规范的受控词）
组织结构	主表、标记符号、复分表、类注释系统和类目索引	字顺显示：字顺表、专有叙词表、轮排索引、双语种对照索引等；系统显示（分类显示）：范畴索引、词族索引、词族图等
关系描述	从属关系、并列关系、交替关系、相关关系、为一维关系	"用、代、属、分、参、族"简单的语义关系，为一维关系
结构性能	一般是术语间的等级关系，呈树状结构，而且不可经常修订	知识点的分布较分类表复杂，但仍为线性分布，不易修改

续表

逻辑表达形式	分类表（规范的受控词）	叙词表（规范的受控词）
功能描述	描述知识结构的框架	词汇库（语料库），并提供词汇间简单的语义关系
交互性能	人人交互	人人交互

资料来源：孙兵（2009）

因而，从逻辑表达形式来看，分类表和叙词表均运用规范的科学语言（如术语、专有名词或者专业词汇等）来描述文本信息资源。

从组织结构及关系表达方面看，分类表主要由主表、标记符号、复分表、类目注释系统和类目索引构成，表示了词条间的从属、并列、交替及相关关系（赵焕洲和唐爱民，2005）；叙词表分为字顺显示和系统显示两种，字顺显示包含字顺表、专有叙词表、轮排索引、双语对照索引等，而系统显示也称为分类显示，包含范畴索引、词族索引及词族图等，这样的组织结构利用"用、代、属、分、参、族"来显示简单的语义关系（赵焕洲和唐爱民，2005）。

在性能和功能方面，分类表利用术语间的等级关系来描述知识结构的框架，将知识点组织成树状结构，不易于知识的更新和修改；叙词表在知识关系的表示上相对分类表复杂，可以表达简单的语义关系，但知识点仍然是一维的线性分布，难以详尽地描述概念之间的联系，并依然存在难以更新的遗憾。

显然，叙词表在揭示信息资源语义及其关联关系方面是对分类表功能的进化与提升，对信息资源语义特征描述与关联关系建立等方面产生了巨大的推动作用。叙词是主题词的一种，它是以概念为基础，规范化显示词语间语义关系和动态性的词或词组的集合，是描述文献主题的一种标识符。在国际标准 ISO 2788-1974《文献-单语词典的建立和发展指南》中叙词表的重要作用之一即利用受控词之间的相互关系来揭示概念间的关系。叙词与其他词之间关系所形成的网络将叙词置于语义空间中，从而揭示出叙词的某种定义。叙词表采用参照符号区分并显示出叙词间的三种基本语义关系。

（1）等同关系（equivalence relationship），又称同一关系、用代关系，是指一组词或词组在概念上完全相同或意义接近。等同关系的揭示有利于增加检索入口并根据检索系统需要对标引和检索的专指度进行控制。

（2）等级关系（hierarchical relationship），又称属分关系，是指概念内涵相同、外延范围大小不同的词之间的关系，族首词则是一种特殊的属分关系，其外延范围最大。等级关系的揭示有助于增大或缩小检索范围，提高族性检索能力。

（3）相关关系（associative relationship），又称类缘关系，是指概念内涵之间语义联系的词间关系。这些词间关系的作用主要表现在以下几个方面：①在叙词表中形成一定的结构，即在特定的语义空间把主题词安排在一定位置上，使其词义明确，用法一致；②通过词间关系将自然语言转为受控语言，保证标引和检索使用的语言一致；③通过词间关系在叙词表中形成一种隐形的分类体系，使用户能够灵活进行扩检或缩检操作。

三种关系的揭示与表达实现了叙词表中语词之间语义网络的生成，以《中国分类主题词表》的款目为例（图2-1），款目词中各参照项构成了一个词的语义网络。其中 D（代）与款目词是等同关系，这些词都是非叙词，由款目词代替；S（属）指款目词的上位词；F（分）是指款目词的下位词；C（参）指款目词的相关词；Z（族）表示的词称为族首词，也即顶层上位词。

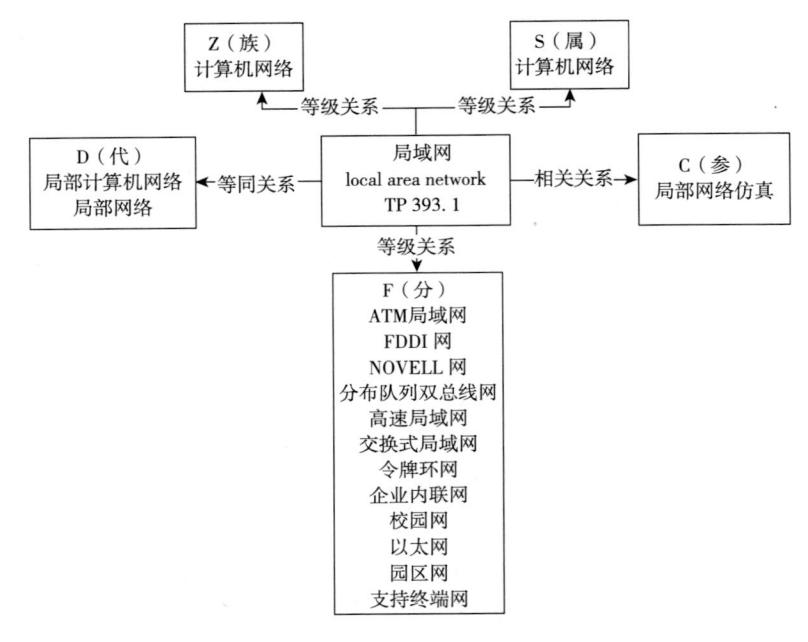

```
                    Z（族）              S（属）
                    计算机网络           计算机网络
                         ↑                   ↑
                      ─等级关系─         ─等级关系─
                                ↘       ↙
  D（代）                        局域网                    C（参）
  局部计算机网络    ─等同关系─   local area network  ─相关关系─   局部网络仿真
  局部网络                       TP 393.1
                                    ↓
                                 等级关系
                                    ↓
                                  F（分）
                                ATM局域网
                                 FDDI 网
                                NOVELL 网
                              分布队列双总线网
                                高速局域网
                               交换式局域网
                                令牌环网
                                企业内联网
                                 校园网
                                 以太网
                                 园区网
                                支持终端网
```

图2-1　《中国分类主题词表》中的语义关系

尽管叙词表借助"用、代、属、分、参、族"等参照项能够揭示款目词的语义关系，然而，这些关系的定义却并不严格，逻辑划分标准也不一致，最终会导致一种关系产生与之对应的若干种划分形式的结果。

叙词表中的等级关系包括以下几种情况。

（1）包容关系：酒和红酒；

（2）整体和部分关系：桌子和抽屉；

（3）类和实例关系：海洋和太平洋；

（4）角色关系：苹果和生产者；

（5）属性关系：苹果和颜色；

(6）属性值关系：苹果和红色。

等同关系也不是完全的可以替代的关系，很多情况下有近义词，有时甚至有反义词出现；至于相关关系，由于没有统一的标准，其表现出来的逻辑更是各种各样（盛秋艳和刘群，2007）。正因如此，在任何一种传统的知识组织体系中，由于只能采取一种或有限几种人们认为最主要、最本质、最鲜明、最易用的口径特征对知识进行排序、分类等操作，知识组织活动中被掩盖和遗漏的语义信息总是要多于被揭示和显现的关联信息（滕广青和毕强，2010）。随着网络信息资源的几何级数增长态势，静态与线性的分类表、叙词表等传统的知识组织系统越来越难以满足人们将大量杂乱的信息和知识进行序化的需求。

2.2.2 元数据知识组织系统的语义功能局限

由于传统知识组织系统在信息资源描述过程中的局限，图书馆编目领域及网络数字资源描述领域陆续出现了以 MARC 和 DC 为主要代表的元数据应用，借此作为对传统知识组织系统的有力补充。

MARC 格式属于规范化的受控编目，其系统完善、字段完备、数据结构严密，能对信息进行较完整层次的分析描述，使信息的完整性、准确性得到保证；信息资源经过编目人员过滤、筛选和规范，更符合使用者的要求；其数据元素组成具有统一性，有利于资源共享（王英芬，2009）。但由于 MARC 格式较为复杂、字段繁多，用其进行网络信息资源的组织与描述，需要依靠专业编目人员来完成，非专业人员难以掌握，无法参与对网络资源的编目工作，因而不利于对数量庞大、变化频繁的网络信息资源的组织描述。

DC 元数据借鉴了图书馆编目、分类、文摘等宝贵经验，是描述、发现、管理和检索网络数字信息资源的有效信息组织方式。它的最大特点是数据结构简单，仅用 15 个核心元素即能实现对网络数字资源的描述。DC 元数据在图书馆文献信息资源领域的应用，能够有效促进图书馆文献信息参与网络环境下更大范围的统一处理与共享（张春红，2009）。

利用元数据模型对传统分类法与主题法的嵌入式应用，对于数字资源的知识组织与描述而言起到了重要的推动作用。基于元数据和分类、主题的概念语词建模具有元素恒定、树型结构、客观性强等显著特点，然而在数字资源的语义揭示与描述层面却依然存在以下局限。

（1）语义描述功能的局限。通常元数据主要利用词表或关键词来表达文献的内容，而文献主题内容的描述也随即成为最关键的检索依据。然而，在现行元数据标准中用于内容描述的元素十分有限，大多数元数据标准只有一两个专门用于主题内容描述的元素，而且常常是一个给受控主题词，一个给非受控主题词。不管文献信息的内容有多丰富和专指，都只能放在这些为数极少的元素所代表的范围内，因而，对于文献信息资源语义揭示的全面性及有效性而言是极其不利的。

（2）资源描述形式的局限。从元数据记录的存在形式可以看出，元数据是原始文献大粒度信息的一个附属品。通常元数据记录可以被嵌在一个网页的原码或附在一个文件上或存贮在专门的书目数据库或文档里，供随时查找或检索。但是当某一文献信息有多项内容或是范围与结构比较复杂时，要花很多时间分析文档，然后才能把有用的信息挖掘出来。也就是说，元数据能够帮助用户快速发现所需的大粒度资源，但无法在此基础上实现对大粒度信息对象内小粒度或内容的进一步揭示与挖掘（毕强，2010）。

2.2.3 传统编目规则体系的语义功能局限

1967 年由英国、美国和加拿大三国图书馆协会及美国国会图书馆联合编写了《英美编目条例》(Anglo-American Cataloguing Rules，AACR1)，这是图书馆编目领域的重要里程碑。在相当长的一段历史时期都成为图书馆编目的宝典。1978 年英国图书馆协会、美国图书馆协会、加拿大编目委员会、不列颠图书馆及美国国会图书馆等几家机构在 AACR1 的基础上，统一了英国版和北美版的区别，并在此基础上进行了深入修订，编制出版了国际编目规则《英美编目条例（第二版）》(AACR2)，随后由 AACR 联合修订指导委员会负责其修订和维护工作。AACR2 自出版以来，已作过多次增、删、改等修订。尤其是 1988 年、1998 年和 2002 年进行的三次重大修订，其主要目的在于使图书编目工作更加适应于计算机文档和连续出版物的发展变化。AACR2 继承了 AACR1 的结构，不单依据文献类型，而主要根据著者对文献知识内容所承担的责任来选取标目，同时采用国际标准书目著录的著录格式，在针对传统文献资源编目的基础上，增补了大量针对非文本资料和计算机文献的著录规则。迄今为止，作为国际性的通用编目规则，AACR2 已经在包括英国、美国、加拿大在内的西方国家及中国、韩国、印度尼西亚、马来西亚、菲律宾、新加坡、泰国、日本等众多亚洲国家的图书馆广泛使用 30 多年，除英语之外已被翻译成 24 种语言文字。根据 AACR2 所编制的记录已达亿万条，仅 OCLC 就有大约 4 800 条记录，仅美国国会图书馆就有 600 多位编目员在遵循 AACR2 规则编制着各类文献记录（吴跃，2010）。AACR2 规则的制定为传统纸质文献资源的编目与著录工作确定了明确的实践路径，但由于数字时代的到来，信息资源的种类与形态已大大超出了实体文献的范畴，AACR2 对电子资源、数字资源及其他非文本型资料的描述和揭示能力表现出其从未有过的"力不从心"，严重阻碍了读者服务与图书馆事业的发展。AACR2 对于数字形态信息资源描述能力的局限主要表现在以下方面。

（1）AACR2 无法准确详尽描述动态变化网络资源的需求（刘素清，2003）。AACR2 虽经多次修订，增加了有关电子资源著录内容，但主要还是面对物理载体的文献，对数字资源著录的标准制定存在严重不足。当前网络资源的编目已经完全失去了物理载体的意义，其链接的可靠性、网页的变化性等都不是物理载体所能比拟的。因此原有规则缺乏对众多网络资源描述的详尽说明，无法详尽、准确地描述、揭示网络资源（单晓红，2007）。

（2）AACR2 无法顺应多样化信息资源语义描述的需求。随着信息技术的飞速发展，文献资源呈现出新的特点：多载体，如纸质文献、电子文献、视听资源、交互性作品、混合型并存；同一主题存在多种表达方式，如小说版、戏剧版、多媒体版等；同一主题存在多种存贮格式，如 MP3、MP4 格式等。在信息检索过程中如何同时反馈相同主题、相同内容下的多种载体、多种媒体、多种格式的文献资源，借助传统的资源著录规则是无法解决这个问题的，因而，借用 AACR2 编目的书目记录数据库中会出现同一主题存有多条记录的情况，数据因此占据了较大空间。用户往往需要检索多层以后才能发现相关资源，严重阻碍了检索系统的反馈效率。

2.3 FRBR 概念模型及其核心思想辨析

2.3.1 FRBR 概念模型的产生

FRBR 是一个关于书目数据描述的概念模型，依托该模型，可以描述书目数据所揭示的实体、属性及其实体之间的联系，它是对传统的图书馆馆藏资源描述系统的进一步革新与优化。在模型中出现的概念对于在集成化数字馆藏资源组织与检索视野下进行无缝的搜索、鉴别、选择与获取等操作而言是极其重要的。1990 年 IFLA 在瑞典斯德哥尔摩召开"书目记录专题研讨会"，该研讨会的宗旨在于探讨如何建立国际性核心书目记录标准，并以此成立了 FRBR 研究小组，小组成员来自 IFLA 的编目组及分类与索引、书目记录功能需求初探这两个部门，研究小组将其研究成果向编目组委员会报告；1992 年，研究小组提出策略性文件：《书目记录功能需求的参考术语》（Terms of Reference for a Study of the Functional Requirements for Bibliographic Records），该文件中列举出广义范围的书目记录功能需求；1995~1996 年研究小组完成 FRBR 草案并送交评论，1997 年 FRBR 报告于第 63 届 IFLA 年会提出讨论，同年 9 月 IFLA 通过 FRBR 模式。1998 年，IFLA 面对新的信息资源环境和不断发展的用户需求，发表了 FRBR 的最终研究报告——Functional Requirements for Bibliographic Records, FRBR: Final Repor，该报告通过对实体、属性、关系的研究，揭示了书目记录的功能需求，为探讨书目记录的结构和关系提供了一种新的理念（吴丽杰，2007）；2002 年 IFLA 编目组任命了一个评估小组，以专门维护这个模型，并确保该模型的进一步发展；2003 年又将 FRBR 的主要内容纳入其颁布的《国际编目原则声明（草案）》中（庞丽川，2009）。

2.3.2　FRBR 概念模型的核心理念

FRBR 研究的主要目标是建立一个可执行的概念框架，以此来识别并定义书目记录中用户所关心的实体、实体所包含的属性及实体间隐含的各类关系。这个概念框架将成为把特定属性、关系同用户查询书目记录时所执行的各项检索任务进行匹配的基础。

FRBR 方法的运用借鉴了开发关系型数据库常用的实体-关系模型（E-R 模型），从探讨编目的实体、属性与关系来揭示书目记录的功能需求，改变了传统书目记录的扁平化结构，建立各书目记录之间、书目记录中各著录对象之间的关系，为我们探讨书目记录的结构和关系提供了一个新视点（吴丽杰，2007）。实体关系模型的本质是一种图形化的研究方案，即将需要分析的对象及对象之间的关系用图形符号的方法予以揭示，因而能够对客观对象之间的相关关系进行精确描述。其中，实体即指能够利用若干属性或属性值描述的对象，而关系则是指两个以上实体之间的各种类型的关联关系（庞丽川，2009）。利用该模型对书目数据实施结构化揭示的过程，首先是要将待揭示的对象实体予以分离，其次，识别与每个实体相联系的特征或属性及实体间的关系，这些关联关系包括书目记录相对于各种载体、各种应用、各种用户需求所发挥的功能，如作品间的关系、载体版本等不同层级的关系等，这对于使用者的功能需求而言，则提供了一种较好的聚集能力，尤其是辨识单一作品内容版本间的关系。显然，FRBR 是建立在面向对象方法的基础之上，进行最直接、自然和有效的表达，为数据需求的分析提供了一条结构化的途径，可以方便地实施定义和描述的过程（李婧，2012）。

面向对象的书目数据描述方式要求 FRBR 的研究重点需考虑到满足不同信息资源表现形态、媒介类型、资源格式及信息记录模式的要求。其中，表现形态包括文本、图形、音乐、影音视频、图表、三维立体物体等；媒介类型包括纸质媒体、磁带、磁盘、光介质等；资源格式包含图书、单页、唱片、卡式录音带和盘式录音带等；信息记录模式包括类比、音、电子、数字、光学信息等。另外，FRBR 的研究目标则是使利用 FRBR 所分析的信息资源数据符合不同类型使用者的需求，包括读者、学生、研究者、图书馆员、出版商、经销商、代理商、零售商、传播者、信息中介和知识产权管理者等。FRBR 的研究不仅可应用于馆藏建设、编目、详细目录管理、文献传递、参考咨询等图书馆服务领域，也能够广泛应用于资源获取、信息检索等非图书馆机构的书目数据分析与管理工作中。

2.3.3 FRBR 概念模型的体系构成

FRBR 的核心理念是利用实体-关系模型将书目数据中的实体、属性及其关系进行图形化表达，因而，根据实体-关系模型的基本功能要求，FRBR 概念模型的体系结构也将由实体、属性、关系这三个基本要素构成。

1. 实体

实体代表书目数据中用户所关心的关键对象，FRBR 将图书馆书目数据所涉及的实体分成三组不同的类别，分别是：①智力及艺术创作的产品，包括作品（work）、内容表达（expression）、载体表现（manifestation）及单件（item）；②对智力及艺术创作内容的生产、传播或保管负有责任的责任人，包括著者个人（person）及出版机构（corporate body）；③一系列作为智力或艺术创作主题的附加实体，包括概念（concept）、实物（object）、事件（event）及地点（place）。

1）智力及艺术创作的产品

在 FRBR 概念模型中，根据智力及艺术创作产品的抽象及具体化程度，又具体细分为作品、内容表达、载体表现及单件四个不同的层次。

（1）作品。在 IFLA 的 FRBR 报告中作品被定义为一种特有的智力及艺术创作，作品是抽象的实体，因而无法用具体的特定物件予以指代。对作品描述则需利用作品的属性来揭示，包括题名、形式、日期、其他区别、是否为继续资源、使用对象、内涵、音乐作品的表演媒介及作品编号等（庞丽川，2009）。

由于作品的概念是抽象的，因而作品与作品之间没有明确的界限。为了对不同作品进行区分，则需引入作品的"内容表达"实体以示区分，通常一部作品的不同版本，包括修订更新、翻译，都视之为同一作品的"内容表达"，但若是作品的改变较大，原则上则视为一部新的作品。

（2）内容表达。在 FRBR 报告中内容表达被定义为智力及艺术创作作品的实现,即明确指定某一特定的智力及艺术创作,由特定的字句、段落构成的内容。形式包括音乐、舞蹈标记、声音、影像、物件、动作或上述形式的组合。与作品相比,内容表达较具体,但依旧尚未形体化。"内容表达"是作品的实现,但是并不包括作品的字形及版面编排等具体实体形态。目前"内容表达"在编目规则 AACR 及机读目录 MARC21 都未曾出现,其相关属性包括题名、形式、日期、语言、其他典型特征、可扩展性、可修订性等。

(3)载体表现。在 FRBR 报告中载体表现被定义为作品内容版本的具体化。例如,作品《纽约客》(*New Yorker*)有纸本的也有微缩版的,纸本及微缩版就是作品内容的具体呈现形态,即所谓的"载体表现"。载体表现的属性包括题名、责任说明、版本标识、出版地、出版者、出版日期、载体形态、丛编说明、容器的形式和容载量、检索模式、检索限制、载体表现识别符等。

(4)单件。在 FRBR 中单件被定义为某一具体的物理对象,是"载体表现"的具体化。例如,单卷书。有时一个"单件"可由多个物理对象组成,如多卷书。就知识内容和载体形式来看,同一个载体表现的单件应该是相同的,但也不排除例外。"单件"的属性包括单件标识号、来源、状态、维护史等(庞丽川,2009)。

产品的四级层次划分也是将一个抽象的作品具体化为一个单件的过程,各级层次之间包含着鲜明的对应关系,如图 2-2 所示。

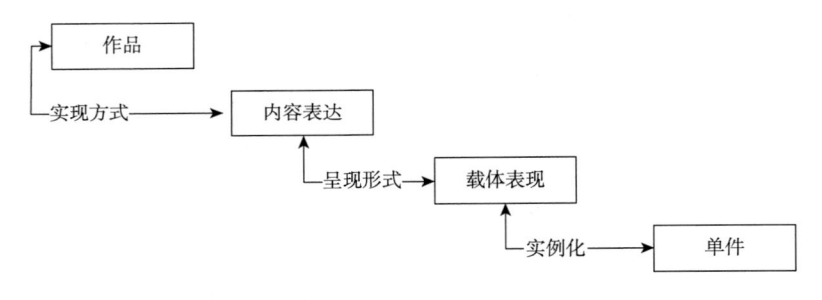

图 2-2　智力及艺术创作产品类别实体关系

由图 2-2 可知,一部作品可以以多种表达形式予以表达,同时也可以以多种载体形态予以揭示,每一种载体形态的作品都可发行多个单件。当提及一本"图书"时,通常指的是一个特定的物理对象,这个物理对象具有特定的标识号等属性信息,此时可以称之为作品的单件;也可以认为一部图书是以任何出版形式出版的一部作品,对于图书而言有专门的国际标准书号(international standard book number,ISBN),在 FRBR 中通常称之为载体表现,显然一种载体表现的作品可以有多个单件实例与之对应;当需要揭示是谁翻译了这部图书时,通常所关注的焦点是以特定语种或翻译语言所描述的作品,此时 FRBR 称之为内容表达,显然不同内容表达形式的作品均可以以不同的载体形态予以实例化;当需要揭示谁写了这部图书时，此时对于这部图书所考察的角度就进入更加抽象的一个层次，关注的是作品内容本身，而不是具体化到哪个语种、哪个版本或是哪个载体形态等，在 FRBR 中称这个层次为作品层。

以著名长篇小说《飘》(*Gone with the Wind*)为例，这部作品可以以各种形式表达，如手稿、译本、重要版本、版本说明及以这部作品为蓝本的视频信息。一旦这些表达形式以某种媒介记录并形成物理，那么作品《飘》的某一特定版本便实体化成为纸质图书、PDF 格式文档及 HTML 格式文档等不同的载体表现，如图 2-3 所示。

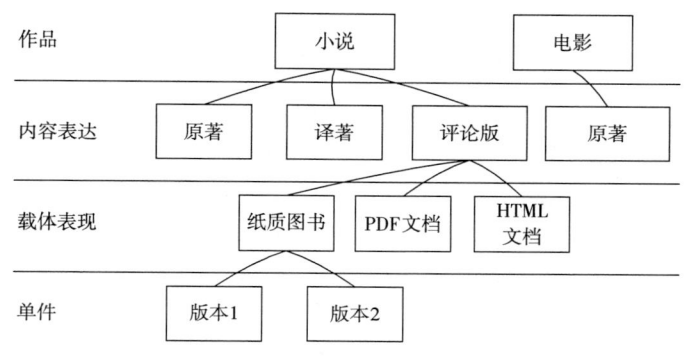

图 2-3　智力及艺术创作产品类别实体层次分析

在单件层次，也即我们能够在图书馆所查阅到的这部作品的某一部特定图书。一部图书的单件可由该书的索书号、存放地址及其他任何单件的特殊标记符作为其属性特征。例如，单件可以是作品的一本手稿复制本抑或其他复制本，如图 2-3 所示。

2）智力及艺术创作产品的相关责任人

FRBR 概念模型的第二类实体则是对智力及艺术创作产品的内容、实物作品、作品传播者或者是作品保管者等责任人的表示。这类实体包含个人及团体（组织、个人或组织群体）两个层面。

图 2-4 揭示了作品的不同责任人之间、责任人与第一类实体（作品、内容表达、载体表现、单件）类别之间的关联关系。如图 2-4 所示，一部作品可由一个或多个个人或团体创建；相反，一个人或一个团体亦可创建一部或多部作品。一部作品的内容表达可以被一个或多个个人或团体实现；同时，一个或多个个人或团体也能够实现多部作品的内容表达。一部作品的载体表现可以被一个或多个个人或团体生产；同时，一个或多个个人或团体也能够生产多部作品的载体表现。作品的一个单件可以被一个或多个个人或团体拥有；同时一个或多个个人或团体也能够拥有某一部作品的一个或多个单件。

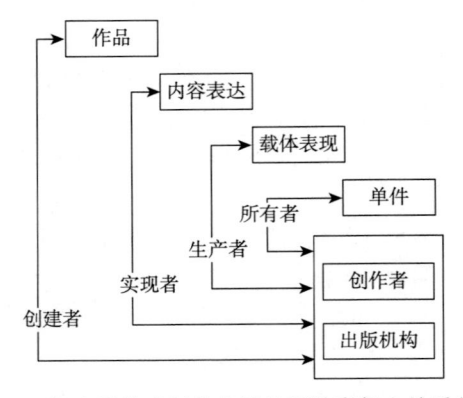

图 2-4 智力及艺术创作产品的相关责任人关系分析

3) 智力或艺术创作主题的附加实体

FRBR 的第三类实体为服务于作品主题的其他实体集合，包含概念（摘要或主题）、实物（某种材料的物品）、事件（发生的某种行为）及地点。图 2-5 描述了第三类实体及其与作品之间的各种主题关系。如图 2-5 所示，一部作品可以通过一个或多个概念、实物、事件或地点揭示其主题特征，相反，一个概念、实物、事件或地点可以表明多部作品；同时作品与第一类实体和第二类实体之间的主题关系也得到了揭示，一部作品对应了一个或多个作品、内容表达、载体表现、单件、创作者及出版机构。

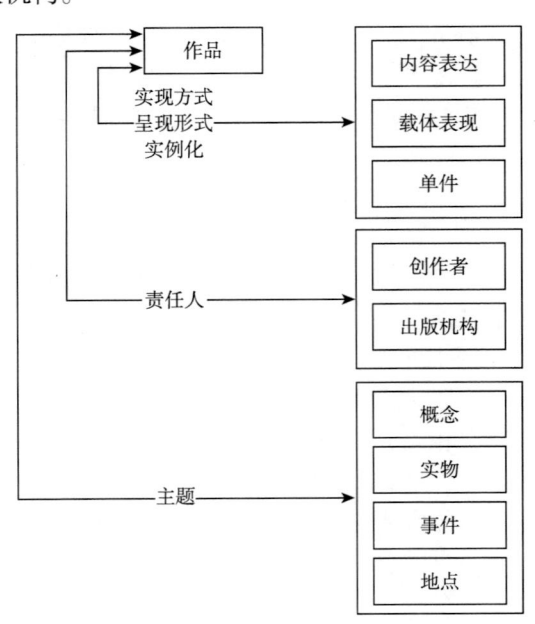

图 2-5 第三类实体及其主题关系

2. 属性

在实体定义的基础上，FRBR 概念模型继而为每个实体定义了与之相关联的一组特征或属性，实体属性的作用是作为检索的途径，用户在查找某个特定实体的信息时可通过这个属性来组织检索并分析获得的反馈信息。根据实体的不同类别，与实体相关的属性也多种多样，其属性总数达到 97 个，但模型中定义的属性通常分为两大类别：一类是实体内在的、固有的属性，如图书页码、尺寸、题名、出版者名称等物理特征或识别特征；另一类是外部知识组织系统分配给实体的符号代码或其他识别信息，如分类号、主题、馆藏信息等（吴丽杰，2007；李婧，2012）。

3. 关系

关系是事物之间相互作用、相互影响的状态。在 FRBR 概念模型中，关系作为描述一个实体与其他实体之间链接的表达工具，其目的是帮助用户在书目、目录或书目数据库中检索时提供必要的"航行"机制。典型的做法是用户利用正在检索实体的一个或多个属性，形成一种关联性检索查询，通过这些属性，用户得以找到所检索的相关实体（李婧，2012）。

在 FRBR 概念模型中，实体-关系模型比较复杂，三组实体的关系分别为书目实体关系、个人和团体关系、主题关系等（吴丽杰，2007）。

作为书目实体关系，一部作品可以有一个或多个内容表达，一个内容表达可以有一个或多个载体表现，一个载体表现可以有一个或多个单件，形成一个由上到下的书目关系，在目录中，这种上下层次关系通过不同实体的属性反映并予以联系；作为个人和团体关系，个人或团体与第一组实体中的作品、内容表达、载体表现和单件分别建立创建、实现、生产或拥有的关系，如一个创建者总是与他所创建的作品连接在一起；作为主题关系，特定主题可以保证将所有相关主题内容的作品连接在一起。

1）第一组实体间关系

除此之外，第一组实体（作品、内容表达、载体表现与单件）之间的关联也可通过内容关系予以揭示。在 FRBR 中，关于内容的关联特征揭示可分为平等关系、衍生关系及描述关系，同时也存在整体与局部关系。这些隐藏在作品中的内容关系也继承了上述在内容表达、载体表现及单件关系中的层次关系。

平等关系可理解为对于同一部作品的不同内容表达形态，如以图像形态或以文字形态描述的相同的作品内容可看成平等关系。同时，对于同一部作品内容的修改，如作品的翻译，我们也可认为是相同作品的一个新的内容表达形态，与原作品之间依然表现为平等关系。

衍生关系则是指其他的个人或团体对于原始作品的进一步系列化出版，则新出版的作品将成为原作品的衍生作品，新作品与原作品构成相关家族作品关系。实体描述关系则可理解为在 FRBR 概念模型及术语中的主题关系。

对于数字信息资源而言，一类重要的关联关系是整体与局部间的关系。例如，对于 Web 站点而言，整个站点作为一个整体，而站内页面则成为整体中的局部成分；在连续出版物中，系列期刊作为作品的整体，而一本期刊则作为整体中的局部作品成分。实体间整体与局部的关系见图 2-6。

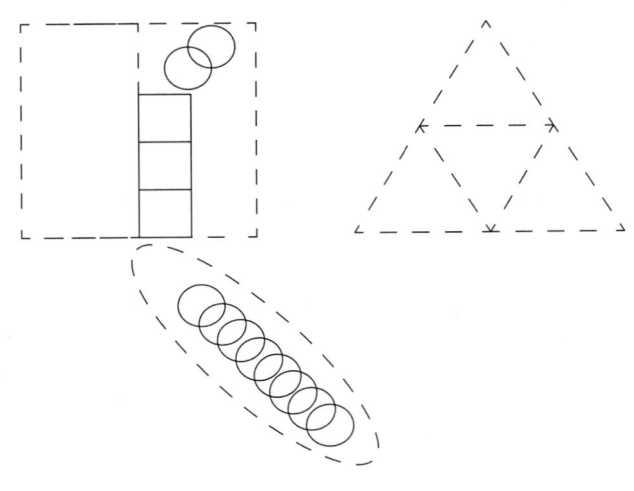

图 2-6 整体与局部关系
形状表示作品类型

整体与局部这种作品关系类型在网络数字形态信息资源描述中表现得尤其明显。例如，图像、文本或者音频文件都将成为整体资源内容中的局部组件，需要对其进行地址的有效标注及集成整合后才能作为一个有机的整体予以呈现，否则只能以独立组件单元进行存储；又如，电子期刊网站可以看成一部完整的作品，而其中的论文则成为完整作品中的构成部分，新的论文将不断地在网站上刊登，这就使得该网站成为一个持续性的、不断增长的资源集成平台。

在数字资源的动态演化过程中，资源与资源之间又可呈现出动态的关联关系，也即资源本身可作为一个独立组件，但同时也与其他资源存在依存关系。最典型的就是书目记录与书目结构体系的生成与建立。我们可以用一条书目数据来描述一部图书，此时书目数据成为一个独立实体单元替代图书实体，但同时众多的书目记录之间又可相互联系，构成复杂的动态网络，打破了原有书目数据内部的独立性。

2）第二组实体间关系

第二组实体（个人与团体）与第一组实体之间存在四种关联类型，分别是：创建关系，这种关系主要描述个人或团体与作品之间的关系；实现关系，这种关系主要描述个人或团体与作品的内容表达之间的关系；生产关系，这种关系主要描述个人或团体与载体表现之间的关系；所属关系，这种关系主要描述个人或团体与单件之间的关系。

创建关系主要用来关联一部作品与某一个创作智力与艺术成果的个人责任人；它同时也将一部作品与某个团体责任人之间建立关联。作品与相关责任个人或团体之间逻辑联系的揭示可以将相关责任个人或团体的所有作品建立某种共同的属性，极大地方便了用户在责任人属性字段的检索结果呈现。

实现关系主要用于将作品内容表达的实现与相关的个人或团体责任人建立关联。其功能类似于创建关系，区别在于此时是将作品实体与内容表达实体平等看待，进而发现它们与相关责任个人或团体之间的关系。相关责任个人或团体对于智力或艺术创作作品而言存在有责任人的关系，并且将作品看作抽象实体概念；同时相关责任个人或团体也对智力或艺术创作作品的不同内容表达形式具有责任人关系，这种责任关系促使作品内容表达的实现与执行。内容表达与相关责任个人或团体之间的逻辑关联关系是鉴别对作品内容表达的相关责任个人或团体的基础。

生产关系能够将作品的载体表现与作品出版、发行、分销、制造或生产相关的责任个人或团体建立关联。载体表现与相关责任个人或团体之间的逻辑关联关系是鉴别对作品某种载体表现形态的生产及分销过程中相关责任个人或团体的基础。

所属关系能够将作品的某个单件与作品单件的拥有者或保管人等个人或团体建立关联。作品单件与相关责任个人或团体之间的逻辑关联关系是鉴别作品拥有者与保管者等相关责任个人或团体的基础。

3）第三组实体间关系

第三组实体与作品实体之间的关系主要是主题关系，主题关系表示在 FRBR 概念模型中的任何实体，包含作品本身都可能成为一个作品的主题。主题关系也表明任何一部作品都会包含有概念、实物、事件或地点等相关主题信息；也会包含相关责任个人与团体信息；还将包含内容表达、载体表现或单件等相关信息；同时有可能与其他作品存在主题关联。主题的逻辑关联性是鉴别一部作品是否与其他作品相关联的基础。

FRBR 概念模型在对实体、属性和关系研究的基础上，总结了用户的四个基本任务，即发现实体、识别实体、选择实体、获取实体。随着对目录功能研究的不断深入，用户任务也不再局限于四个基本任务，FRBR 中提出了第五个用户任务,即在数据库中能够"导航",也就是说,用户在目录、书目或数据库里通过各种关系和属性查找资源,帮助用户从一个实体"关联"到另一个实体(吴丽杰,2007)。

在 FRBR 分析框架体系下,实体间关系的揭示情况较为复杂,但从宏观结构来看,三组实体之间所表现的关联关系主要分为书目实体关系、个人和团体关系、主题关系三大类别。书目实体关系重在对实体对象表现形态特征之间关系的揭示与刻画,也即第一组实体内作品、内容表达、载体表现及单件四组表现形态之间关系的呈现,具体表现为一部作品可由多种内容表达形式表现,一种内容表达形式由多种载体予以表现,一种载体表现由若干单件实现,通常这些关联关系通过实体的相关属性(集)特征予以揭示;个人和团体关系重在对实体对象与其权利人之间关系的揭示与刻画,在构建创作内容的生产、传播或保管相关责任人与第一组实体对象之间关联关系的过程中,权利人与实体对象之间往往构成创建、实现、生产或拥有的隶属关系;主题关系则侧重于对实体对象内容特征关系的揭示与刻画,特定的主题关系可确保将所有相关主题内容的作品(包括内容表达、载体表现及单件)进行链接。

2.3.4 FRBR 概念模型的优势与障碍分析

1. FRBR 应用于信息资源描述的主要优势

1)符合信息时代信息资源类型繁多的需求

FRBR 研究的主要目的是要使编目工作突破对传统的纸本信息资源编目的约束,使其更加符合信息时代不断出现的信息资源类型的需求。数字时代的到来使得信息资源的类型突破了传统文本资源的范畴,电子形式、数字形态的音乐、地图、音像、图形和三维动画等信息资源充斥于网络环境,传统的编目方式已无法满足类型多样的数字信息资源的编目需求。FRBR 所提出的研究框架正是面向数字信息资源环境的,描述了所有的物理载体形态、包括了所有的表现方式、展示了记录信息的所有表达形式。这种针对多样化信息资源描述的研究思路足以证明编目工作即使面对信息资源类型层出不穷的信息时代,也依然有足够的生命力和适应力,可以继续对信息资源进行有效组织和管理。

2)符合编目工作突破图书馆向其他信息机构发展的需求

随着信息资源管理的社会化普及,信息资源的编目工作已不再是图书馆的专利活动,出版社、书商及网站等也将成为信息资源开发与利用的重要部门,需要借助信息资源编目工具实施对各类型信息资源的编目与组织工作。传统的图书编目规则由于构成形式复杂,需要专业编目人员才能实现,极度不利于传统编目规则向其他社会化信息资源管理部门的实用性转化。FRBR 概念模型研究认为书目记录中所包含的数据应适用于更为广泛的用户，不论在图书馆内还是在图书馆外。

3）符合当前信息资源描述经济高效的要求

日益增长的信息资源数量和图书馆所面临的经济压力，使编目工作者必须考虑编目工作的"简化"问题，即筛选出最核心和最基本的数据元素进行编目，这是编目工作的一个重要变革，只有这样才能顺应图书馆的发展（庞丽川，2009）。FRBR 概念模型的研究充分考虑到对各类形态信息资源核心和基本特征的提取及用户检索需求的匹配关系，尽可能地简化传统图书编目系统中的数据元素，而不影响对信息资源属性及关联关系的有效揭示。

4）符合用户不断变化的信息资源检索需求

FRBR 概念模型从用户需求的角度入手，利用面向对象的分析思路分解书目记录的构成因素及其逻辑属性和关联关系，在此基础上根据对用户检索需求行为的分析提炼出用户使用书目记录的四个基本任务。由此构建的以作品、内容表达、载体表现、单件、责任关系人、主题因素为主导，以各层因素的属性为基础，以关系为语义揭示工具的书目功能概念模型符合当前对书目记录变化的要求，既能便捷地实现对原有书目记录的继承，又能够充分体现出各个作品的典型特征及与其他作品之间的语义关联关系，符合人类的思维习惯，是书目记录发展的必然趋势。

2. FRBR 应用于信息资源描述存在的障碍

FRBR 是图书馆界开发的一个描述书目功能需求的概念模型，其主要目的是要对各种类型的信息资源进行有效并高效的描述和揭示，但是由于新生态资源的不断出现，FRBR 概念模型的涉及领域也需要不断完善和发展。首先，FRBR 概念模型考虑对书目记录的描述基础从实现形式转为表现形式，对于编目工作的实际操作有很大的难度；其次，FRBR 概念模型不仅可以用于传统的书目记录，更主要的是要应用于声音、图像、视频等多媒体数字形态信息资源中，但是还没有完全覆盖各类资源，对数字资源而言，其使用和保存的功能还不足；最后，必须对抽象实体，如"作品""表现形式"等提供更精确的定义，否则诸如是一个文本作品、一个新的表达形式还是实现形式，都很难界定（庞丽川，2009）。

2.3.5　FRBR 概念模型实例分析

FRBR 概念模型对实体资源描述的抽象性与一般性特征使它的应用领域极为

广泛，对各种信息资源都具有较强的描述能力。信息资源描述通常也被称为知识组织，它的基本原理就是用一定的方法把知识客体中的知识元素和知识关联揭示出来，并编排成序，形成易于利用的知识体系结构（张玉峰等，2008）。利用 MARC 等传统的书目著录标准对信息资源进行著录，虽然能够充分描述纸质本文献的著录问题，然而其内容的复杂性使得著录工作过于死板，也极不利于信息用户的检索需求。FRBR 概念模型的研发正是基于这种以用户检索的需求为出发点而进行设计和开发的面向对象的信息资源描述概念框架，它呈现给用户的是一个采用分面分类法而构造的立体化网状结构（黄艳芬，2009），模型根据概念的分析与综合的原理，将概括文献、信息、事物的主题概念组成"知识大纲—分面—亚面—类目"的结构，按一定的规则，通过各个分面类目之间的组合来表达文献主题（戴维民，2004），为资源的作品呈现、内容版本表达、载体表现等分层次描述提供了一个完善的解决方案。

　　文学作品作为馆藏资源的重要组成部分，在信息资源体系中占据了重要地位，将其看作 FRBR 概念模型中待描述的实体，具有很好的可塑性。整体与部分的关系体现在作品、内容表达、载体表现和单件等各个层次。当需要对文学作品进行整体与部分之间关系的创建时，可假设文学作品是一个独立的整体，而语种、版本、载体、馆藏信息等即可作为构成该整体的独立但彼此关联的部分。

　　以钱钟书先生的作品《围城》为例，《围城》是一部于 1947 年在《文艺复兴》上连载的长篇小说，该作品在出版后的 30 年时间里，被翻译成各种版本广为流传。流传至今，小说版本琳琅满目，令人眼花缭乱。信息时代的到来，众多版本的小说也会随着需求出现在各类型载体之上。对于提供资源描述的编目人员来说，为满足各类用户不同的信息需求，为用户提供最有效的服务，利用 FRBR 提供的实体概念模型划分标准对小说的书目特征予以揭示与描述，是一种切实可行的方法。下面以这部作品为实例，进行 FRBR 的应用性探讨和研究（李婧，2012）。

W1　钱钟书的《围城》
　　E1　中文版本
　　　　E1.1　《人兽鬼》选集
　　　　　　M1　2001 年由北京：三联书店出版
　　　　　　M2　2007 年由北京：三联书店出版
　　　　　　M3　2009 年由北京：三联书店出版
　　　　E1.2　《围城》原著
　　　　　　M1　1980 年由北京：人民文学出版社出版
　　　　　　　　I1　福建省图书馆

I2　青岛市图书馆
　　　I3　湖北省图书馆
　　　I4　哈尔滨市图书馆
　　　I5　山西省图书馆
　M2　1988 年由贵阳：贵州人民出版社出版
　　　I1　国家图书馆
　　　I2　南京图书馆
　M3　1989 年由台北：书林出版公司出版
　　　I1　国家图书馆
　M4　1991 年由北京：人民文学出版社出版
　　　I1　国家图书馆
　　　I2　天津图书馆
　　　I3　沈阳市图书馆
　　　I4　四川省图书馆
　　　I5　重庆图书馆
　　　I6　杭州图书馆
　　　I7　广州市图书馆
　　　I8　广东省立中山图书馆
　　　I9　辽宁省图书馆
　M5　1997 年由北京：人民文学出版社出版
　M6　2000 年由北京：人民文学出版社出版
　M7　2001 年由北京：北京电子出版物出版中心出版
　M8　2002 年由北京：人民文学出版社出版
　M9　2002 年由北京：三联书店出版
　M10　2003 年由北京：人民文学出版社出版
　M11　2004 年由北京：人民文学出版社出版
　M12　2006 年由北京：人民文学出版社出版
　M13　2008 年由北京：人民文学出版社出版
　M14　2008 年由北京：华语教学出版社出版
　M15　2008 年由太原：北岳文艺出版社出版
　M16　2009 年由南京：南京大学出版社出版
E1.3　《围城·猫·纪念》选集
　M1　2000 年由呼和浩特：内蒙古人民出版社出版
E1.4　《围城》[缩微品]
　M1　2003 年由北京：国家图书馆文献缩微中心出版

    E1.5 《围城》：俱乐部版
       M1 2003 年由北京：人民文学出版社出版
    E1.6 《围城》：汉英对照
       M1 2003 年由北京：人民文学出版社出版
  E2 英文版本
    E2.1 Fortress besieged Translated by Jeanne and Nathan K Mao with a foreword by Jonathan Spence
       M1 2004 年由 New York：New Directions 出版
       I1 单册
    E2.2 Fortress besieged Translated by Jeanne Kelly and Nathan K Mao
       M1 1979 年由 Bloomington：Indiana Univ.Pr. 出版
       I1 单册
    E2.3 《围城》Translated by Jeanne Kelly Nathan K Mao
       M1 2003 年由北京：外语教学与研究出版社出版
       I1 单册
  E3 法文版本
    E3.1 La forteresse assige Trad. du chinois par Sylvie Servie- Schreiber et Wang Lou: prf.de Lucien Bianco
       M1 1987 年由 Paris：Christian Bourgois Editeur 出版
       I1 单册
    E3.2 Die Umzingelte Festung：ein chinesischer Gesellschaftsroman bertr. von Motsch uJshih：Mite. NachwuErl. Versvon Monika Motsch
       M1 1988 年由：Frankfurt/M：Monika Motsch 出版
       I1 单册
W2 钱钟书原著，孙雄飞等编剧《〈围城〉：十集电视连续剧》
  E1 《〈围城〉：十集电视连续剧》
      M1 1996 年由广州：金海湾音像出版社出版
      M2 1997 年由厦门：厦门音像出版社出版
      M3 2002 年由厦门：厦门音像出版社出版

  上述模型中的几种符号 W、E、M、I 分别代表作品、内容表达、载体表现、单件。由上述书目数据分析可得到该文学作品的 FRBR 概念模型分析框架，如图 2-7 所示。

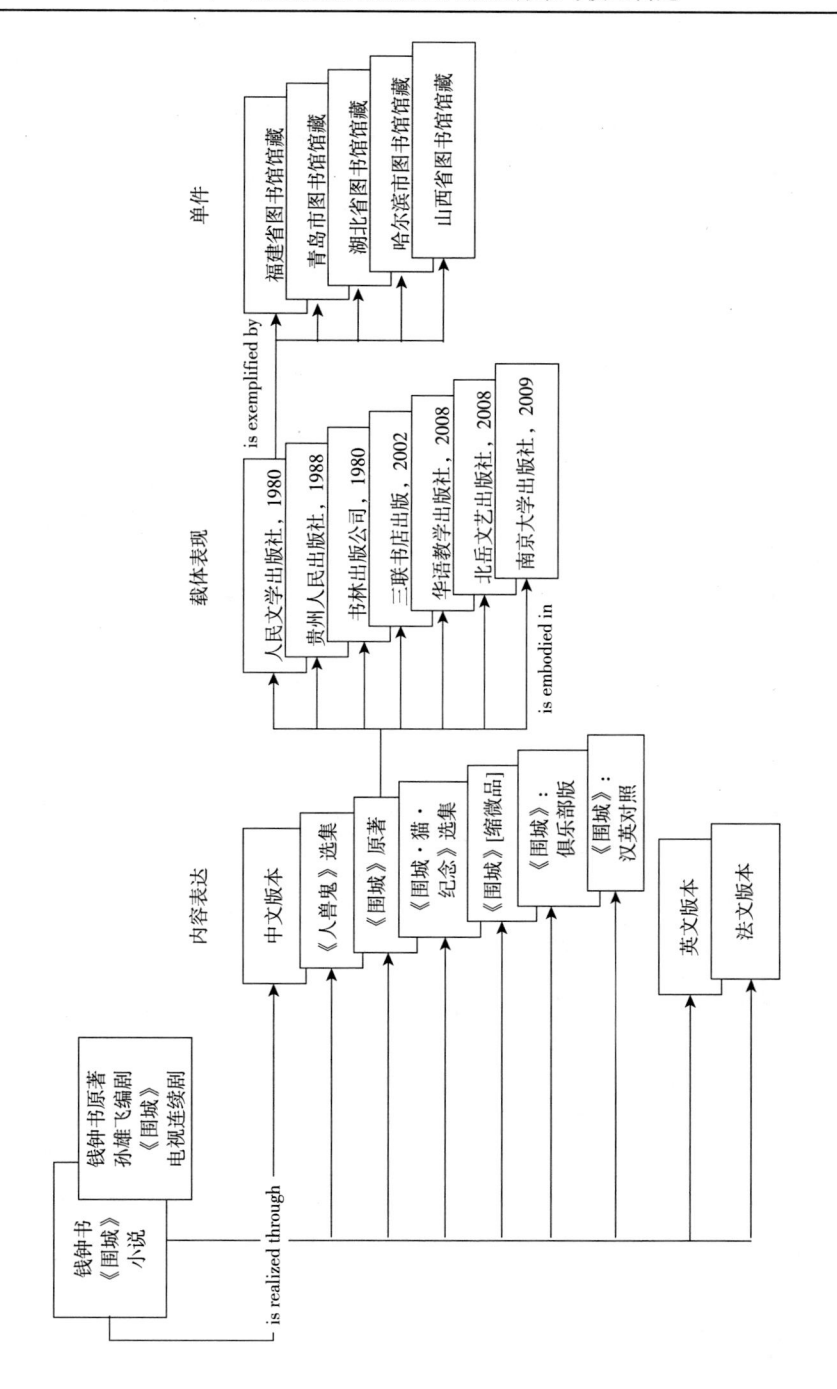

图 2-7 FRBR 概念模型分析实例

通过 FRBR 的概念层次结构模型，可以让用户更有效地准确查找到自己需要的作品，同时也能很清晰地认识到作品与作品之间的关系。对于编目人员来说，利用 FRBR 进行的书目数据分析很显然减少了冗余的烦琐，能够节省更多的时间，节约资源的有效利用时间和空间（李婧，2012）。

2.4 RDA 编目规则及其核心思想辨析

2.4.1 RDA 编目规则的产生

计算机及网络技术的发展使数字信息资源改变了传统纸质资源独霸天下的局面，而作为图书馆核心理论内容之一的书目著录规则也在传统针对纸质文献信息资源的基础上依据数字资源的要求进行了多次修订，使得新版的著录标准，即 RDA 成为新时期编目界的主流规范。JSC 是以 AACR2 为基础，以国际编目原则声明（Statement of International Cataloguing Principles，ICP）为原则，并基于 FRBR 和规范数据功能需求（functional requirements for bibliographic records，FRAD）模型而重新修订的标准，其目的是为各种不同文献类型的资源提供著录与检索的统一使用指南和方法（单晓红，2007）。RDA 采用了 FRBR 的思想，制定了一套适用于网络环境的使用规则，可以描述印刷文字资料、图像、地图、音像资料等各种信息资源，也可以同其他资源著录与检索标准兼容，适用于世界范围内的图书馆、档案馆、博物馆及其他专业信息机构对信息资源编目的需求（杨莉萍，2011）。

1. RDA 编目规则的本源

RDA 的本源来自西方图书馆界的编目圣经——AACR2。自 1978 年 AACR2 出版以来，AACR2 一直是国际编目界的重要规则。许多国家的编目规则都在很大程度上参考了 AACR2。虽然，在 1978 年之后的 20 多年时间里，英国、美国、加拿大等国的图书编目界曾数次对其进行修订，但其主体结构和思想并未发生改变。随着数字化文献的大量出现及计算机编目网络的应用与普及，AACR2 的修订版因其描述过于复杂且过于依赖过时的卡片目录，其难以适应信息时代数字信息资源编目与描述的现实需求。为了适应新形势的变化，更好地描述各种类型的文献（特别是数字资源），允许灵活使用各种级别来描述文献，更好地共享书目记录，兼容各种不同的编目格式，适用于各种不同的信息组织系统，1997 年在加拿大多伦多举行的 AACR 原则与未来发展国际会议上，JSC 和 AACR 主管委员会（Committee of Principals for AACR，CoP）就邀请世界各地的专家共同研究制订 AACR 的未来发展计划，与会专家建议依据新的国际编目原则制定新版的 AACR。从那时起，AACR 新版初稿的制定工作就一直在进行。

1998 年，IFLA 正式出版了 FRBR，FRBR 概念模型和理念的出现为 AACR2 的修订提供了重要的理论支持。2004 年，AACR 主管委员会担任新版本的编写者。2004 年 12 月 AACR3 第一部分草案出台征求各方的意见和建议，并于 2005 年 4 月在芝加哥举行的 JSC 和 CoP 会议上对收集到的意见和建议进行了讨论，决定通过 AACR3 第一部分修订内容所接收到的评论和意见，设计了一种更适合于数字环境的新标准，期望能够在不同的数字环境（如互联网、网上 OPAC 等）对所有的数字与非数字资源进行描述和检索，并决定将新版的 AACR 命名为"资源描述与检索"（AACR3：Resource Description and Access，RDA）。2009 年《资源描述与检索》正式出版，成为书目著录和检索的最新内容标准，体现了国际编目界的最新进展（杨莉萍，2011）。

RDA 继承了 AACR2 的优点，除了能与 AACR2 记录兼容外，还能与 MARC21、UNIMARC、XML、MODS、MARCXML、Dublin Core、EAD、VRA、MPEG7、ONIX 等多种标准数据格式兼容，能够大大增强并改进书目描述与资源关系揭示的能力（吴跃，2010）。

2. RDA 编目规则产生的促发因素

1998 年，面向网络环境下数字信息资源编目的严峻形势而由 IFLA 组织的《书目记录功能需求分析》研究成果的发布标志着书目信息的描述工作已逐渐从图书馆纸质文献的编目向各类型信息资源编目的方向转型。该成果描绘了在开放环境下，书目记录在多载体、多应用和多用户需求中要实现的功能，提供了清楚的结构化分析架构，并对国家书目记录核心层级提出了针对性建议（陈丽萍，2004）。

书目记录的功能需求从信息资源标识与用户需求两个方面综合审视了书目记录中的单个数据元素与用户需求之间的关系，各类型资料同各种编目要素之间的关系。在此基础上重新定义了传统的书目概念及如何对电子出版物进行编目。FRBR 的出现为 RDA 编目规则的形成奠定了重要的理论基础（单晓红，2007；吴跃，2010）。

RDA 的名称反映了 JSC 和 CoP 会议上所设想的编目规则格式和范围上的国际化发展道路。《英美编目条例》修订拟出第三版时，原题名为"AACR3：Resource Description and Access"，"资源描述与检索"作为副题名，而最终更名为"资源描述与检索"的重要原因是要摆脱英语世界的局限，有扩大到图书馆应用领域以外的意图，在名称上去掉"英美"、去掉"编目"，意味着它在地域与领域上有更大的抱负，其目标是要构建一部国际性的信息资源编目条例。更名后的 RDA 将会是一种为数字世界所设计的资源描述与检索的新标准，它将提供：①描述所有资源的一种灵活框架；②数据易运用于新的和正在出现的数据库结构；③数据与图馆联机目录里的现有记录兼容（冯亚惠，2007）。

2.4.2 RDA 编目规则的体系构成

RDA 编目规则的概念基础来源于 FRBR 与《规范记录的功能需求》（Functional Requirements for Authority Records，FRAR）模型，其内容及结构体系构成上都严格与 FRBR 概念模型保持一致。RDA 编目规则的结构主体由两部分构成。

A 部分：资源著录与关联（resource description and relationships），包括资源著录及实体关联的功能目标和原则，涉及图书馆传统的书目记录元素与实体描述及关系映射，主要包含导言、资源著录通用规则、资源的识别、特殊载体资源的著录、各类型资源的内容著录、资源获得方式与检索、与资源相关的个人/家族和团体及其他相关资源，见表 2-2。

表 2-2 RDA 中的著录与关联规则

A 部分	标题	涵盖内容
	导言	著录的目的与范围；与其他著录标准的关系；术语；必备元素；使用语言等
第 1 章	资源著录通用规则	提供不同文献类型著录的统一指南；规定什么情况下做新的著录；必备元素；著录用语言和文字；转录规则等
第 2 章	资源的识别	关注最常用的、用以识别资源的著录元素，包括题名、责任说明、版本、编号、出版责任、丛编说明等。用户根据这些信息可确定所著录的资源与要查找的资源是否一致，或者根据这些信息区分两个或更多具有相似特征的信息资源
第 3 章	特殊载体资源的著录	包含各类型资源载体的著录，如载体类型、数量大小、材质等
第 4 章	各类型资源的内容著录	包含资源内容的类型、范围、对象、摘要、涵盖的地理区域与时间及各类资源内容的著录，如测绘资料内容的比例尺、投影等
第 5 章	资源获得方式与检索	包含获得方式与检索限制等方面的著录
第 6 章	与资源相关的个人、家族和团体	按实体分别指出与著作、内容表现、载体表现、单件相关的个人、家族和团体的著录
第 7 章	其他相关资源	资源实体间的关系，包含基本关系、等同关系、衍生关系、描述关系、整体与部分关系、附属关系和连续性关系

B 部分：检索点控制（access point control），提供构建检索点和用于检索点控制的记录数据的指南，主要包含导言、检索点控制的通用规则、个人检索点、家族检索点、团体检索点、地名检索点、作品/内容表达/载体表现/单册检索点等，见表 2-3。

表 2-3 RDA 中的检索点控制规则

B 部分	标题	涵盖内容
	导言	著录的目的与范围；与其他检索点控制标准的关系；术语；必备元素；使用语言；选用规则等

续表

B 部分	标题	涵盖内容
第 8 章	检索点控制的通用规则	目的与范围；术语；首选检索点；参照；检索点控制必备元素；可控检索点的语言和文字；转录
第 9 章	个人检索点	个人首选名称的选择；名称款目元素的选取；姓、名、头衔、缩写、数字等名称的著录；参照；识别元素
第 10 章	家族检索点	家族首选名称的选择；名称款目元素的选取；姓、名、头衔、缩写、数字等名称的著录；参照；识别元素
第 11 章	团体检索点	团体首选名称的选择；附属于相关团体；政府与官方团体；宗教团体；参照；识别元素
第 12 章	地名检索点	地理首选名称的选取；参照；识别元素
第 13 章	作品、内容表达、载体表现、单册检索点	作品检索点的构成；优先题名选取；音乐作品补充规则；法律条约补充规则；宗教作品、手稿等补充规则

在 FRBR 中定义的书目记录结构与关系成为 RDA 中 A 部分"资源著录与关联"的理论基础，而在 FRAR 中定义的检索点与规范记录则成为 RDA 中 B 部分"检索点控制"的基础，整个 RDA 全面支持 FRBR 的查找、识别、选择及存取等用户任务（单晓红，2007；冯亚惠，2007；高红，2008）。

此外，RDA 编目规则还包括导言、附录表、术语表及索引等辅助项。

导言：主要阐述 RDA 的目的与范围、根本目标与原则、相关的标准及准则。

附录表：它们分别是附录 A 大写，附录 B 缩写，附录 C 冠词，附录 D 描述数据记录句法，附录 E 检索点控制数据记录句法，附录 F 个人名称补充说明，附录 G 贵族头衔或等级，附录 H 公历日期，附录 I、附录 J、附录 K、附录 L 是一系列关系标识的列表。

术语表：定义 RDA 中具有特定技术含义的术语。大部分术语的定义在前面章节的使用说明中均有说明。从已经发布的 RDA toolkit 中我们可以看到，有些章目前只占有相应位置，并无具体内容，有待日后继续补充。

索引：将提供在 RDA 中使用数据元素及其他重要术语和概念的字顺表，并附有这些元素、术语和概念在指南和使用说明中的参见页码（杨莉萍，2011）。

2.4.3 RDA 编目规则的特点

RDA 是一部适应于数字环境下信息资源著录与检索的国际性标准，其建设目标是：①使信息资源的著录与检索建立在一个可执行的标准规则基础上；②建立一套适用于世界范围的通用著录规则；③规则的建立应该易于被非专业编目人员使用并提供相应的指导说明；④规则能在联机与基于网络的环境中广泛应用；⑤规则尽可能多地适用于各种媒介类型；⑥能够与其他资源描述标准相兼容；⑦应用范围从图书馆领域拓展至其他各类型信息资源管理机构（冯亚惠，2007）。由于 RDA 规则的建立过程充分考虑到上述目标，因而在利用 RDA 指导数字资源编目实践的过程中也体现出 RDA 的相关重要特征。

（1）RDA 规则是对 FRBR 概念模型的深层次应用。RDA 在内容及结构的安排上与 FRBR 概念相一致，并全面支持 FRBR 的查找、识别、选择和获取的用户任务。FRBR 推出后，对国际编目界产生了很大影响，RDA 核心元素选自那些与 FRBR 和 FRAD 定义的用户任务具有"高"匹配值的属性和关系，可以说它是一部充分体现 FRBR 概念和结构的编目标准。FRBR 和 FRAD 模型为 RDA 提供了一个基本的框架，使它具有支持全面包括各种类型内容与媒体所需的范围，具有适应新出现的资源特征所需的灵活性和可扩展性，具有在广泛的技术环境范围内数据的生产和运行所需的适应性。

（2）RDA 具有满足新生资源特点的灵活性和可扩性。RDA 规则创建的主要目的是资源的描述与检索规则更加适应多变的网络数字信息环境，是基于网络，适应于 Web 环境的应用和操作。利用 RDA 规则而产生的编目记录也适于在网络环境下信息资源的获取和利用。在设计上，RDA 利用了新的数据库技术，在数据获取、存储、检索和显示方面具备有效性和灵活性。对于信息的转录，通常是简化著录过程，大大减少了编目人员在转录中对数据的改变，节约了编目人员的时间，也方便了机器抓取，提高了检索与存储的效率。RDA 的应用与实施使编目过程更加简便、快捷、合作性强。如果对编目规则不熟悉，通过联机工具就可以很方便地检索到所需要的规则。

（3）RDA 编目规则具有较强的兼容性。RDA 编目规则不但可以与业内其他相关编目规则兼容，同时也可以与相关行业的标准兼容。为了最大限度体现数据在存储和显示上的灵活性，RDA 规则将记录数据和显示数据的功能划分出清晰的界线，使其能够与其他资源描述与检索标准相互兼容。因而，各种元数据格式，如 ISBD、MARC21、DC 等都可以采纳这一标准。除此之外，RDA 规则也能用于其他领域的信息系统，除了出版商使用的在线信息交换标准以外，RDA 还可与档案界、博物馆界的标准兼容。在资源描述与检索的过程中，所用语言若去掉不必要的图书馆专业术语，RDA 规则能够迅速被艺术馆、档案馆、博物馆及其他信息机构使用，为跨行业的资源合作与共建、共享创造了必要的条件（杨莉萍，2011）。

（4）RDA 规则与通信格式的分离使其适用范围不断扩大。RDA 作为一种对资源内容进行资源描述与检索的通用标准，与通信格式（如 MARC21、DC）之间是彼此分离的。这样的好处是，利用 RDA 进行资源内容的描述与检索分析不需要考虑所选用的元数据表达格式，利用它可以作为世界范围内资源描述与检索的唯一内容标准，各种元数据格式都可以予以采纳，从而能够大大提升资源描述的标准化水平和层次（张秀兰，2006）。与此同时，相对于 RDA 规则的早期版本 AACR1 和 AACR2 来说，编目人员对于 RDA 的使用更易于熟练掌握。

2.4.4 RDA 编目实例分析

RDA 是在网络环境下依托 AACR2 编目条例而逐渐衍生、深化的新一代编目规则，其主旨是要取代 AACR2 对于知识组织与描述过程中的文献单元视角，这种变化不仅是简单的编目规则的变化，更是两种世界观在知识组织与描述领域的应用与进化。AACR2 把知识世界看成是文献的空间，认为文献（记录有知识的一切载体）是传播知识的基本单元，通过文献来管理和传播知识，文献需要区分种类，需要从各个角度，以各种指标和参数去描述和揭示，才能很好地利用；RDA 则把知识世界看成是相互联系的各类实体的空间，这些实体对象有类型、有属性、有关系等，需要利用实体-关系方法进行分析建模。前者的知识空间可以看成是一个硕大的平面结构，而后者是相互联系的一个多维度的网状空间（图 2-8 和图 2-9）（刘炜等，2012）。

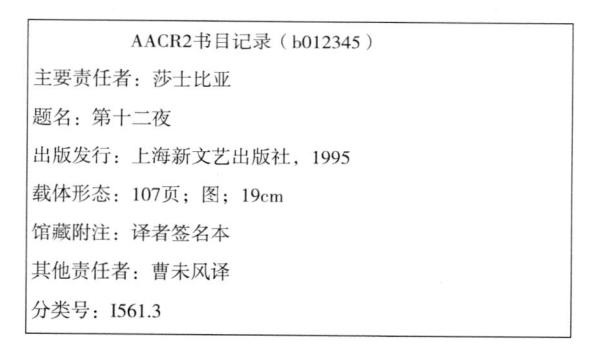

```
AACR2 书目记录（b012345）
主要责任者：莎士比亚
题名：第十二夜
出版发行：上海新文艺出版社，1995
载体形态：107 页；图；19cm
馆藏附注：译者签名本
其他责任者：曹未风译
分类号：I561.3
```

图 2-8　AACR2 书目记录的平面结构示例

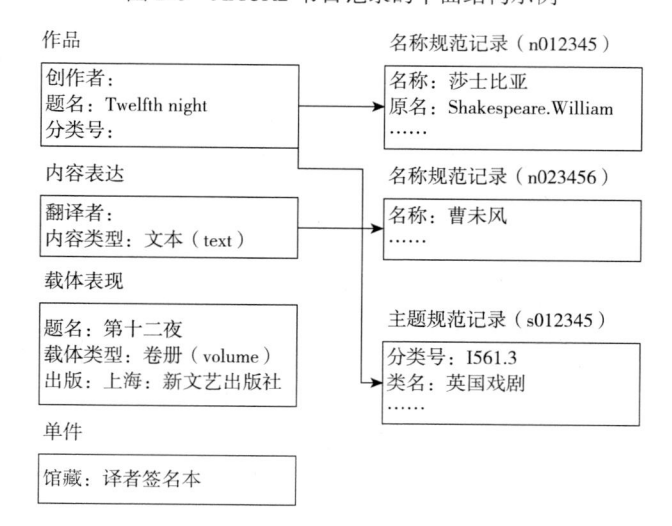

```
作品
创作者：
题名：Twelfth night
分类号：

内容表达
翻译者：
内容类型：文本（text）

载体表现
题名：第十二夜
载体类型：卷册（volume）
出版：上海：新文艺出版社

单件
馆藏：译者签名本
```

```
名称规范记录（n012345）
名称：莎士比亚
原名：Shakespeare.William
……

名称规范记录（n023456）
名称：曹未风
……

主题规范记录（s012345）
分类号：I561.3
类名：英国戏剧
……
```

图 2-9　RDA 分层次的书目结构示例

可见，在 RDA 编目规则中，知识世界描述的对象称为实体，实体是各种能够刻画某种信息资源特征的一个面，RDA 采用分面组配的方式将知识的内容予以揭示和表达。对实体定义范围广泛，但主要依据仍旧来源于 FRBR 概念模型中所设置的实体约束，主要包括作品、内容表达、载体表现、单件、权利人、权利团体、组织机构、概念等。RDA 的首要工作则是根据知识的内容提炼出知识当中的实体对象，并利用网络结构关系将实体之间的关联关系予以表示，如图 2-10 所示。

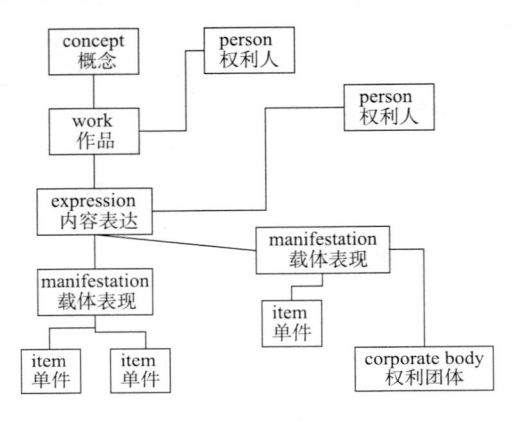

图 2-10　RDA 规则约束的实体关系建立

在此基础上，RDA 规则要求对实体间的各种关联关系进行层次化展示，展示的角度多种多样：与某个人相关的所有作品展示；相同作品的所有内容表达形式展示；相同内容表达的所有载体表现形式展示；所有相关作品的展示；所有相关的内容表达展示；等等。展示的结果将知识的实体对象构造成为层次清晰的概念网络，如图 2-11 所示。这种知识的描述与组织方式对于相应用户的个性化信息需求而言是极其有利的。

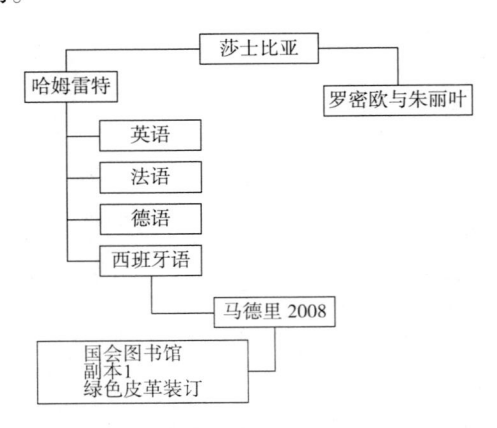

图 2-11　RDA 规则约束的实体关系层次化展现

2.5 FRBR 与 RDA 的关联及其与关联数据的契合

2.5.1 FRBR 对 RDA 的影响

RDA 设计的关键因素：一是与 IFLA 所开发的书目著录及规范数据概念模型之间的统一问题。FRBR 和 FRAR 模型为 RDA 提供了一个基础性框架，框架要求全方位支持对不同内容与媒体资源的著录，RDA 应具有满足新生资源的灵活性、可扩展性及在广阔的技术环境下数据生产所需要的适应性等特征。二是要在数据著录和数据表示之间设置明晰的界限，目的是为反映与 FRBR 和 FRAR 模型中定义的实体的属性与关系有关的记录数据提供指导（冯亚惠，2007）。因而，RDA 的设计受 FRBR 与 FRAR 等书目著录及规范数据概念模型的影响巨大，其中主要影响表现在以下方面。

1）RDA 规则的适用范围受到 FRBR 理念的影响而扩大

FRBR 运用实体-关系模型从探讨编目实体的属性与关系入手揭示书目记录的功能需求，把传统的平面式编目工作提升为"面向对象编目"（object-oriented cataloging）方式，即编目对象是与目录使用者需求密切结合的实体。该实体涵盖各种文献类型，如图书、音乐、声像资料、测绘资料、视图资料、立体资料等，具有纸质、胶片、磁带、光介质等各种物理形态，采用模拟、数字、电子、光学、声学等信息记录方式，可应用于采访、编目、典藏、流通、管理、参考咨询等文献工作的各个环节，且适用于图书馆内外的广泛用户。FRBR 模型的应用使得 RDA 可覆盖各种内容类型和媒体类型，具有接纳资源新特点的灵活性和可扩展性，产生的数据能够在广泛的技术环境下运行，极大地扩充了 RDA 的适用范围（吴丽杰，2007）。

2）RDA 内的名词术语依据 FRBR 的概念而逐步更新完善

JSC 在 2001 年 10 月的会议上，决定将 FRBR 的术语融入 AACR。AACR 有"作品"的概念，没有"内容表达""载体表现"的概念，而"单件"的概念与 FRBR 中不一致。在此后的修订条款中，逐渐将这些概念与 FRBR 中的概念保持一致。机读目录出现以后，AACR 中"主要款目"的存废一直是编目界讨论的问题。AACR2 则采取了折中的办法处理该问题，即"检索点"与"主要款目"并存使用，既保留了"主要款目"的概念，同时对取消这一概念也表示认可，但检索点选取仍然基于"不能不取主要款目"的假定。AACR2 之后的 RDA 则彻底废除了"主要款目"（main entry）、"附加款目"（added entry）的概念，代之以"主要检索点"（primary access point）和"次要检索点"（secondary access point）的概念。此外，RDA 规则还在不断地减少不必要的图书馆专业术语，并且将一些不清晰或与 FRBR 不一致的概念进行必要的修正,其最终目标是要使 RDA 真正成为满足各部门使用的通用性国际编目规则。

3）RDA 的资料类型标识依据 FRBR 而重新定义

在 RDA 规则中,依据 FRBR 的"内容表达"和"载体表现"方式的部分属性,对原来规定的普通资料标识（general material designation,GMD）做了对应修订,修订后的资料类型标识见表 2-4。新的规则规定了内容的一般资料标识和载体的一般资料标识,编目实践中可以根据需要单独使用或者两者同时使用（吴丽杰,2007）。

表 2-4　RDA 的资料类型标识定义

内容类型	载体类型
测绘制图资料（cartograghic resource）	音频（audio）
舞蹈（choreograghy）	数字（digital）
数据（data）	胶片（film）
图形（graphic）	图形（graphic）
混合内容（mixed content）	缩微（micrographic）
活动映像（moving image）	多媒体（multimedia）
乐谱（music）	印刷（print）
录音（sound）	投影（projected）
软件（software）	三维（three-dimensional）
文本（text）	触摸（tactile）
三维资源（three-dimensional）	视频（video）

4）RDA 规则统一题名根据 FRBR 模型予以修订

统一题名作为现有编目规则及机读格式与 FRBR 思想有机结合的桥梁,有利于建立基于 FRBR 模式的呈现级次的书目记录显示,是 FRBR 思想与现有编目规则和机读格式的最佳契合点。传统的概念上,统一题名具有集中与区分作品两种功能。对于两种不同的作用都采用统一题名这个名称,很容易引起概念上的混淆。为了显示内容表达层次的统一题名与用户共同题名的统一题名之间的不同,FVWG 组织提议对统一题名增加元素进一步识别或区分内容表达。编目员可以对作品的标目增加一个或一个以上的元素进行特定内容表达的识别或区分,即将这种作品标目扩展为内容表达的标目。为编目规则增加内容表达层面的标目将揭示资源所描述的关系,有助于将 AACR 从单纯的描述书目记录的内容转向定义目录如何运行。作品层面的汇集和内容表达层面的汇集,都是基本的目录功能。内容表达层面的标目还能用于主题标目或相关作品标目,从而在内容表达上而不是作品层次上揭示资源之间的关系。

FRBR 的基本理念和概念模型是国际编目原则和编目思维模型的重大突破,

必将成为改革传统编目规则的新方向。AACR 作为一部在世界编目史上有着广泛影响的国际性编目规则,在其最新修订版 RDA 中引入 FRBR 的理念,将有助于进一步扩大 RDA 的国际影响及适用范围,促使 RDA 成为国际性的资源描述与检索的新标准(吴丽杰,2007)。

2.5.2 FRBR、RDA 与关联数据的契合

FRBR 概念模型从本质上而言是将书目数据分割成为作品、内容表达、载体表现、单件、个人、团体、概念、实物、时间、地点这十个实体,进而为每个实体确定相关的属性,建立属性之间的关联关系。关联数据是万维网上数据的一种发布方式,通常数据利用 URI 进行标识,利用 RDF 语义三元组进行描述。关联数据技术是对 FRBR 数据进行表达与发布的最佳实现与应用途径。以关联数据中的 URI 作为 FRBR 中书目数据实体在网络环境下的唯一标识符,以 RDF 语义三元组结构作为 FRBR 中实体或属性之间关联关系的表达(Howarth,2012)。

RDA 是一套编目规则或者说"内容标准",还不是形式化的元数据标准,因而要对 RDA 及利用 RDA 编目的数据进行关联数据的发布必须首先将 RDA 改造成元数据标准。早在 2007 年,都柏林核心元数据组织(Dublin Core Metadata Initiative,DCMI)就注意到了 RDA 的这种潜质,随即成立了 DCMI/RDA 小组,旨在建立 RDA 的可行性元数据标准。在 DCMI 看来,FRBR 就是书目领域的本体,而 RDA 所涉及的一切规定不外乎实体、元素和取值及各类实体、元素和取值词表(概念)之间的关系描述。RDA 可以经过形式化描述(形式化的含义是:用计算机能够识别的代码,如 RDF 进行编码),改造成机器可以处理的、书目数据领域的"元数据应用纲要"(metadata application profile)。

RDA 规定了对各类图书馆资源对象的描述方式:首先要区分实体,确定每种实体所需描述的属性,即赋予这些实体、元素或概念以必需的 URI,更没有规定这些元素的编码方式,这就是 DCMI/RDA 小组首先需要做的;进而定义每一个元素和其他元素构成的语义关系,如层次关系(子元素)、限定关系、可选关系等;然后对于元素集中的每一个元素的内容(取值)进行规定,RDA 只关心从哪里获取,遇到各类不同的情况如何处理,如何记录等,而 DCMI/RDA 需要明确这些取值所采用的规范词表(概念词表)。上述实体和元素集可以用 RDFs 编码,规范词表则可以用 SKOS 或 OWL 等关系定义更为丰富的模式。最终形成了一整套规范的元素和概念词表体系,该词表也即有关 RDA 本体模型的关联数据,关联数据技术为上述元素、概念词表及其相互关系提供了进行表达、描述和管理的最简单而又最适用的工具(刘炜等,2012)。

2.6 基于 FRBR 的馆藏资源元数据语义描述与关联网络构建模型

从上述分析可以看出，书目记录的功能需求概念模式和资源描述与检索编目规则的指导思想均是将传统的平面形态的馆藏资源描述元数据结构利用实体、属性的抽取，以及实体属性之间关联关系的发现与建立，从而形成多维网络结构的馆藏资源元数据描述框架。根据关联数据技术的实现原则对馆藏资源元数据的语义深层次揭示与公开发布既是对 FRBR 与 RDA 理论指导思想的继承与深化，更是从实践层面对 FRBR 概念模式与 RDA 编目规则在行业领域内应用的深入推广和创新性研究。从宏观层面上看，基于 FRBR 概念模式与 RDA 编目规则的馆藏资源元数据语义描述与关联网络构建的支撑体系主要由功能需求模式与编目规则、语义描述与揭示、关联数据发布及关联网络构建与链接管理这四大核心要素构成，由此我们可形成基于 FRBR 的馆藏资源元数据语义描述与关联网络构建模型，如图 2-12 所示。

链接管理层	RDF 链接的维护 Triplify 更新日志，sparqlPuSH 广播，DBpedia Live，基于 WOD-LMP 协议的主动监测机制
	RDF 链接的构建 手动构建、模式匹配算法、属性匹配算法
	RDF 链接的发现 RDF 语义关联识别算法
数据发布层	关联数据发布方式 静态 RDF 文档发布，服务器前端 Pubby 发布，在线 API 封装发布，关系型数据库 D2R 发布
	对象的 URI 命名与复用 HTTP 内容协商，303 重定向，hash URIs 解析
语义描述层	资源语义描述与表达 RDF、OWL、SKOS
	编码语法规则 ISO-2709、XML、XMLSchema、RDFSchema、RDFA
	馆藏资源元数据格式 MARC21、UniMarc、MODs 词汇集 DCMI、BIBO、BIB、MarcOnt、OIA……
模式规则层	资源描述与检索规则 ISBD、AACR2、RDA
	功能需求模式 FRBR、FR×家族

图 2-12 基于 FRBR 的馆藏资源元数据语义描述与关联网络构建模型

该模型自下而上依次为模式规则层、语义描述层、数据发布层、链接管理层，下层为上层提供了理论支撑或实现基础，呈现出关系紧密的层次结构。从功能上看，模式规则层是模型的核心和基础，为上面三层提供理论模式和规则基础，使馆藏资源元数据的语义描述与关联数据的发布、管理、维护等活动建立在国际通用的标准规则框架下；语义描述层则是在模式规则层的基础上对传统的平面结构的馆藏资源描述型元数据进行语义化揭示与表达，形成符合 FRBR 模式规则的多维度 RDF 语义三元组结构，为馆藏资源元数据的关联数据发布提供满足需求的语义化 RDF 文档；数据发布层则是在语义描述层的基础上对馆藏资源元数据的 RDF 语义化文档根据关联数据的实现规则进行处理并在互联网上予以发布，其关键在于对馆藏资源元数据 RDF 文档中实体、属性等对象的抽取及其 URI 命名与复用机制的执行，这些是解决馆藏资源元数据孤岛现象的核心；链接管理层的主要功能是依托关联数据发布层发布的馆藏资源关联数据集，通过 RDF 链接桥的构建、管理与维护实现在更大范围的数据资源集成与整合，最终使馆藏资源元数据发布成为全球数据网络中的一个联通节点。让每一个数据集都成为数据网络中的联通节点是语义 Web 倡导者提出关联数据技术实现全球数据的关联开放与共享的终极目标，这也是进行关联数据应用实践研究工作的努力方向。具体而言，基于 FRBR 的馆藏资源元数据语义描述与关联网络构建模型中各层次的主要任务表现如下。

（1）模式规则层。该层主要为传统的书目记录的 RDF 语义化提供面向对象的概念模式分析框架，并以此为基础构建资源描述与检索的编目规则。概念模式与编目规则的应用遵循实体-关系模型的约束，将传统的平面型描述元数据切分为实体、属性及联系，也即从元数据记录中抽象出作品、内容表达、载体表现、单件、个人、团体、概念、实物、时间、地点等实体概念，并确定各实体或实体之间的属性约束，进而建立其关联关系。这种根据实体-关系模型而建立的馆藏资源元数据的概念模式分析思路和编目规则与 RDF 语义三元组的构建思想如出一辙，因而 FRBR 及其同族 FRAR 等概念模式，以及由 JSC 建立的 RDA 编目规则对于馆藏资源元数据的语义化 RDF 模型构建起到了重要的支撑作用。

（2）语义描述层。该层的主要任务即根据模式规则层的编目规则及书目记录功能需求模式分析框架对馆藏资源元数据进行语义化分析与描述，形成 RDF 富含语义的语义馆藏资源元数据。语义描述层处理的对象是符合馆藏资源元数据标准的各类元数据，在对元数据实施语义化转化的过程中，首先要区分元数据内的实体，然后为每种实体确定所需描述的属性，进而定义每一个元素和其他元素构成的语义关系，上述实体与属性元素集可用符合 XMLSchema 语法规则的 RDFs 语义描述框架予以描述，而实体元素及实体元素之间语义关系的具体内容，以及取值情况则需借助现有的 DCMI、BIBO、MarcOnt、OIA 等权威书目词汇集予以选取，或是利用 SKOS、OWL 等语言系统自定义关系类型更为丰富的规范词表形成自建的书目本体。最终将传统的馆藏资源元数据转化成为富含语义的 RDF 文档。

（3）数据发布层。该层的主要任务即依托关联数据发布的重要原则对语义描述层所建立的馆藏资源元数据语义 RDF 文档实施网络发布，在发布之前的重要工作是要对 RDF 文档中的实体、属性等元素进行 URI 命名，或者从其他权威数据集中选择对应书目的 URI 予以重复利用，其主要目的是避免元数据封闭为独立的信息孤岛，而通过外部数据集内的相同 URI 建立与其他数据集之间的关联，这是构建全球关联数据网络的核心环节。当然在对馆藏资源关联数据实施发布的过程中，发布的方法则要根据 RDF 语义文档的规模、数据存储的形式、数据的更新频率、数据的访问方式等特点来合理选择。通常关联数据发布客户端的数据呈现形式与服务器端的响应主要通过 HTTP 协议的内容协商机制来完成，而对于存在于 Web 之外的非信息资源的响应则可通过 303 重定向抑或是 hash URIs 解析等方法来实现。

（4）链接管理层。该层的主要任务即对馆藏资源关联数据发布之后的不同层次的关联网络进行 RDF 语义链接的发现、管理与维护，使数据集内的术语所对应的 URI 尽可能地被复用，同时也不断地发现关联开放数据网络中其他数据集内的相关术语，并通过 RDF 链接桥的建立实现数据集之间的关联关系建立。馆藏资源元数据的关联网络构建不是一蹴而就、一劳永逸的短暂工作，而是一个需要不断发现、不断更新、不断建立、不断维护的持续性工作，随着万维网上满足关联数据原则的开放数据集不断增加，这项工作所需耗费的资源将不断扩大。因而关联数据环境下智能化的 RDF 语义关联关系的识别、关联关系的构建及关联关系的检测与维护机制的建立将成为关联网络不断发展壮大的重中之重。

第3章 基于关联数据的馆藏资源元数据语义描述

在网络环境，尤其是语义 Web 环境下，信息组织理论体系及实践应用将朝着多元化方向发展。一方面，表现为 Tag、Wiki、RSS、XML、RDF（S）、OWL、SKOS、Ontology 等网络信息组织工具的层出不穷；另一方面，则依托于信息组织理论体系在网络环境下的逐渐完善与创新性发展。在网络环境下，由于信息处理单元的不断细化，要求传统的以文献单元为基本处理单位的文献组织体系与信息组织体系必须向以知识元为基本处理单位的知识组织体系转变，而随之带来的信息组织系统与模式的发展主要表现在三个方面：①由对文献外在特征描述的组织模式向对文献内容特征揭示的组织模式发展；②由大粒度的文献组织模式向细粒度知识元组织模式发展；③由线性结构为主要特征的组织模式向网状结构的组织模式发展，其最终将会形成一个不同粒度、不同层次的网状组织模式。在语义 Web 相关技术的推动下，知识元及其之间各种复杂的语义关系将予以揭示和表达，传统的信息组织体系将朝着面向语义关系揭示的网状知识组织体系转变。

关联数据技术的出现和应用对传统书目数据的语义揭示与表达提出了新的实践方案，即通过实现馆藏资源的关联数据化来揭示语义关系，进而利用关联数据的发布工具将 RDF 化后的书目数据予以发布，进而实现与其他数据集之间的关联。基于关联数据的馆藏资源元数据语义描述过程应该遵循关联数据基本原则并结合语义网相关技术，将图书馆词表、类表、规范文档等知识组织系统，以及书目、DC 等资源描述性元数据均作为关联数据发布到 Web 网络之中，并提供访问、浏览与查询功能。这一过程涵盖了馆藏资源元数据的实体对象抽取及 URI 命名、馆藏资源元数据的语义化分析及表达等基础性问题。

3.1 馆藏资源元数据的实体对象抽取及 URI 命名

正如 RDA 编目规则与 FRBR 概念模型所期望的，关联数据技术的应用为书目数据面向对象的语义描述与揭示提供了一种有效的实现方案。对书目数据中的实体对象进行抽取，并对其进行 URI 标识符的命名，进而利用 RDF 语义三元组对实体对象之间的各种关联关系进行显性化表达，不仅是对 RDA 编目规则与 FRBR 书目数据功能需求说明的应用实践，更是利用关联数据技术进行书目数据语义化描述与网络发布的最佳实现。基于关联数据的馆藏资源元数据语义描述的前提即对馆藏资源元数据的实体对象实施有效抽取，并遵循 URI 命名规则对其命名。

3.1.1 馆藏资源元数据的实体对象抽取

馆藏资源元数据关联数据化的核心问题是如何将各种标准的书目记录分解为书目数据单元，书目数据单元是记录书目信息的最小独立单位，如书名就是一个基本的书目数据单元，即书目数据项。对书目数据关联数据化的核心问题即对从书目记录中所提取的每一个书目数据项都赋予一个在网络环境下唯一的名称标识 URI。目前，从书目记录中提取的通用书目数据项主要如下。

（1）传统 MARC 格式书目中的关联项也即丛编项通过书目的关联数据，可以关联到丛书的相关出版信息，统一题名字段的关联，可以关联到相关题名的书目记录，如西班牙国家图书馆就发布了统一题名规范的关联数据。

（2）已经相对成熟的个人名称规范、团体名称规范、主题规范，已发布书目数据为关联数据的国家图书馆基本上都是以名称和主题规范为基础的，如德国国家图书馆先发布名称和主题规范，在此基础上发布的关联书目数据的关联数据化就是指对书目记录中能够建立关联信息的数据赋予一个唯一的名称标识 URI，通过查询对象的 URI 可以提供有意义的信息，提供相关的 URI 链接，以便发现更多的信息（张海玲，2013）。

3.1.2 馆藏资源元数据实体对象的 URI 命名

关联数据要求使用 URI 作为数据集中客观实体与抽象概念的名称标识，以便实现与其他关联数据集之间的参引和检索。具体到图书馆书目数据的关联数据发布而言，词表、类表等知识组织系统所包含的各类概念，以及图书、期刊等馆藏资源实体，乃至馆藏内容所涉及的其他实体与概念，均应当使用以超文本传输协议（http://）开头的 URI 予以命名，并尽量选择图书馆自身拥有的域名空间，从而保证 URI 标志能够被任何遵循 HTTP 协议的客户端应用程序解析，并便于关联数据的后续发布与链接构建（游毅和成全，2013）。发布后的馆藏资源均在互联网上有一个唯一的 URI 标识名称，各个资源可通过相关的 URI 链接发现更多的对象。即通过赋予个人名称、主题、丛编项等一个唯一的名称标识 URI，从而建立与个人名称规范、主题规范、丛编项规范等要素对应的关联链接。个人名称规范、主题规范、丛编项规范等要素的 URI 又提供其有关联意义数据项的 URI 链接，从而便于用户从一条书目记录扩展检索到更多的相关资源对象的 URI。当然，馆藏资源 URI 的命名必须严格遵循 W3C 针对语义网环境所制定的 Cool URIs 命名规范（游毅和成全，2013）。

通用资源标识是资源描述框架的核心，是构建语义网的基本要素。RDF 使用户能够利用计算机可处理的方式来描述网络文档及真实世界中诸如人、组织、主题及事物等相关概念，同时在网络上公布这些描述便产生了语义网。通用资源标识符的制定与使用通常遵循两种策略，即 303 URI 策略和 Hash URI 策略。

在语义网的框架体系中，所有的信息都需要以资源声明的形式表达。例如，统一资源标识符为 Example.com 的实例公司中有 A 和 B 两个成员，成员 B 的手机号码是"+121555262"，其个人网页由成员 A 创建，而资源是通过 URI 来进行区分的。这种建模方式是 RDF 的核心。这种声明一旦在公司网站上公布，其他人即可读取相关数据并发布自己的信息，并与已有资源建立联系。这就形成了一个网络世界的分布式数据模型，它使用户拥有共同的数据源并可以选择浏览任何应用程序。例如，用户可在自己的通信录中看到成员 A 所发布的联系地址，同时网络文档通常使用 URI 来进行定位。其有效性是十分明显的，因为用户可以很容易地对网页进行 RDF 声明。但其中也潜藏着一定的风险，网页自身与网页内所描述的资源对象之间从 URI 的角度来看容易出现混淆。因此，在 RDF 描述过程中 URI 的类别定义与识别是一个重要问题。例如，上文中的 URI：http://www.example.com/ 是一个客观实体对象还是一个网络信息资源？根据 URI 中的现有信息是很难判断的。这就需要在 URI 的基础上补充一些资源类型相关的成分。例如，HTML 网页、RDF 文档等，这些都是资源描述过程中必须考虑的相关问题。

1. 网络文档 URI 及 HTTP 的内容协商机制

上文中，假设实例 Example 公司网站为 http://www.example.com/，网站中包含员工姓名、联系方式等内容的个人属性页，现已知 A 和 B 都是该公司的员工。该网站内的页面结构可能如下：

http://www.example.com/　　（Example 公司的主页）

http://www.example.com/people/A　　（A 的主页）

http://www.example.com/people/B　　（B 的主页）

　　如传统网络资源一样，以上提及的各网页均为网络文档，每个网络文档均有其自己的 URI。网络文档与文件是不同的，一个网络文档可以有多种不同的形式和表达语言，而一个文件，如 PHP 脚本文件，其作用可能是使用不同的 URI 来产生大量网络文档。人们将网络文档解释为拥有一个 URI 且可以响应 HTTP 请求并返回对识别资源表达的事物。在传统网络中，URI 主要被应用在网络文档的标识方面，用户使用 URI 来链接网络文档，并借助浏览器访问网络文档。

　　网络客户端与服务器端使用 HTTP 协议来请求网络文档的表达并反馈其基本信息。HTTP 拥有为相同网络文档提供不同形式和语言版本的强大机制，即内容协商机制。具体过程表现为：当用户代理（如浏览器）发出 HTTP 请求时，它同时会发出一些 HTTP 头文件来表明其倾向的数据形式和语言；然后，服务器就会从其文件系统中选择最佳的匹配项，或者重新生成请求的需要内容，并将相关内容反馈给客户端。例如，用户通过浏览器向服务器端发送一个 HTTP 请求，需要获取员工 A（http://www.example.com/people/A）的 HTML 或 XHTML 网络文档，反馈的语种为英语或德语，则实现过程可描述为：

GET /people/A HTTP/1.1

Host: www.example.com

Accept: text/html, application/xhtml+xml

Accept-Language: en, de

服务器端接收到客户端的请求后会做出如下响应：

HTTP/1.1 200 OK

Content-Type: text/html

Content-Language: en

Content-Location: http://www.example.com/people.en.html

　　在整个请求及响应实现的过程中，内容协商机制的作用表现为：服务器解析客户端请求的接受语言头文件并决定返回请求资源的英文表达，该表达的 URI 是在内容定位头文件中传回的，这一点虽不是必备操作，但值得推荐使用。另外，客户端接收到以特定语言类型（该例中为英语）描述的用户需求资源的 URI。搜索引擎的作用则在于可通过使用不同的 URI 匹配到关于同一资源的不同种类表达形式。内容协商的实现常常是间接式的，也即服务器通常需要将客户端的需求重新定义为另一个能够找到对应资源的 URL 表达形式并反馈给客户端，而不是直接回应。上例中，客户端所发送的请求为：

http://www.example.com/people/A

该请求将被服务器端重新定义为：

HTTP/1.1 302 Found

Location: http://www.example.com/people/A.en.html

重新定向是通过特殊状态代码来实现的，上例中，302 Found 即状态代码。客户端此时会向新的 URL 发送另一个 HTTP 请求。通过服务器端赋予不同的 URL 实现对客户端需求的重新定向，实现了利用 HTTP 协议对 URI 资源内容访问的协商机制，通过该协商机制，上例实现了特定个人与某人名数据集规范表达之间的关联关系。

作为 RDF 的标准序列形式，RDF/XML 有其自己的内容形式及应用，内容协商允许发布者为传统网络浏览器提供网络文档的 HTML 表达，为基于语义网络的用户代理提供 RDF 表达。同样，它还允许服务器提供像 Notation3 或 TriX 的选择性 RDF 序列形式表达。

2. 客观真实对象的 URI 命名需求分析

在语义网中，URI 不仅用于区分网络文档，还用于区分诸如人、车等现实世界的客观对象，甚至是抽象的想法、神秘独角兽等不存在的事物等对象。

但为对象给定某种 URI，用户如何能知道它标识了什么，对此需要一些方法支撑，否则很难实现独立信息系统之间的互操作性。试想，通过一项类似于现在搜索引擎的服务，用户可以查找到对某标识资源的描述。但是，该服务的一个失败之处就在于它违背了网络分布式的本质特征。相反，网络作为一个极其健壮和可扩展的信息发布系统，是支持利用其本身为资源描述提供查询服务的。当提及一个 URI 时，用户需要对其进行查询，从而获得包含相关信息和相关数据链接的一个描述，由此形成了对资源进行 URI 定义的第一个需求。

1）网络畅通

给定某种计算机和用户都能够从网络上获取对该 URI 标识的资源的描述。这种查询机制对发布某一个 URI 标识内容的共同理解是十分重要的。计算机需要获得 RDF 数据，而用户需要获得可读的表达，如 HTML。这就需要使用标准网络传输协议，即 HTTP。

上例中，Example 公司为了使其合作伙伴能够从其网站通信录中获取该员工的相关数据，希望将该数据在语义网上发布。例如，发布数据可能包含以下对员工 A 的声明：

<URI-of-A> a foaf:Person;
    foaf:name "A";
    foaf:mbox <mailto:A@example.com>;
    foaf:homepage <http://www.example.com/people/A>.

然而，用户应该使用哪种 URL 来替换占位符<URI-of-A>呢？当然，答案肯定不是 http://www.example.com/people/A，因为这会使人们对网络文档产生误解和困惑：难道成员 A 的主页也叫 A？主页本身也有一个 E-mail 地址？因而，要避免这些疑虑与困惑，需要提供另一个更加明确的 URI。

2）资源对象的明确性

在网络文档标识和其他资源标识之间不能存在混淆，一个 URI 不能同时标识网络文档和真实对象。用户的真实需求往往存在相互冲突，如果用户不能使用文档的 URI 来标识真实对象，那如何基于 URI 来获得对真实对象的描述呢？问题的关键在于找到一种有效的解决方案，允许用户在只有资源 URI 的情况下，使用标准网络技术找到相关描述文档。图 3-1 展示了资源及其网络文档之间的关系说明。

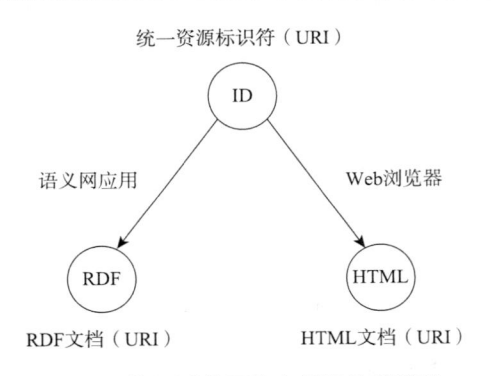

图 3-1　资源及其网络文档的关系说明

3）客观对象与网络文档之间的区分

通过 URI，区分出客观对象（存在于现实世界）及描述事物的网络文档是可行的。例如，人物 A 在其主页上被描述，B 可能不喜欢该主页的设计，但是喜欢 A 这个人。于是需要两个 URI，一个是表达 A 这个人，另一个是描述 A 的 RDF 或 HTML 文档的主页。问题是如何划清界限区分二者都可能的情况及只有描述是可行的情况。

根据 W3C 准则，如果某事物的所有本质特征都能通过报文来传递，那么就会形成一个网络文档（也叫信息资源），如网页、图片或产品目录。在 HTTP 中，访问网络文档时需要发出 200 个响应代码，而当发布非网络文档的客观对象 URI 时，则需要另一种设置方案。

3. 标识客观对象的实现方案

要标识真实世界对象有 Hash URI 和 303 URI 两种方案。它们的功能各有千秋，其方案的选择取决于具体情况。下面讨论的方案适用于 RDF 和 HTML 数据是分开传送的调度情况，如一个独立的 RDF/XML 文档与一个 HTML 文档。元数据也可以通过 RDFa（RDF attribute）嵌入 HTML 及其他支持 GRDDL 机制的文档中，进一步可通过解析返回的 HTML 文档得到 RDF 数据。

1）Hash URI 实现方案

第一种方案是使用 Hash URIs 来标识客观对象资源。URIs 可以包含碎片，此特殊部分通过 Hash 符（"#"）与 URI 的其他部分区分开来。

当客户端想要检索一个 Hash URI 时，HTTP 协议在从服务器请求 URI 之前需要去除由#引出的后缀部分。这说明一个包含 Hash 的 URI 是不能被直接检索的，因此也不需要对网络文档进行标识。但可以使用它来标识其他非网络文档客观对象资源，不会产生任何歧义。

例如，上例中 Example 公司采取该方案，可使用这些 URI 来表示公司、成员 A 和成员 B：

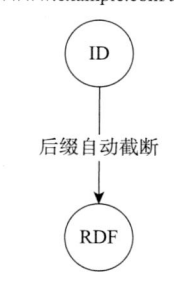

http://www.example.com/about#exampleinc （Example 公司）
http://www.example.com/about#A   （成员 A）
http://www.example.com/about#B   （成员 B）

客户端在请求这些 URI 之前都会先去除碎片部分，于是请求的 URI 变为：

http://www.example.com/about （描述 Example 公司、成员 A 和成员 B 的 RDF 文档）

在这个 URI 中，Example 公司可以提供一个包含描述全部三个资源的 RDF 文档，并使用最初的 Hash URI 来标识它们。

图 3-2 展示了不包含内容协商的 Hash URI 方案。

图 3-2　不包含内容协商的 Hash URI 方案

或者，可以使用内容协商机制来进行相关 URI 到 HTML 或 RDF 文档表达资源的重新定向。返回何种结论取决于客户端倾向及服务器配置。内容定位的头指针必须能够反映 Hash URI 标识的是 HTML 文档还是 RDF 文档。

图 3-3 展示了包含内容协商的 Hash URI 方案。

```
                    http://www.example.com/about#A
                              (实体)
                                │
                           后缀自动截断
                                │
                    http://www.example.com/about
                         ╱                    ╲
                   rdf+xml                  text/html
                         ╲     内容协商      ╱
                      (RDF)              (HTML)
                     内容定位             内容定位
         http://www.example.com/about.rdf   http://www.example.com/about.html
```

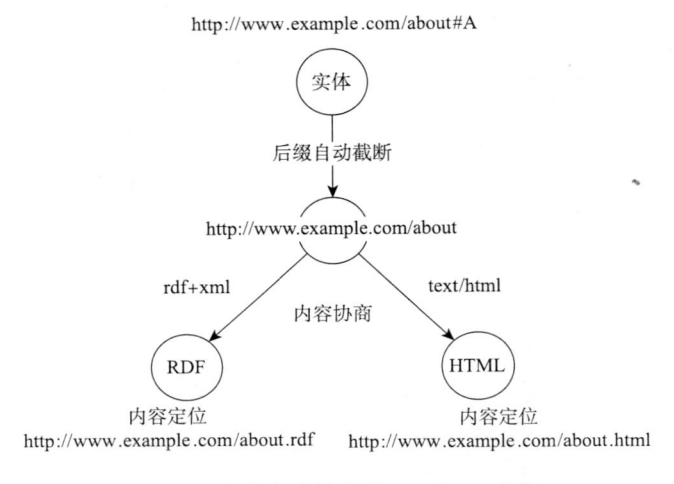

图 3-3　包含内容协商的 Hash URI 方案

2）指向同类文档的 303URI 实现方案

第二种方案则使用一种特殊的 HTTP 编码来实现，利用 303 来标识所请求的资源不是常规网页文档。W3C 的技术构架组提出了一种找出载有所需实体信息文档的方案，利用该方案能够避免现实客观实体与表示它的网络文档资源间的歧义性。

由于 303 是重定向状态代码，服务器可以给出表示资源的网络文档地址。另外，如果对某请求的响应是通过 2XX 值域中的常规状态代码进行识别，如 200，则客户端就能将此 URI 解析为网页文档。

若 Example 公司采取这种方案，其可以采取以下 URI 来表示公司、成员 A 和成员 B：

http://www.example.com/id/exampleinc　　（Example 公司）
http://www.example.com/id/A　　　　　　　（成员 A）
http://www.example.com/id/B　　　　　　　（成员 B）

网络服务器将通过 303 状态代码及提供表示相关资源文档 URL 的 HTTP 定位头文件进行配置，从而对上述 URI 予以响应。例如，从 http://www.example.com/id/A 到 http://www.example.com/doc/A 进行重定向。

当对使用 HTTP 协议请求的文档 URI 进行表达检索时，需要用到内容协商机制。服务器将内容定位头文件指向所检索的具体 URI，并决定是以 HTML 文档还是 RDF 文档（或者其他形式）予以反馈。

当 RDF 和 HTML（或者其他更多形式）传递的是不同形式的相同信息时，需要进行以上配置。当信息差异性很大时，需要使用下述的 303 方法。

图 3-4 是对提供同类文档 URI 的解析方法说明。

```
                http://www.example.com/id/A
                          ○
                         实体
                          │
                    303重定向
                          ↓
                Http://www.example.com/doc/A
                          ○
                        通用
                        文档
              rdf+xml文档  │  text/html文档
                     内容协商
                    ↙         ↘
                  ○             ○
                 RDF           HTML
               内容定位         内容定位
   http://www.example.com/doc/A.rdf   http://www.example.com/doc/A.html
```

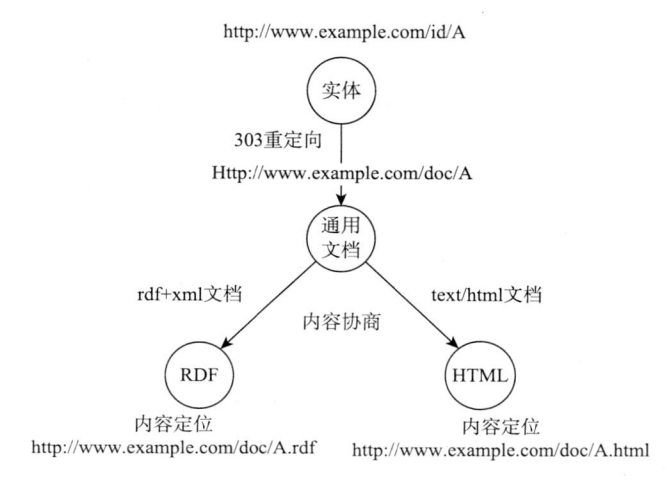

图 3-4 同类文档 URI 的解析方法

在该配置中，服务器从标识 URI 向同类文档 URI 进行传送。这样做有一个好处：客户端可以进行标记并进行同类文档的深层次加工。客户端访问网络文档资源从实体 URI 入手，用户可以对原始文档进行标记，并将其发送给另一用户或客户端设备，而另一个用户或客户端设备则可将其进行转化从而获得 HTML 或 RDF 版本文档，新版本的文档就能够不断添加进数据库服务器端供后续用户调用。

3）指向不同类文档的 303 URI 实现方案

当 RDF 和 HTML 表示的资源很大程度上不同时，上述配置不能被使用。它们并不是同一文档的不同版本，而是在一起的不同文档。同样地，网络服务器将通过 303 状态代码及提供表示相关资源的文档的 URL 的定位 HTTP 头文件进行配置，从而响应请求。

图 3-5 展示了非同类文档 URI 的 303URI 重定向方案。

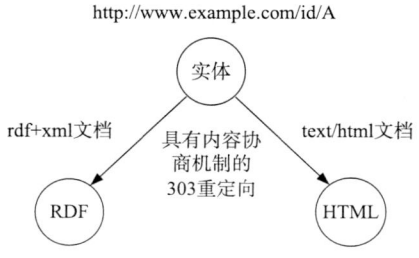

```
              http://www.example.com/id/A
                        ○
                       实体
          rdf+xml文档  │  text/html文档
                 具有内容协
                 商机制的
                 303重定向
                 ↙         ↘
               ○             ○
              RDF           HTML
   http://www.example.com/data/A   http://www.example.com/people/A
```

图 3-5 非同类文档 URI 的 303URI 重定向方案

服务器可以通过内容协商机制来传送 HTML 或 RDF 描述的 URL。对 HTML 内容的 HTTP 请求则会进行重定向，而对 RDF 数据的请求可能会重定向至 RDF 文档：

http://www.example.com/data/exampleinc　　（描述 Example 公司的 RDF 文档）
http://www.example.com/data/A　　（描述成员 A 的 RDF 文档）
http://www.example.com/data/B　　（描述成员 B 的 RDF 文档）

每一个 RDF 文档可能使用原始 URI 对适当资源进行声明，如使用 http://www.example.com/id/A 来对成员 A 进行标识。

然而，在 303 和 Hash 之间，如何对其进行选择，需要视情况而定。Hash URI 具有减少必要 HTTP 往返数量的优点，缩短了访问的时长。一个 URI 族可以享有相同的非 Hash 部分。

对资源对象：

http://www.example.com/about#exampleinc；
http://www.example.com/about#A；
http://www.example.com/about#B。

进行检索只需简单地发出对 http://www.example.com/about 的请求。但是，该方法也存在一定的弊端。由于数据均存在于同一个文件中，假如客户端只对 #product123 感兴趣，其可能会将其他所有资源的数据全部下载下来。相反，303 URI 是十分灵活的，因为重定向目标可以很好地与其他资源分离开来。对每一资源都有特定的描述文档，对所有资源又有一个大的文档，抑或这二者进行结合。

当使用 303URI 标识本体时，如 FOAF，网络延时可能会相当大程度地影响客户端的效率。大量的重定位可能会导致更高的延时。客户端通过 303 查找一系列事物需要发出大量请求。

当使用 303 方法来处理大规模的数据集时，客户端会尝试使用大量请求来下载所有数据。现实手段是可以在服务器上直接提供 SPARQL 端点或类似服务来回应复杂的查询，而不是让客户端通过 HTTP 下载大量的数据集。

值得注意的是，303 URI 和 Hash URI 可以结合使用，这使得大量数据集可被分割成多个部分，对非文档资源也可以进行标识。以下是对 303 URI 和 Hash URI 方案进行结合的举例：http://www.example.com/B#this（拥有综合 URI 的成员 B）。

经过任意分割后的标识符都是有效的，在上述 URI 中，建议可以在实际过程中复制使用。当检索相对较小和较稳定并整合为一体的片段资源时，应选择 Hash URI。该情形的典范是 RDF 构架词汇表和 OWL 本体，它们的短语常常是结合起来使用，短语数量在未来也是可以控制的。没有内容协商的 Hash URI 可以在不带有任何特殊服务配置，向网络服务器简单上传静态 RDF 文档时使用。这在快速粗糙地进行 RDF 发布时常常用到。303URI 方案也可以用于该类数据集，使 URI 看起来更加整齐，但是会对运行时间和服务器下载效率产生影响。

4. URI 命名原则

正如 Tim Berners-Lee 所提出的统一资源标识符的设计不仅要方便于人和机器的高效识别，更要考虑到统一资源标识符的简洁性、稳定性和可管理性。

（1）简洁性。简短易记的 URI 在通过邮件传送时不容易被破坏，并且当用户对语义网服务器进行调试时，更方便记忆。

（2）稳定性。描述资源的 URI 稳定性越强越好。设想在未来 10 年，或者 20 年的情形。在 URI 中不要使用特殊的二进制数字或块，如.php 或者.asp，以后可能会想要改变相关技术。

（3）可管理性。构建 URI 时使之能被管理。例如，将当前的年份包含在 URI 路径内，这样可以在不破坏旧 URI 的情况下改变每一年的 URI 模式。将所有 303URI 都保持在一个专用子域内，如 http://id.example.com/alice 简化了未来 URI 处理子系统的移植。

5. URI 资源标识的链接

所有与真实世界实体相关的 URI，即资源标识、RDF 文档 URL、HTML 文档 URL，相互之间都需要进行精确的链接，从而使信息用户明白它们之间的关系。例如，在 Example 公司的 303URI 方案中，有三个 URI 与成员 A 有关：

http://www.example.com/id/A　　　　　（成员 A 的标识符）
http://www.example.com/people/A　　　（成员 A 的主页）
http://www.example.com/data/A　　　　（描述成员 A 的 RDF 文档）

其中有两个是网络文档 URL，位于 http://www.example.com/data/A 的 RDF 文档可能包含以下声明（使用 N3 表述）：

http://www.example.com/id/A

　　foaf:page <http://www.example.com/people/A>;
　　rdfs:isDefinedBy <http://www.example.com/data/A>;

　　a foaf:Person;
　　foaf:name "A";
　　foaf:mbox <mailto:A@example.com>;

……

该文档使用资源标识符对成员 A 进行了声明。前两条内容将资源标识符和两个文档 URI 联系起来。foaf: page 声明将其链接至 HTML 文档。这使得能识别 RDF 的客户端可以找到一个人工可读的资源，同时，通过将该网页与其主题进行链接，对 HTML 文档的元数据进行了有效解释。rdfs：isDefinedBy 声明将人与包含其 RDF 描述的文档进行链接，并使得 RDF 浏览器可以将该主要资源同刚在文档中提及的其他辅助资源区分开来。之所以使用 rdfs：isDefinedBy 而不是其他属性也是因为在 /data/A 中的内容是需要授权的。剩余其他声明即实际的白页数据。

http://www.example.com/people/A 的 HTML 文档的头文件中应包含一个<link>元素，该元素指向相关的 RDF 文档：

```
<html xmlns="http://www.w3.org/1999/xhtml" lang="en">
  <head>
    <title>A's Homepage</title>
    <link rel="alternate" type="application/rdf+xml"
       title="RDF Representation"
       href="http://www.example.com/data/A" />
  </head> ...
```

这使得能够识别 RDF 的网络客户端能够找到相关 RDF 信息。该方法在 RDF/XML 说明中有所介绍。如果该 RDF 数据是与网页相关，而不是对其包含信息的表达，则建议使用 rel="meta"，而不是 rel="alternate"。

客户端同样可以直接从 HTTP 头文件中推断出相似的链接信息：通过网络文档描述的实体，其文档可以在 303 重定向的最后部分找到，内容定位资源是对同类文档针对内容选择的特别版本，或更甚于此。此处讨论的不包含本体之间的关系。

图 3-6 说明了应当如何将对象 ID、RDF 和 HTML 文档的三个 URI 进行相互关联。

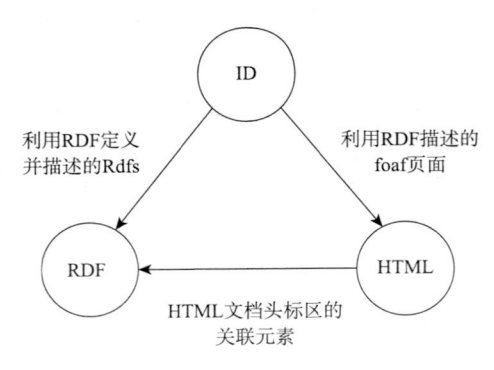

图 3-6　显示对象 ID 与文档类型的 URI 互联

3.2 馆藏资源元数据的语义化分析及表达

要将馆藏资源发布成为关联数据，首先必须生成描述馆藏对象的语义元数据，而能够提供资源属性、取值词汇及关联类型的词汇集又是馆藏语义描述的基础。实际上，图书馆业已创建人名词表、类表、规范文档等知识组织系统，并广泛应用于馆藏资源的描述与组织之中。因此，如果能够将已有知识组织系统转化成为关联数据形式，那么将大大提高图书馆关联数据词汇集的创建效率。然而，传统知识组织系统在语义网环境下往往表现出类型多样化、结构复杂化与功能单一化的缺陷，从而为其关联数据转换增加了现实难度。基于此，图书馆可以利用 FRBR、RDA 所提供的数据元素定义、属性关系描述、注册取值词表等多种描述手段，结合 SKOS 与 OWL 所具有的语义递进转换机制来链接和集成概念术语与规范数据，从而实现图书馆关联数据词汇集的创建。此外，图书馆还应当利用本体映射机制积极构建图书馆词汇集与其他开放词汇集之间的词汇性链接，从而为后续资源实体之间 RDF 链接的构建创造条件。值得注意的是，目前以美国国会图书馆为代表的文献机构已经投身于知识组织系统的关联数据发布实践之中，截至 2011 年 9 月，开放知识基金会网站登记的以图书馆为主体发布的词汇集已达 17 个，从而为关联数据词汇集的创建提供了很好的参考借鉴（游毅和成全，2013）。

3.2.1 馆藏资源元数据 RDF 化分析

基于 RDF 数据模型的馆藏语义描述是馆藏资源关联数据化的核心，它能够基于馆藏内容特征并结合 URI 复用原则创建若干 RDF 语义三元组，并采用特定语法规则将语义三元组编码成为描述性元数据文件，从而为语义网环境下的关联数据发布奠定良好的基础。具体而言，结合关联数据词汇集的馆藏资源语义描述，一方面，可以借助本体构建、实体抽取、RDF 映射等机制并利用 D2RQ 等关联数据转换工具，将存储于关系型数据库中原有书目记录等馆藏描述性元数据直接转换为 RDF 元数据形式；另一方面，也可以利用 Drupal 等面向语义网的内容管理系统，重新创建新的馆藏语义描述性元数据。通过上述语义化过程，粗粒度的馆藏资源能够细化成为揭示信息内容语义特征的关联数据集，从而为馆藏资源的语义聚合奠定数据基础。

RDF 是 Web 元数据描述语言标准。它以 XML 语法为基础，提供了描述网络资源及资源之间关系的模型与语法格式。采用 RDF 格式定义的信息，是机器可理解的。这样，就可以支持网络资源的自动处理，也能够在此之上，实现互联网上的互操作。XML 提供了一个为数据编码的方式，而 RDF 则能够说明数据本身，也就是语义。为了描述机器可处理的数据的语义，RDF 模型可以表示为一个 RDF 模型三元组{p，s，o}，其中 p、s、o 分别对应于 RDF 语句的谓词（predicate）、主体（subject）、客体（object），分别对应于属性、资源与声明。

属性：属性用来描述资源的一个特定方面、特征及关系等。

资源：一个资源可以是一个完整或部分的网页、网页集合或者不需通过 Web 访问的任意对象。通常资源用 URI 来命名。URI 是 RDF 的关键技术之一，是 Web 资源的唯一标识，是更常用的统一资源定位符 URL 的超集。在 RDF 中，资源无所不在，资源的属性是资源，属性的值可以是资源，甚至一个陈述也可以是资源，也就是说，所有这些都可以用 URI 标识，可以再用 RDF 来描述。

声明：一个 RDF 的声明是一个特定资源和一个被命名的属性加上这个属性的取值形成的集合（王书伟，2009）。

在 RDF 的基础上，W3C 又推出了 RDF Schema（RDFS）来对 RDF 的基本模型实施限制。RDFS 是 RDF 的语义扩展，通过在 RDF 基础上增加许多语义原语，来增加对资源语义的描述能力，如类、属性、类和属性之间的隶属关系等，从而实现了描述一组相关资源及这些资源之间关系的机制。RDFS 主要完成两个工作：描述类与它的子类之间的关系；定义类的性质。具体而言，RDFS 语义分析的实现过程主要包括下列任务。

1. 分类

资源可以被划分成各种类（Class），类的成员称为类的实例（Instance）。类本身也是资源，通常用 RDF URI References 标识，可以使用 RDF 属性描述。rdf：type 属性表明一个资源是一个类的实例。

RDF 可以区分类和类的实例集合。同每一个类的集合相关联的类，称为这个类的扩展类。两个类可能有同样的实例集合，但是属于不同的类。例如，税务局可以将居住在同一区域的人定义为一个类，而邮局可以将居住地区邮政编码相同的人定义为一个类。可能存在两个类拥有完全相同的实例却有不同的属性的情况。一个类具有税务局定义的属性，而另一个类则具有邮局定义的属性。

一个类可以是自身扩展类的成员，也可以是自身的一个实例。由 RDFS 定义的类的资源集合也称为类，用 rdfs：Class 表示。如果类 C 是类 C' 的一个子类（Subclass），则类 C 中的所有实例也是类 C'的实例，使用 rdfs：subClassOf 属性表明一个类是另一个类的子类。与子类相反的类称为超类（Super-class），如果类 C'是类 C 的一个超类，类 C 的所有实例也是类 C'的实例。

RDF 概念和抽象句法描述使用 RDF datatype 定义 RDF 概念。所有的 datatype 都是类。

1）rdfs：Resource

RDF 描述的所有事物都称为资源，是类 rdfs：Resource 的实例，是所有事物的类，所有其他类都是这个类的子类，rdfs：Resource 是 rdfs：Class 的实例。

2）rdfs：Class

rdfs：Class 是一个关于 RDF 类型资源的类，rdfs：Class 是它自身 rdfs：Class 的一个实例。

```
<rdfs:Class rdf:ID="Animal">
    <rdfs:label>Animal</rdfs:label>
    <rdfs:comment>
        This class of animals is illustrative of a number of ontological idioms.
    </rdfs:comment>
</rdfs:Class>
```

由所有 RDF 类资源组成的类称为 rdfs：Class，表示资源的类型。rdfs：Class 是 rdfs：Class 的一个实例。

3）rdfs：Literal

rdfs：Literal 是由常量构成的类，如字符串和数字串。属性值，如常量字符串都是 RDF 常量的实例。rdfs：Literal 是 rdfs：Class 的一个实例，rdfs：Literal 是 rdfs：Resource 的一个子类。

4）rdfs：Datatype

rdfs：Datatype 是数据类型的类，rdfs：Datatype 的所有实例都符合"RDF 数据类模型"描述的 RDF 概念特征。rdfs：Datatype 既是 rdfs：Class 的实例又是 rdfs：Class 的子类。每一个 rdfs：Class 的实例都是 rdfs：Literal 的子类。

5）rdf：XMLLiteral

rdf：XMLLiteral 是 XML 常量值 XML literal values 的类。rdf：XMLLiteral 是 rdfs：Datatype 的实例，是 rdfs：Literal 的子类。

6）rdf：Property

rdf：Property 是 RDF 属性构成的类。rdf：Property 是 rdfs：Class 的实例。

```
<rdf:Property rdf:ID="hasParent">
    <rdfs:domain rdf:resource="#Animal"/>
    <rdfs:range rdf:resource="#Animal"/>
</rdf:Property>
```

2. 定义属性

RDF 概念和抽象句法说明描述了 RDF 属性的概念，将其定义为主体资源和客体资源之间的关系。同时定义了子属性（Sub-property）的概念。rdfs：

subPropertyOf 属性用来表明一个属性是另外一个属性的子属性。如果属性 P 是属性 P'的子属性，所有与属性 P 相关的主体资源和客体资源也都与属性 P'相关。与子属性相反的概念是超属性（Super-property），如果属性 P'是属性 P 的超属性，那么与属性 P 相关的主体资源和客体资源也都与属性 P'相关。

1）rdfs：range

rdfs：range 是 rdf：Property 的一个实例，用于表示作为属性值的资源所构成的类，可以是一个或多个类的实例的属性值。

三元组 P rdfs：range C 表示 P 是 rdf：Property 类的实例，C 是 rdfs：Class 类的实例，具有谓词 P 的资源是三元组的客体，是类 C 的实例。

P 拥有 rdfs：range 属性，具有谓词 P 的三元组的客体是 rdfs：range 属性声明的全部类的实例。rdfs：range 属性能够应用到自身，rdfs：range 的 rdfs：range 是 rdfs：Class 的类，这表明任何具有 rdfs：range 属性值的资源都是 rdfs：Class 的一个实例。

rdfs：range 属性可应用于属性范围的定义。可以在 RDF 中使用 rdfs：domain 属性。rdfs：range 的 rdfs：domain 应用是 rdf：Property 的类。这表明任何具有 rdfs：range 属性的资源都是 rdf：Property 的实例。

2）rdfs：domain

rdfs：domain 是 rdf：Property 的一个实例，用于表示具有给定属性的资源构成的类。rdfs：domain 是 rdf：Property 的类。

三元组 P rdfs：domain C 表示 P 是 rdf：Property 类的实例，C 是 rdfs：Class 类的实例，具有谓词 P 的资源是三元组的客体，是类 C 的实例。

P 拥有 rdfs：domain 属性，具有谓词 P 的三元组的客体是 rdfs：domain 属性声明的全部类的实例。rdfs：domain 属性能够应用到自身，rdfs：domaine 的 rdfs：range 是 rdf：Property 的类，这表明任何具有 rdfs：domaie 属性值的资源都是 rdf：Properts 的一个实例。

rdfs：domain 的 The rdfs：range 是 rdfs：Class 的类。这表明任何具有 rdfs：domain 属性价值的资源都是 rdfs：Class 的一个实例。

3）rdf：type

rdfs：type 是 rdf：Property 的实例，用于表明一个资源是一个类的实例。

三元组 R rdf：type C 表示 C 是 rdfs：Class 的一个实例，R 是 C 的一个实例。

rdf：type 的 rdfs：domain 是 rdfs：Resource，rdf：type 的 rdfs：range 是 rdfs：Class。

4）rdfs：subClassOf

rdfs：subClassOf 属性是 rdf：Property 的一个实例，用于表明一个类的所有的实例是另一个的实例，表示类之间的包含关系。三元组 C1 rdfs：subClassOf C2

表明 C1 是 rdfs：Class 的一个实例，C2 是 rdfs：Class 的一个实例，并且 C1 是 C2 的子类。rdfs：subClassOf 的属性是及物的。

rdfs：subClassOf 的 rdfs：domain 是 rdfs：Class。rdfs：subClassOf 的 rdfs：range 是 rdfs：Class.

5）rdfs：subPropertyOf

rdfs：subPropertyOf 属性是 rdf：Property 的一个实例，用于表示属性之间的包含关系，说明一个属性是另一个属性的实例。三元组 P1rdf：subPropertyOf P2 表明 P1 是 rdf：Property 的一个实例，P2 是 rdf：Property 的一个实例，并且 P1 是 P2 的子属性。rdfs：subPropertyOf 是及物的。

rdfs:subPropertyOf 的 The rdfs:domain 是 rdf:Property.
rdfs:subPropertyOf 的 The rdfs:range 是 rdf:Property.
<rdfs:Class rdf:ID="Male">
 <rdfs:subClassOf rdf:resource="#Animal"/>
</rdfs:Class>
<rdf:Property rdf:ID="hasFather">
 <rdfs:subPropertyOf rdf:resource="#hasParent"/>
 <rdfs:range rdf:resource="#Male"/>
</rdf:Property>

6）rdfs：label

rdf：label 是 rdf：Property 的一个实例，用于提供便于用户阅读的资源名称标注。

三元组 R rdfs：label L 表明 L 是用户可阅读的对 RDF 的标注。rdfs：label 的 rdfs：domain 是 rdfs：Resource。rdfs：label 的 rdfs：range 是 rdfs：Literal。

7）rdfs：comment

rdf：comment 是 rdf：Property 的一个实例，用于提供便于阅读的资源描述信息。

三元组 R rdfs：comment L 表明 L 是一个 RDF 形式化的可阅读描述。

3. Domain 与 Range 词汇的应用

属性的注释实例 rdfs：comment 中的 rdfs：domain 是一个资源类 rdfs：Resource，属性的注释实例 rdfs：comment 中 rdfs：range 是一个常量值类 rdfs：Literal。文本化的注释主要用于对 RDF 的类与属性进行解释说明，这种在线的文档通常可用正式（本体、规则语言）的或非正式（散文文档、示例、测试用例）的技术予以补充。各种文档形式都能够彼此融合，以此来揭示在一个 RDF 词汇集中描述的类别与属性所要表达的含义。因为 RDF 词汇集可被描述为 RDF 图形形式，因而可通过对其他命名空间中所定义词汇的适用提供更加丰富的注释文档。此外，跨语言文档的链接可以通过 RDF 常量值"语种类型标签"的使用来予以实现。具体而言，可参考下列语句：

<rdf:DatatypeProperty rdf:ID="shoesize">
  <rdfs:comment>
    （Shoesize 是一个数字类型的属性，其取值范围由 xsd:decimal 确定。）
  </rdfs:comment>
  <rdf:type
    rdf:resource="http://www.w3.org/2001/10/daml+oil#UniqueProperty"/>
  <rdfs:range
    rdf:resource="http://www.w3.org/2000/10/XMLSchema#decimal"/>
</rdf:DatatypeProperty>

4. 容器的分类与属性定义

RDF 的容器是用来代表集合的一类资源。相同的资源可能在容器中出现多次。与现实世界中容器的概念不同的是，在 RDF 中一个容器可以包含自身。

RDF 定义了三种不同类型的容器。每类容器分别适用于不同的非正式信息描述。rdf: Bag 用于表示无序化容器；rdf: Seq 用于表示由于容器存储单元的数字顺序属性所表现出的顺序容器；rdf: Alt 则用于表示在容器成员中选择其中之一的特殊处理应用。正如一个用木材建造的鸡舍，木制构建就是这个鸡舍的一个属性，但它并不意味着在鸡舍这个"容器"中的所有的鸡都是木制的，这也意味着一个容器的一个属性并非其中所有成员的必要属性。

RDF 容器有下列类与属性的定义。

1）rdfs：Container

rdfs：Container 类是 RDF 容器类（如 rdf：Bag，rdf：Seq，rdf：Alt）的超类。

2）rdf：Bag

rdf：Bag 类表示 RDF 的包（Bag）容器，是 rdfs：Container 的子类。为用户方便地指出包容器类的资源是无序的。

3）rdf：Seq

rdf：Seq 类表示 RDF 的序（Sequence）容器，是 rdfs：Container 的子类。为用户方便地指出序容器类的资源是有序的。

4）rdf：Alt

rdf：Alt 类表示 RDF 的替换（Alernative）容器，是 rdfs：Container 的子类。

5）rdfs：ContainerMembershipProperty

rdfs：ContainerMembershipProperty 类的实例包括属性 rdf：_1，rdf：_2，rdf：_3，…，这些属性表示一个资源是一个容器的成员。rdfs：ContainerMembershipProperty 是 rdf：Property 的子类。每个 rdfs：ContainerMembershipProperty 的一个实例是 rdfs：member

属性 rdfs：subPropertyOf 的属性。

6）rdf：member

rdf：member 是 rdf：Property 的一个实例，是所有容器成员属性的超属性，即每个容器成员属性与 rdf：menber 属性之间的关系为 rdfs：subPropertyOf 关系。

5. RDF 集合（collection）的定义

RDF 容器是开放的，可以随时增加成员，RDF Collection 词汇的类和属性能够描述一个封闭的 Collection，如一个不再增加成员的 Collection。

1）rdf：list

rdf：List 类是 rdfs：Class 的一个实例，就是 RDF 的列表类，用来建立描述列表和其他的结构列表。

2）rdf：first

rdf：first 是 rdf：Property 的一个实例，表示与第一个项之间的关系。例如，三元组：L rdf：first O 表示在 L 和 O 之间是第一元素的关系，即资源 O 是列表 L 的第一个项。

3）rdf：rest

rdf：rest 是 rdf：Property 的一个实例，用于表示子列表不包含列表第一个项。例如，三元组：L rdf：rest O 表示在 L 和 O 之间是部分列表关系，列表 O 是去掉了第一个项的列表 L。

4）rdf：nil

rdf：nil 是 rdf：List 的一个实例，用于表示一个空列表或者其他结果列表。例如，三元组：L rdf：rest rdf：nil 表示 L 是 rdf：List 的一个实例，只有一个项，这个项能够使用 rdf：first 属性。

6. 具体化词表

1）rdf：Statement

所有 RDF 语句都是 rdf：Statement 类的实例。RDF 陈述使用一个 RDF 三元组表达。RDF 陈述的语句是由三元组的主语定义的 RDF 资源，谓词是由三元组的谓词定义的属性的实例，客体是由三元组的客体定义的资源实例。可见，rdf：Statement 是 rdf：prdicate、rdf：subject、rdf：object 属性的领域。不同的 rdf：Statement 个体可能有相同的 rdf：predicate、rdf：subject、rdf：object 属性值。

2）rdf：subject

rdf：subject 属性是 rdf：Property 的一个实例，表示一个资源是某个 RDF 陈述的主体。

例如，三元组 S rdf：subject R 表示 S 是 rdf：Statement 类的一个实例，而且 S 的主体是资源 R。

3）rdf：predicate

rdf：predicate 属性是 rdf：Property 的一个实例，表示一个资源是某个 RDF 陈述的谓词。例如，三元组 S rdf：predicate P 表示 S 是 rdf：Statement 类的一个实例，P 是 rdf：property 的实例，而且 S 的谓词是 P。

4）rdf：object

rdf：object 属性是 rdf：Property 的一个实例，表示一个资源是某个 RDF 陈述的客体。例如，三元组 S rdf：object O 表示 S 是 rdf：Statement 类的一个实例，而且 S 的客体是 O。

7. 效用（utility）属性

下列效用类与属性定义在 RDF 核心命名空间中。

1）rdfs：seeAlso

rdfs：seeAlso 属性是 rdf：Property 的一个实例，表明一个资源可能会提供关于主体资源的其他信息。例如，三元组 S rdfs：seeAlso O 表示资源 O 可能提供关于 S 的其他的信息。

2）rdfs：isDefinedBy

rdfs：isDefinedBy 属性是 rdf：Property 的一个实例，表明一个资源定义了另一个资源的主体。该属性可以用来表明一个资源被描述的 RDF 词汇。例如，三元组 S rdfs：isDefinedBy O 表明资源 O 定义了 S。rdfs：isDefinedBy 是 rdfs：seeAlso 的一个子属性。

3）rdf：value

rdf：value 属性是 rdf：Property 的一个实例，用来描述结构属性的值。

8. RDFS 模式词汇集汇总

表 3-1 和表 3-2 是 RDF 的词汇集汇总，包括 RDF 模型与语法规范中所定义的词汇集，这些词汇集源自 RDFS 模式中对类与属性的描述。

表 3-1　RDF 类列表

类名	描述
rdfs：Resource	类资源，可表示任何事物
rdfs：Literal	常量值构成的类，如字符串和数字串

续表

类名	描述
rdf：XMLLiteral	XML 常量值构成的类
rdfs：Class	关于不同种类的类
rdf：Property	RDF 属性类
rdfs：Datatype	RDF 数据类型类
rdf：Statement	RDF 陈述类
rdf：Bag	无序容器类
rdf：Seq	有序容器类
rdf：Alt	可替换容器类
rdfs：Container	RDF 容器类
rdfs：ContainerMembershipProperty	容器成员属性类，rdf：_1, rdf：_2, …, 所有的属性都是容器成员的子属性
rdf：List	RDF 列表类

表 3-2　RDF 属性列表

属性名	描述	域	范围
rdf：type	该主题是类的实例	rdfs：Resource	rdfs：Class
rdfs：subClassOf	该主题是类的子类	rdfs：Class	rdfs：Class
rdfs：subPropertyOf	该主题是属性的子属性	rdf：Property	rdf：Property
rdfs：domain	主题属性的所属领域	rdf：Property	rdfs：Class
rdfs：range	主题属性的所属范围	rdf：Property	rdfs：Class
rdfs：label	主题的可读名称	rdfs：Resource	rdfs：Literal
rdfs：comment	主题资源的描述	rdfs：Resource	rdfs：Literal
rdfs：member	主题资源的成员	rdfs：Resource	rdfs：Resource
rdf：first	主题 RDF 列表中的首位元素	rdf：List	rdfs：Resource
rdf：rest	主题 RDF 列表中除首位元素以外的元素	rdf：List	rdf：List
rdfs：seeAlso	与主题资源相关的其他信息	rdfs：Resource	rdfs：Resource
rdfs：isDefinedBy	主题资源的定义	rdfs：Resource	rdfs：Resource
rdf：value	结构化值的固有属性	rdfs：Resource	rdfs：Resource
rdf：subject	主题 RDF 陈述的主语	rdf：Statement	rdfs：Resource
rdf：predicate	主题 RDF 陈述的谓词	rdf：Statement	rdfs：Resource
rdf：object	主题 RDF 陈述的宾语	rdf：Statement	rdfs：Resource

除了这些类与属性之外，RDF 还定义了被称为：rdf：_1，rdf：_2，rdf：_3 等的属性，它们中的每一个既是 rdfs：member 的子属性，也是类 rdfs：

ContainerMembership 属性的实例。同时还有一个 rdf：List 的实例 rdf：nil，代表 rdf：List 为空。

9. RDF/XML 词表模式

<rdf:RDF xml:lang="en"
　　xmlns:rdf="http://www.w3.org/1999/02/22-rdf-syntax-ns#"
　　xmlns:rdfs="http://www.w3.org/TR/1999/PR-rdf-schema-19990303#">
　<rdfs:Class rdf:ID="Concept">
　　<rdfs:comment>
　　叙词表中定义的一个独立的概念，以词汇命名空间中的 rdfs：isDefinedBy 属性对其进行实例化赋值，以此表明概念来自这个词汇集。
　　</rdfs:comment>
　　<rdfs:subClassOf
　　　rdf:resource="http://www.w3.org/TR/1999/PR-rdf-schema-19990303#Resource"/>
　</rdfs:Class>
　<rdfs:Class rdf:ID="Term">
　　<rdfs:comment>
　　这个类的实例代表了概念的书面形式，这个字符串是由术语 rdf：value 所给出的。
　　</rdfs:comment>
　　<rdfs:subClassOf
　　　rdf:resource="http://www.w3.org/TR/1999/PR-rdf-schema-19990303#Resource"/>
　</rdfs:Class>
　<rdfs:Class rdf:ID="ScopeNote">
　　<rdfs:comment>
　　这个可选资源的值是一个范围注释：这个注释表明在某一索引语言中资源的对应含义。
　　</rdfs:comment>
　　<rdfs:subClassOf
　　　rdf:resource="http://www.w3.org/TR/1999/PR-rdf-schema-19990303#Resource"/>
　</rdfs:Class>
　<rdfs:Class rdf:ID="TermUsageValue">
　　<rdfs:comment>
　　termUsage 属性的值能够使用"preferred"或者"nonPreferred"其中的一个。

```
    </rdfs:comment>
    <rdfs:subClassOf
      rdf:resource="http://www.w3.org/TR/1999/PR-rdf-schema-19990303#Resource"/>
  </rdfs:Class>
  <rdf:Property ID="broaderConcept">
    <rdfs:comment>
```

该模式并没有定义一个"狭义概念"（narrowerConcept）的属性，但在应用过程中，可以假设狭义概念属性是存在的，如 if:

```
    {broaderConcept,ConceptA,ConceptB}, then
    {narrowerConcept,ConceptB,ConceptA} is true.
    </rdfs:comment>
    <rdfs:domain rdf:resource="#Concept"/>
    <rdfs:range rdf:resource="#Concept"/>
  </rdf:Property>
  <rdf:Property ID="relatedConcept">
    <rdfs:comment>
      The relatedConcept is commutative, such that if:
      {relatedConcept,ConceptA,ConceptB}, then
      {relatedConcept,ConceptB,ConceptA} is true.
```

相关的概念是可以相互替换的，如果{relatedConcept，ConceptA，ConceptB}成立，那么{relatedConcept，ConceptB，ConceptA}为真。

```
    </rdfs:comment>
    <rdfs:domain rdf:resource="#Concept"/>
    <rdfs:range rdf:resource="#Concept"/>
  </rdf:Property>
  <rdf:Property ID="indicator">
    <rdfs:comment>
```

一个概念的必要属性，它的值是概念书面形式描述的术语实例。一个概念的指代比一个术语要多，而一个术语的指代有可能只是一个概念指代的其中一个。

```
    </rdfs:comment>
    <rdfs:domain rdf:resource="#Concept"/>
    <rdfs:range rdf:resource="#Term"/>
  </rdf:Property>
  <rdf:Property ID="conceptCode">
    <rdfs:comment>
```

分配到词表概念中的任何代码都有一个可选的属性。

</rdfs:comment>

<rdfs:domain rdf:resource="#Concept"/>

<rdfs:range

rdf:resource="http://www.w3.org/TR/1999/PR-rdf-schema- 19990303#Literal"/>

</rdf:Property>

<rdf:Property ID="scope">

<rdfs:comment>

这个可选属性具有资源范围描述的值的实例。

</rdfs:comment>

<rdfs:domain rdf:resource="#Concept"/>

<rdfs:range

rdf:resource="#ScopeNote"/>

</rdf:Property>

<rdf:Property ID="lang">

<rdfs:comment>

可选的属性被应用于为一种术语实例赋予某种语言,引自国际标准"ISO 639-1-2002,Code for the representation of names of languages"中的语种名称可以为该属性赋值。

</rdfs:comment>

<rdfs:domain rdf:resource="#Term"/>

<rdfs:range

rdf:resource="http://www.w3.org/TR/1999/PR-rdf-schema-19990303#Literal"/>

</rdf:Property>

<rdf:Property ID="termUsage">

<rdfs:comment>

这个可选属性表明,术语所指代的术语实例,要么是最优的"preferred"概念实例文本表达,要么不是最优的"nonPreferred"概念实例文本表达。

</rdfs:comment>

<rdfs:domain rdf:resource="#Term"/>

<rdfs:range rdf:resource="#TermUsageValue"/>

</rdf:Property>

<rdf:Description rdf:ID="preferred">

<rdf:type rdf:resource="#TermUsageValue"/>

</rdf:Description>

```
    <rdf:Description rdf:ID="nonPreferred">
      <rdf:type rdf:resource="#TermUsageValue"/>
    </rdf:Description>
</rdf:RDF>
```

3.2.2 馆藏资源元数据 SKOS 化分析

2005 年，SKOS 作为一项国际标准由 W3C 开始在信息与知识管理领域推广，它是促使传统知识组织系统，如主题词表、分类法等应用于新的语义 Web 环境的重要手段之一。2009 年 8 月 18 日 W3C 正式颁布了 SKOS 的最新标准化文档，主要包括 SKOS 参考（SKOS Reference，W3C 推荐性规范文件）、SKOS 启蒙（SKOS Primer，W3C 工作组备忘录）、SKOS 用例与需求（SKOS Use cases & requirements，W3C 工作组备忘录）等。SKOS 建立在 RDFS 基础上，扩展了 RDFS 的描述能力，以 RDFS 设计方式来展现与分享控制的词汇，如叙词表、分类法、词汇表及其他形式可以运用在语义网络架构的控制词汇。

SKOS 包括三个主要部分：①SKOS Core，可用于表示除本体以外的几乎所有其他 NKOS；②SKOS Mapping，用于概念模式或概念框架之间的映射；③SKOS Extensions，SKOS 的扩展功能，用于辅助 SKOS 的特定应用（王一丁和王军，2007）。SKOS 是以核心集的模式来表达概念体系的基本结构与内容，是一组 RDF 属性与 RDFS 类，它可以用来表达一个概念体系的内容与结构，成为一个 RDF 语法与图解。其核心目标是利用机器可以理解的方式提供一个强有力的框架来表达知识结构，用于语义 Web 的知识组织（王书伟，2009）。

SKOS 实质上是一套词汇集，其中的词汇主要由 RDFS 词汇定义，因而说 SKOS 是 RDF 面向概念框架表示这个特定领域的应用。SKOS Core 的词汇分为两大类：类词与属性词，前者包括 6 个词汇，后者则包括 38 个词汇（Leroi et al.，2006；王一丁和王军，2007）。SKOS Core 常用类和属性标签如表 3-3 所示。

表 3-3　SKOS Core 常用类和属性

词汇	功能
类词	
概念词：skos Concept 概念体系词（类词）：skos Concept Scheme 主题词：skos Subject 集合词：skos Collection 有序集合词：skos Ordered Collection 属性集合词：skos CollectableProperty	表示知识组织系统中概念及其体系类的词汇，还可用于子类的扩展定义

续表

词汇	功能
属性词—基本词	

	词汇	功能
标识基本词	优先标识词：skos pref Label 同类标识词：skos alt Label 隐秘标识词：skos hidden Label 优先符号词：skos pref Symbol 同类符号词：skos alt Symbol 主题标识词：skos Subject Indicator 优先主题词：skos primary Subject	以自然语言中的语词作为标识，以优先级次方式描述语词与知识组织系统中概念之间的一一对应
	分类号/范畴号：skos notation	以人工语言类号或范畴号作为标识，用以描述知识组织系统中的概念
注释基本词	定义注释词：skos definition 范围注释词：skos scope Note 实例注释词：skos example 历史注释词：skos history Note 编辑注释词：skos editorial Note 变更注释词：skos change Note 私有注释词：skos private Note 公共注释词：skos public Note	对知识组织系统中的概念进行注释
关系基本词	直接上位链接词：skos broader 直接下位链接词：skos narrower 相关链接词：skos related 传递上位链接词：skos broader Transitive 传递下位链接词：skos narrower Transitive	描述表示知识组织系统中的概念关系或概念传递关系
映射基本词	同义映射词：skos exacMatch 近义映射词：skos closedMatch 上位映射词：skos broadMatch 下位映射词：skos narrowMatch 相关映射词：skos relatedMatch	对不同知识组织系统中的概念关系进行精准匹配、映射、连接，从而形成共享的知识组织系统
属性词—类别词		
	标识词：skos Label 注释词：skos Note 关系词：skos Relationship 映射词：skos mapping Relation	表示知识组织系统中某一种属性词汇的类别，还可用于子属性的扩展定义
属性词—体系词		
	归属概念体系词：skos inscheme 概念体系词：skos topConceptof 族首词/最高层级范畴类目词：skos hasTopConcept 成员词：skos member 成员有序列表词：skos memberList 局部主题词：skos isSubjectof 子类词：skos subClassof 局部词：skos ispartof	表示知识组织系统中概念体系（词表或词族或分面）及其所属概念

资料来源：段荣婷（2011）

由表3-3可知,SKOS Core提供的核心词汇集主要分为类词与属性词两大类别。其中属性词又可根据其功能从逻辑上分为三类:第一类是关于概念、概念关系和概念标识的基本词,也即专指词;第二类是关于概念标识、概念关系和概念注释的类别词,也就是泛指词,是对基本类别词归属的定义,四个类别词分别对应于四种基本词,体现了SKOS词汇的功能模块化设计理念;第三类是关于概念体系的体系词(段荣婷,2011)。

利用SKOS Core词汇集为以叙词表为典型代表的书目数据创建一个基本的概念模式,其过程如下。

1. 概念模式的定义

叙词表概念模式分析与构建的第一步是定义并描述概念模式。为了使得所定义的概念模式不至于在网络环境中模糊不清,应该首先给所定义的概念模式定义一个网络上唯一的URI,再利用skos:ConceptScheme对概念模式进行描述,以便对模式的元属性集进行明确说明。概念模式的声明语句可描述为:

```
<rdf:RDF
    xmlns:rdf=http://www.w3.org/1999/02/22-rdf-syntax-ns#
    xmlns:rdfs=http://www.w3.org/2000/01/rdf-schema#
    xmlns:skos="http://www.w3.org/2004/02/skos/core#">
    xmlns:dc="http://purl.org/dc/elements/1.1/">
    <skos:ConceptScheme rdf:about="http:example.com/thesaurus">
        <dc:title>The SWAD-Europe Example Thesaurus</dc:title>
        <dc:description>An example thesaurus to illustrate the use of the SKOS-Core schema.</dc:description>
        <dc:creator>A J Miles</dc:creator>
    </skos:ConceptScheme>
</rdf:RDF>
```

2. 概念的定义

对于所需定义的每一个概念,都必须在清晰描述概念的基础上考虑到人机可读性,其中,要实现这一点的最有效方式即为每一个概念赋予一个唯一的URI,再利用skos:Concept对概念进行描述,概念的声明语句可描述为:

```
<rdf:RDF
    xmlns:rdf=http://www.w3.org/1999/02/22-rdf-syntax-ns#
    xmlns:skos="http://www.w3.org/2004/02/skos/core#">
    <skos:Concept rdf:about="http:example.com/Concept/0001"/>
</rdf:RDF>
```

一个概念不一定成为任何模式的构成部分，但可以是一种模式中的一部分，为了表示一个概念是一个模式中的构成部分，可以利用 skos：inScheme 属性予以描述：

<rdf:RDF
  xmlns:rdf=http://www.w3.org/1999/02/22-rdf-syntax-ns#
  xmlns:skos="http://www.w3.org/2004/02/skos/core#">
  <skos:Concept rdf:about="http://example.com/Concept/0001">
   <skos:inScheme rdf:resource="http:/example.com/thesaurus"/>
  </skos:Concept>
</rdf:RDF>

3. 概念的标签定义

每一个概念都有一个最贴切的标签与之对应，同时也存在一些其他的可替代标签，概念标签的定义可以利用 skos：prefLabel 与 skos：altLabel 这两个属性。概念的标签定义可描述为：

<rdf:RDF
  xmlns:rdf=http://www.w3.org/1999/02/22-rdf-syntax-ns#
  xmlns:skos="http://www.w3.org/2004/02/skos/core#">
  <skos:Concept rdf:about="http:/example.com/Concept/0001">
   <skos:prefLabel>Bangers and mash</skos:prefLabel>
   <skos:altLabel>Sausage and mash</skos:altLabel>
   <skos:altLabel>Sausage and mashed potato</skos:altLabel>
   <skos:inScheme rdf:resource="http:/example.com/thesaurus"/>
  </skos:Concept>
</rdf:RDF>

为了帮助用户不会对未设定 URI 标识符的概念产生误解，在概念模式构建的过程中最好不要出现两个或多个概念利用同一个最佳标签的情况。但是可选标签可以表现为任何词汇或短语集，包括可替代的拼写变体（包括错误的拼写），这些都是可以被应用到概念的描述过程中的。在传统的叙词表体系中，这些标签的集合往往作为概念的进入词汇理解。进入词汇通常来说是帮助用户对正确的概念实施精准定位的首要因素。在标注的过程中，每个概念的可能标签覆盖面越广，那么对于其他用户而言就越容易以此寻求他们所需要查找的概念。

4. 概念的外部标识符（非 URI 标识）

如果一个概念已经被定义在语义网以外的范围，那么这个概念就会以一个非 URI 的标识符所描述，在 SKOS Core 中，通常利用 skos：externalID 属性来揭示相关概念的属性。外部标识属性的应用可参考下列语句：

<rdf:RDF
  xmlns:rdf=http://www.w3.org/1999/02/22-rdf-syntax-ns#
  xmlns:skos="http://www.w3.org/2004/02/skos/core#">
  <skos:Concept rdf:about="http:/example.com/Concept/0001">
   <skos:externalID>A.01.0001</skos:externalID>
   <skos:prefLabel>Bangers and mash</skos:prefLabel>
   <skos:altLabel>Sausage and mash</skos:altLabel>
   <skos:altLabel>Sausage and mashed potato</skos:altLabel>
   <skos:inScheme rdf:resource="http:/example.com/thesaurus"/>
  </skos:Concept>
</rdf:RDF>

5. 添加范围注释、定义、上下文实例及其描绘

在 SKOS Core 中，提供了三个属性以实现对每一个概念含义的精确描述：①利用 skos：scopeNote 附加任何一段文字，有助于进一步阐明一个概念的本意；②利用 skos：definition 附加一个概念的正式（字典式）定义；③利用 skos：example 附上所使用最佳标签中的某一具体实例。skos：scopeNote 的应用可参考下列语句：

<rdf:RDF
  xmlns:rdf=http://www.w3.org/1999/02/22-rdf-syntax-ns#
  xmlns:skos="http://www.w3.org/2004/02/skos/core#">
  <skos:Concept rdf:about="http:/example.com/Concept/0011">
   <skos:prefLabel>Marble</skos:prefLabel>
   <skos:scopeNote>Agranular crystallinelimestone.</skos:scopeNote>
   <skos:inScheme rdf:resource="http://example.com/thesaurus"/>
  </skos:Concept></rdf：RDF>

skos：definition 的应用可参考下列语句：

<rdf:RDF
  xmlns:rdf=http://www.w3.org/1999/02/22-rdf-syntax-ns#
  xmlns:skos="http://www.w3.org/2004/02/skos/core#">

```
            <skos:Concept rdf:about="http:/example.com/Concept/0012">
                <skos:prefLabel>Liquid crystal</skos:prefLabel>
                <skos:inScheme rdf:resource="http:/example.com/thesaurus"/>
                <skos:definition>A substance which flows like a liquid but has some degree of ordering in the arrangement of its molecules.</skos:definition>
            </skos:Concept>
</rdf:RDF>
```

skos：example 的应用可参考下列语句：

```
</rdf:RDF>
            xmlns:rdf=http://www.w3.org/1999/02/22-rdf-syntax-ns#
            xmlns:skos="http://www.w3.org/2004/02/skos/core#">
            <skos:Concept rdf:about="http:/example.com/Concept/00013">
                <skos:prefLabel>Medicate</skos:prefLabel>
                <skos:altLabel>Administer medicine</skos:altLabel>
                <skos:inScheme rdf:resource="http:/example.com/thesaurus"/>
                <skos:example>both infants were heavily medicated to alleviate their symptoms</skos:example>
            </skos:Concept>
</rdf:RDF>
```

同时利用 SKOS Core 也可附加上概念所描述的图像信息，这一功能可通过使用 foaf：depiction 属性予以实现，具体实现语句如下：

```
<rdf:RDF
            xmlns:rdf=http://www.w3.org/1999/02/22-rdf-syntax-ns#
            xmlns:skos=http://www.w3.org/2004/02/skos/core#
            xmlns:foaf="http://xmlns.com/foaf/0.1/">
            <foaf:Image rdf:about="http:/example.com/img/bangersandmash.jpg"/>
            <skos:Concept rdf:about="http:/example.com/Concept/0001">
                <skos:prefLabel>Bangers and mash</skos:prefLabel>
                <skos:altLabel>Sausage and mash</skos:altLabel>
                <skos:altLabel>Sausage and mashed potato</skos:altLabel>
                <skos:inScheme rdf:resource="http:/example.com/thesaurus"/>
                <foaf:depiction rdf:resource="http:/example.com/img/bangersandmash.jpg"/>
            </skos:Concept>
</rdf:RDF>
```

6. 利用符号来标识概念

对于个人用户来说，概念的识别使用一些具体的符号比使用词汇或短语更加有效，在 SKOS Core 中，则利用 skos：prefSymbol 和 skos：altSymbol 属性来实现对概念符号的描述，实例如下：

```
<rdf:RDF
    xmlns:rdf=http://www.w3.org/1999/02/22-rdf-syntax-ns#
    xmlns:skos=http://www.w3.org/2004/02/skos/core#
    xmlns:foaf="http://xmlns.com/foaf/0.1/">
    <foaf:Image rdf:about="http:/example.com/symbols/0001.jpg"/>
    <foaf:Image rdf:about="http:/example.com/symbols/0001a.jpg"/>
    <foaf:Image rdf:about="http:/example.com/symbols/0001b.jpg"/>
    <skos:Concept rdf:about="http:/example.com/Concept/0001">
        <skos:inScheme rdf:resource="http:/example.com/thesaurus"/>
        <skos:prefSymbol rdf:resource="http:/example.com/symbols/0001.jpg"/>
        <skos:altSymbol rdf:resource="http:/example.com/symbols/0001a.jpg"/>
        <skos:altSymbol rdf:resource="http:/example.com/symbols/0001b.jpg"/>
    </skos:Concept>
</rdf:RDF>
```

7. 概念之间的基本语义联系

SKOS Core 所构建的概念模式当中包含了家族属性以揭示概念之间的简单关系。在这个家族属性当中，顶层属性的描述可用 skos：semanticRelation 属性来揭示，而由此衍生出来的家族关系属性描述可用 skos：broader、skos：narrower 及 skos：related 属性进行表示。具体而言有下列类型的家族关系：概念的层次关系，包括广义关系及狭义关系两层含义；相关关系。具体如下列关系所示。

1) 广义/狭义关系

skos:semanticRelation　　　　　　skos:semanticRelation
　-skos:broader　　　　　　　　　　-skos:narrower

skos：broader 与 skos：narrower 属性允许用户创建概念间的层次关系，这种层次关系是概念关系中的弱关系类型，揭示的是一个概念相对于其他概念而言是更一般还是更特殊的关系。层次关系的建立并非严格按照概念之间的精确含义来进行划分，通常只是按照合理安排的原则将概念分配到某一个层次，因而，一个概念可能包含有任意数量的广义关系概念，允许出现多层次的概念结构。其语法描述如下所示：

```
<rdf:RDF
    xmlns:rdf=http://www.w3.org/1999/02/22-rdf-syntax-ns#
    xmlns:skos="http://www.w3.org/2004/02/skos/core#">
    <skos:Concept rdf:about="http:/example.com/Concept/0001">
        <skos:prefLabel>Bangers and mash</skos:prefLabel>
        <skos:altLabel>Sausage and mash</skos:altLabel>
        <skos:altLabel>Sausage and mashed potato</skos:altLabel>
        <skos:inScheme rdf:resource="http:/example.com/thesaurus"/>
        <skos:broader rdf:resource="http:/example.com/Concept/0002"/>
    </skos:Concept>
    <skos:Concept rdf:about="http:/example.com/Concept/0002">
        <skos:prefLabel>English cuisine</skos:prefLabel>
        <skos:altLabel>English dishes</skos:altLabel>
        <skos:altLabel>English food</skos:altLabel>
        <skos:inScheme rdf:resource="http:/example.com/thesaurus"/>
        <skos:narrower rdf:resource="http:/example.com/Concept/0001"/>
    </skos:Concept>
</rdf:RDF>
```

2）相关关系

skos:semanticRelation
    -skos:related

skos：related 属性允许用户创建概念之间的相关关系。与层次关系一样，相关关系也属于概念之间的弱关系层面，它表达的是两个概念之间以某种方式所存在的关联事实，这种关联关系并不能用于创建概念之间的层次关系，但可用于揭示在同一层次中概念之间的关联。相关关系的语法描述如下所示：

```
<rdf:RDF
    xmlns:rdf=http://www.w3.org/1999/02/22-rdf-syntax-ns#
    xmlns:skos="http://www.w3.org/2004/02/skos/core#">
    <skos:Concept rdf:about="http:/example.com/Concept/0002">
        <skos:prefLabel>English cuisine</skos:prefLabel>
        <skos:prefLabel>English cuisine</skos:prefLabel>
        <skos:altLabel>English food</skos:altLabel>
        <skos:inScheme rdf:resource="http:/example.com/thesaurus"/>
        <skos:related rdf:resource="http:/example.com/Concept/0003"/>
    </skos:Concept>
    <skos:Concept rdf:about="http:/example.com/Concept/0003">
        <skos:prefLabel>English pubs, cafes and restaurants</skos:prefLabel>
```

```
            <skos:altLabel>English eateries</skos:altLabel>
            <skos:inScheme rdf:resource="http:/example.com/thesaurus"/>
            <skos:related rdf:resource="http:/example.com/Concept/0002"/>
       </skos:Concept>
</rdf:RDF>
```

上述两个实例给出了一个具体的概念模式结构，如图 3-7 所示。

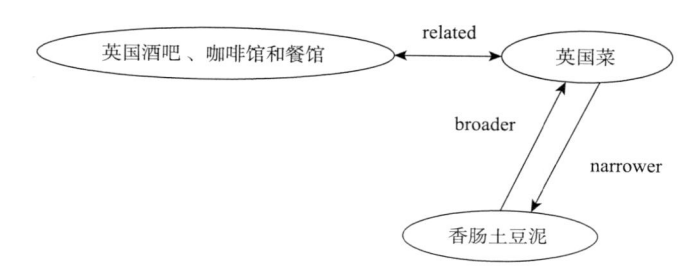

图 3-7　相关关系实例

8. 多语种标签

相同的概念可以用不同的语言进行标识，并给予不同语种的标签。要描述标签的语言类别，可以使用 RDF 文字的语言属性，对于任意一种语言，每个概念都能找到与之对应的一个最佳标签和多个替代标签。概念的多语种标签描述语法如下例所示：

```
<rdf:RDF
       xmlns:rdf=http://www.w3.org/1999/02/22-rdf-syntax-ns#
       xmlns:skos="http://www.w3.org/2004/02/skos/core#">
       xmlns:skos="http://www.w3.org/2004/02/skos/core#">
            <skos:prefLabel xml:lang="en">English cuisine</skos:prefLabel>
            <skos:altLabel xml:lang="en">English dishes</skos:altLabel>
            <skos:altLabel xml:lang="en">English food</skos:altLabel>
            <skos:prefLabel xml:lang="fr">Cuisine anglaise</skos:prefLabel>
            <skos:altLabel xml:lang="fr">Plats anglais</skos:altLabel>
            <skos:prefLabel xml:lang="es">Cocina ingles</skos:altLabel>
            <skos:prefLabel xml:lang="it">Cucina inglese</skos:prefLabel
            <skos:inScheme rdf:resource="http:example.com/thesaurus"/>
       </skos:Concept>
</rdf:RDF>
```

9. 更加精确的语义关系

SKOS Core 的属性集具有可扩展的特性，skos：semanticRelation 属性在所有相似的概念模式当中，对于具有关联性的概念而言是最顶层的属性。属性的第一层级扩展可以形成三个属性：skos：broader、skos：narrower 和 skos：related，而这些属性反过来又可创建出具有更加精确语义的属性。这种结构在概念模式之间提供了一个交互式的框架，该框架能够有效帮助用户在不同层次，精确地鉴别概念与概念之间的语义关系。在 SKOS Core 模式中存在大量的可扩展性的语义关系，这些语义关系描述如下。

（1）广义与狭义关系所构成的层次性语义关系，如下所示：

skos:semanticRelation   skos:semanticRelation
 -skos:broader   -skos:narrower
 -skos:broaderGeneric   -skos:narrowerGeneric

rdfs:subClassOf
 -skos:broaderGeneric

广义与狭义这两个属性对的扩展性特征只能辨别在两个概念之间所存在的类别关系特征。这些属性的语义特征遗传于 rdfs：subClassOf 属性。广义关系与狭义关系属性的应用实例如下所示：

```
<rdf:RDF
    xmlns:rdf=http://www.w3.org/1999/02/22-rdf-syntax-ns#
    xmlns:skos="http://www.w3.org/2004/02/skos/core#">
    <skos:Concept rdf:about="http:/example.com/Concept/0004">
        <skos:prefLabel>English pubs, clubs and bars</skos:prefLabel>
        <skos:altLabel>English drinking establishments</skos:altLabel>
        <skos:inScheme rdf:resource="http:/example.com/thesaurus"/>
        <skos:narrowerGeneric rdf:resource="http:/example.com/Concept/0005"/>
    </skos:Concept>
    <skos:Concept rdf:about="http:/example.com/Concept/0005">
        <skos:prefLabel>English pubs</skos:prefLabel>
        <skos:altLabel>English public houses</skos:altLabel>
        <skos:inScheme rdf:resource="http:/example.com/thesaurus"/>
        <skos:broaderGeneric rdf:resource="http:/example.com/Concept/0004"/>
    </skos:Concept>
</rdf:RDF>
```

（2）广义实例与狭义实例所构成的层次性语义关系，如下所示：

skos:semanticRelation　　　　　　　skos:semanticRelation
　-skos:broader　　　　　　　　　　　-skos:narrower
　　-skos:broaderInstantive　　　　　　-skos:narrowerInstantive

rdf:type
　-skos:broaderInstantive

利用这些属性可以对两个概念之间的实例关系予以揭示，实例属性的语义特征可借助 rdf：type 属性继承。广义实例与狭义实例的应用如下所示：

```
<rdf:RDF
    xmlns:rdf=http://www.w3.org/1999/02/22-rdf-syntax-ns#
    xmlns:skos="http://www.w3.org/2004/02/skos/core#">
    <skos:Concept rdf:about="http:example.com/Concept/0006">
        <skos:prefLabel>The Red Lion, Blewbury</skos:prefLabel>
        <skos:altLabel>The Red Lion pub in Blewbury</skos:altLabel>
        <skos:inScheme rdf:resource="http:example.com/thesaurus"/>
        <skos:broaderInstantive rdf:resource="http:example.com/Concept/0005"/>
    </skos:Concept>
    <skos:Concept rdf:about="http:example.com/Concept/0005"
        <skos:prefLabel>English pubs</skos:prefLabel>
        <skos:altLabel>English public houses</skos:altLabel>
        <skos:inScheme rdf:resource="http:example.com/thesaurus"/>
        <skos:narrowerInstantive rdf:resource="http:example.com/Concept/0006"/>
    </skos:Concept>
</rdf:RDF>
```

（3）广义部分与狭义部分所构成的层次性语义关系，如下所示：

skos:semanticRelation　　　　　　　skos:semanticRelation
　-skos:broader　　　　　　　　　　　-skos:narrower
　　-skos:broaderPartitive　　　　　　-skos:narrowerPartitive

dcterms:isPartOf　　　　　　　　　　dcterms:hasPart
　-skos:broaderPartitive　　　　　　　-skos:narrowerPartitive

对于希望构建概念之间层次结构中组织的一部分的则可利用这些属性描述两个概念之间的整体与部分关系。这些属性间的语义关系继承于 dcterms：isPartof/dcterms：hasPart 属性对。广义部分、狭义部分的应用如下所示：

```
<rdf:RDF
    xmlns:rdf=http://www.w3.org/1999/02/22-rdf-syntax-ns#
    xmlns:skos="http://www.w3.org/2004/02/skos/core#">
    <skos:Concept rdf:about="http:/example.com/Concept/0007">
        <skos:prefLabel>Oxfordshire county</skos:prefLabel>
        <skos:altLabel>Oxon</skos:altLabel>
        <skos:inScheme rdf:resource="http:/example.com/thesaurus"/>
        <skos:broaderPartitive rdf:resource="http:/example.com/Concept/0008"/>
    </skos:Concept>
    <skos:Concept rdf:about="http:/example.com/Concept/0008">
        <skos:prefLabel>England</skos:prefLabel>
        <skos:inScheme rdf:resource="http:/example.com/thesaurus"/>
        <skos:narrowerPartitive rdf:resource="http:/example.com/Concept/0007"/>
    </skos:Concept>
</rdf:RDF>
```

（4）相关联的部分/具有部分的语义关系，如下所示：

skos:semanticRelation　　　　　　skos:semanticRelation
　-skos:related　　　　　　　　　　-skos:related
　　-skos:relatedPartOf　　　　　　　-skos:relatedHasPart

dcterms:isPartOf　　　　　　　　　dcterms:hasPart
　-skos:relatedPartOf　　　　　　　-skos:relatedHasPart

当需要构建相关结构中的一部分关系时，通常可利用这些属性来表示两个概念之间的部分关系。SKOS Core 中，这些属性与 skos：broaderPartitive，skos：narrowerPartitive 等具有相同的待遇。这两个选项的存在是为了提供一种叙词表内的互操作式结构，使得局部关系的对待将以另一种方式实现。skos：broaderPartitive 与 skos：narrowerPartitive 属性的应用方式如下所示：

```
<rdf:RDF
    xmlns:rdf=http://www.w3.org/1999/02/22-rdf-syntax-ns#
    xmlns:skos="http://www.w3.org/2004/02/skos/core#">
    <skos:Concept rdf:about="http:/example.com/Concept/0001">
        <skos:prefLabel>Bangers and mash</skos:prefLabel>
        <skos:altLabel>Sausage and mash</skos:altLabel>
        <skos:altLabel>Sausage and mashed potato</skos:altLabel>
        <skos:inScheme rdf:resource="http:/example.com/thesaurus"/>
```

```
            <skos:relatedHasPart rdf:resource="http:/example.com/Concept/0009"/>
        </skos:Concept>
        <skos:Concept rdf:about="http:/example.com/Concept/0009">
            <skos:prefLabel>Sausages</skos:prefLabel>
            <skos:altLabel>Bangers</skos:altLabel>
            <skos:inScheme rdf:resource="http:/example.com/thesaurus"/>
            <skos:relatedPartOf rdf:resource="http:/example.com/Concept/0001"/>
        </skos:Concept>
</rdf:RDF>
```

10. 概念的高级别分组

许多知识组织系统都包含概念的高级别分组理念。这是将一些概念安排在特定的其他概念层次以下，这种特定的概念通常被理解为基本面或基本类。

要代表一个概念的事实，可以利用一个概念层次模式的顶层属性予以说明，并利用 skos：TopConcept 类予以表达，如下所示：

skos:Concept
　　-skos:TopConcept

```
<rdf:RDF
    xmlns:rdf=http://www.w3.org/1999/02/22-rdf-syntax-ns#
    xmlns:skos="http://www.w3.org/2004/02/skos/core#">
    xmlns:skos="http://www.w3.org/2004/02/skos/core#">
        <skos:prefLabel>Materials</skos:prefLabel>
        <skos:inScheme rdf:resource="http:/example.com/thesaurus"/>
    </skos:TopConcept>
    <skos:TopConcept rdf:about="http:/example.com/Concept/0012">
        <skos:prefLabel>Processes</skos:prefLabel>
        <skos:inScheme rdf:resource="http:/example.com/thesaurus"/>
    </skos:TopConcept>
</rdf:RDF>
```

在模式中的其他概念可以通过标准的语义关联属性与顶层概念建立关联。例如，利用 skos：broader 和 skos：narrower 属性来实现其他概念与顶层概念之间的关联。底层概念与顶层概念之间建立关联关系的实例如下。

```
<rdf:RDF
    xmlns:rdf=http://www.w3.org/1999/02/22-rdf-syntax-ns#
    xmlns:skos="http://www.w3.org/2004/02/skos/core#">
```

```xml
<skos:TopConcept rdf:about="http:example.com/Concept/0010">
    <skos:prefLabel>Materials</skos:prefLabel>
    <skos:inScheme rdf:resource="http:example.com/thesaurus"/>
    <skos:narrower rdf:resource="http:example.com/Concept/0011"/>
</skos:TopConcept>
<skos:Concept rdf:about="http:example.com/Concept/0011">
    <skos:prefLabel>Marble</skos:prefLabel>
    <skos:scopeNote>A granular crystalline limestone</skos:scopeNote>
    <skos:inScheme rdf:resource="http:example.com/thesaurus"/>
    <skos:broader rdf:resource="http:example.com/Concept/0010"/>
</skos:Concept>
</rdf:RDF>
```

当然，顶层概念是没有任何上位类概念的。

上述的 SKOS 建模过程表明，SKOS 概念建模方法是以概念为基础的，每个概念都有唯一的 URI，而不是唯一的术语。这说明，在对传统的知识组织系统及书目数据进行 SKOS 化的过程中，传统词表中的概念可被抽象出来，并利用唯一的 URI 进行标识，然而，一个概念所对应的资源个体却可以利用多个词语来表示。

传统的知识组织系统是基于语词的概念表达和组织的符号系统，每一个款项单元都是一个语词。SKOS 的建模方法是基于概念，所以将传统的知识组织系统转换成机器可理解的 SKOS 形式时，要在模型上进行修改，每个款项不再是一个语词，而是一个概念，有其唯一的 URI。

SKOS 的建模方法为传统知识组织系统向语义网环境下的知识组织系统转化提供了转换的标准及低成本转化的途径。采用 SKOS 基于概念的建模方法是为了保证利用传统知识组织系统描述的馆藏资源书目数据转换为网络化下以概念关联关系揭示的网络知识组织体系的有效性，实现馆藏资源的语义描述过程真正为机器所理解所处理，进而实现 Web 服务（娄秀明，2010）。

3.3 馆藏资源元数据的语义描述实例分析

3.3.1 馆藏资源元数据的 RDF 化实例分析

以下我们通过一个简单的实例来分析如何利用 RDF/XML 语法框架对叙词表

中的数据进行描述。下述例子表现了三个概念之间的关系，这三个概念分别是人际吸引力、人际关系和朋友。三个概念之间的关系用 RDF/XML 语法及 RDF 三元组语义示图表达，如图 3-8 所示。

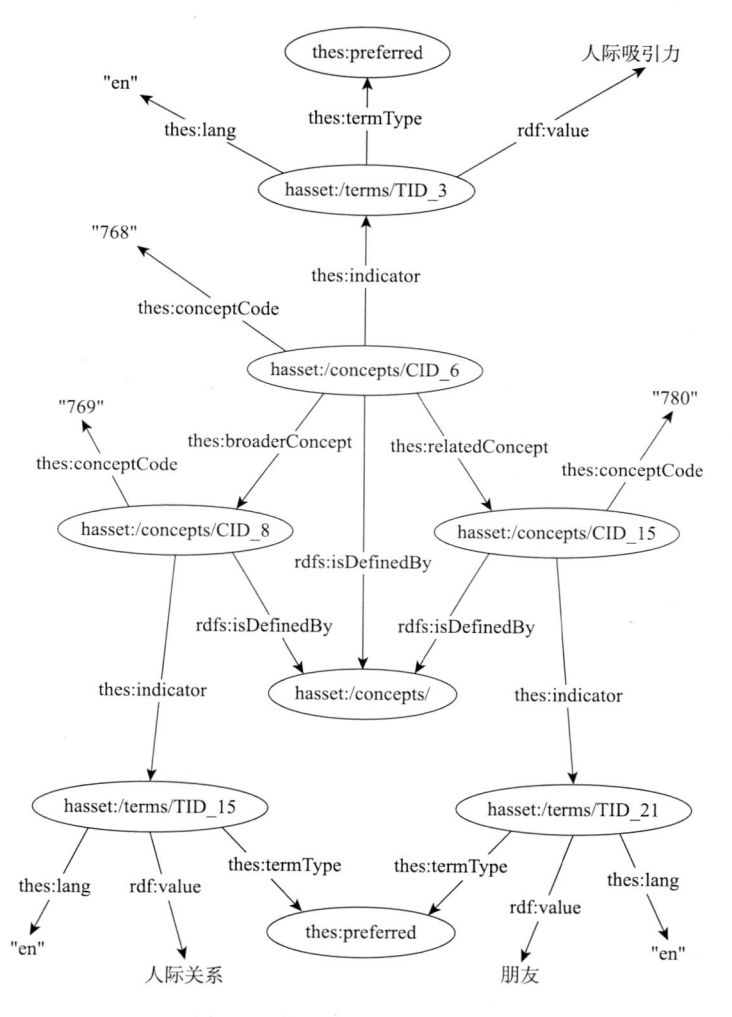

图 3-8 叙词表 RDF 化实例分析

```
<web:RDF xml:lang="en"
    xmlns:thes="http://snowball.ilrt.bris.ac.uk/~pldab/rdf-dot/Thes/Thes.xrdf#"
    xmlns:web="http://www.w3.org/1999/02/22-rdf-syntax-ns#"
    xmlns:rdfs="http://www.w3.org/TR/1999/PR-rdf-schema-19990303#">
```

```xml
<web:Description about="http://sosig.ac.uk/hasset/terms/TID_3">
    <web:type resource="http://snowball.ilrt.bris.ac.uk/~pldab/rdf-dot/Thes/Thes.xrdf#Term"/>
    <thes:lang>en</thes:lang>
    <web:value>Interpersonal Attraction</web:value>
    <thes:termUsage web:resource="http://snowball.ilrt.bris.ac.uk
      /~pldab/rdf-dot/Thes/Thes.xrdf#preferred"/>
</web:Description>

<web:Description about="http://sosig.ac.uk/hasset/concepts/CID_6">
    <web:type resource="http://snowball.ilrt.bris.ac.uk/~pldab/rdf-dot/Thes/Thes.xrdf#Concept"/>
    <rdfs:isDefinedBy web:resource="http://sosig.ac.uk/hasset/concepts/"/>
    <thes:indicator web:resource="http://sosig.ac.uk/hasset/terms/TID_3"/>
    <thes:conceptCode>768</thes:conceptCode>
    <thes:broaderConcept>
      <web:Description about="http://sosig.ac.uk/hasset/concepts/CID_8">
        <rdfs:isDefinedBy web:resource="http://sosig.ac.uk/hasset/concepts/"/>
        <thes:indicator web:resource="http://sosig.ac.uk/hasset/terms/TID_15"/>
        <thes:conceptCode>769</thes:conceptCode>
      </web:Description>
    </thes:broaderConcept>
    <thes:relatedConcept web:resource="http://sosig.ac.uk/hasset/concepts/CID_15"/>
</web:Description>

<web:Description about="http://sosig.ac.uk/hasset/concepts/CID_15">
    <web:type resource="http://snowball.ilrt.bris.ac.uk/~pldab/
      rdf-dot/Thes/Thes.xrdf#Concept"/>
    <rdfs:isDefinedBy web:resource="http://sosig.ac.uk/hasset/concepts/"/>
    <thes:indicator web:resource="http://sosig.ac.uk/hasset/terms/TID_21"/>
    <thes:conceptCode>780</thes:conceptCode>
    <thes:scope web:resource="http://sosig.ac.uk/hasset/scopenotes/SN_12"/>
</web:Description>

<web:Description about="http://sosig.ac.uk/hasset/terms/TID_15">
```

```
    <web:type resource="http://snowball.ilrt.bris.ac.uk/~pldab/
      rdf-dot/Thes/Thes.xrdf#Term"/>
    <thes:lang>en</thes:lang>
    <web:value>Interpersonal Relations</web:value>
    <thes:termUsage web:resource="http://snowball.ilrt.bris.ac.uk/
      ~pldab/rdf-dot/Thes/Thes.xrdf#preferred"/>
</web:Description>

<web:Description about="http://sosig.ac.uk/hasset/terms/TID_21">
    <web:type resource="http://snowball.ilrt.bris.ac.uk/~pldab/
      rdf-dot/Thes/Thes.xrdf#Term"/>
    <thes:lang>en</thes:lang>
    <web:value>Friends</web:value>
    <thes:termUsage web:resource="http://snowball.ilrt.bris.ac.uk/
      ~pldab/rdf-dot/Thes/Thes.xrdf#preferred"/>
</web:Description>

<web:Description about="http://sosig.ac.uk/hasset/scopenotes/SN_12">
    <web:type resource="http://snowball.ilrt.bris.ac.uk/
      ~pldab/rdf-dot/Thes/Thes.xrdf#ScopeNote"/>
    <thes:lang>en</thes:lang>
    <web:value>To be used only for platonic relationships</web:value>
</web:Description>
</web:RDF>
```

3.3.2 馆藏资源元数据的 SKOS 化实例分析

利用属性与类别的核心词汇集能够对序词表等元数据所形成的 RDF 三元组示图进行概念内容的语义转化。SKOS 的设计并非只适用于叙词表的转化领域，它也可应用于其他各类型的概念模式描述领域，如类别模式、主题词表系统、控制词表系统、控制词表、词汇表、分类表等。下例是对英国档案词表中的片段进行 SKOS 化的语义描述。

语词：Economic cooperation（经济合作）
替换词：Economic co-operation（经济合作）
上位词：Economic policy（经济政策）

下位词：Economic integration（经济一体化）
　　　　European economic cooperation（欧洲经济合作）
　　　　European industrial cooperation（欧洲工业合作）
　　　　Industrial cooperation（工业合作）
相关词：Interdependence（相互依赖）
范围注释：金融、贸易、工业等领域在多个国家之间的合作。

该例中，概念间的关联关系利用 SKOS Core 词汇集表达成为 RDF 三元组图示，如图 3-9 所示。

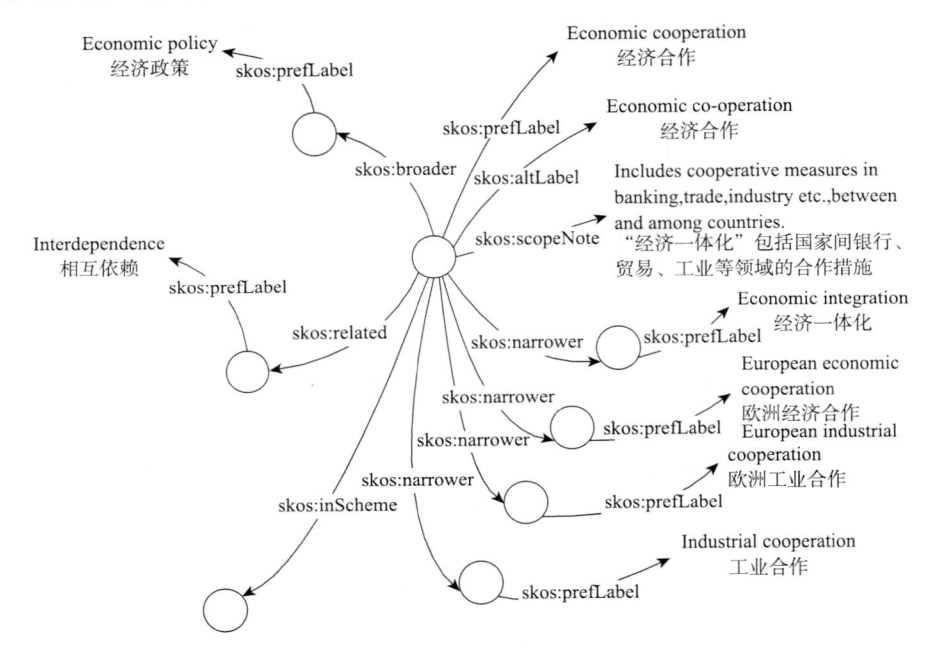

图 3-9　英国档案词表元数据 SKOS 化实例分析

图 3-9 中，每一个来源于英国档案词表中的概念都可对其分配一个 URI，这些 URI 是针对一个概念的全球唯一性标识，可以根据网页的内容任意引用各种资源。资源的外延十分广泛，不仅仅只是网络文本，世界上的所有事物都可以被当成资源对其分配 URIs。

例如，资源标识：http://www.ukat.org.uk/thesaurus/concept/1750 可代表英国档案词表中的概念经济合作（Economic cooperation），而统一资源标识符在可视的 RDF 三元组图形中并没有显示出来。

为叙词表中的概念分配 URI，并允许任何人可通过网页文档的上下文链接精确访问。采用 RDF/XML 语法对上述 "经济合作" 概念关系的 RDF 三元组图进行转化，描述如下：

```
<rdf:RDF
    xmlns:rdf=http://www.w3.org/1999/02/22-rdf-syntax-ns#
    xmlns:rdfs=http://www.w3.org/2000/01/rdf-schema#
    xmlns:skos="http://www.w3.org/2004/02/skos/core#">
    <skos:Concept rdf:about="http://www.ukat.org.uk/thesaurus/concept/1750">
        <skos:prefLabel>Economic cooperation</skos:prefLabel>
        <skos:altLabel>Economic co-operation</skos:altLabel>
        <skos:scopeNote>Includes cooperative measures in banking, trade, industry etc., between and among countries.</skos:scopeNote>
        <skos:broader rdf:resource="http://www.ukat.org.uk/thesaurus/concept/4382"/>
        <skos:narrower rdf:resource="http://www.ukat.org.uk/thesaurus/concept/2108"/>
        <skos:narrower rdf:resource="http://www.ukat.org.uk/thesaurus/concept/9505"/>
        <skos:narrower rdf:resource="http://www.ukat.org.uk/thesaurus/concept/15053"/>
        <skos:narrower rdf:resource="http://www.ukat.org.uk/thesaurus/concept/18987"/>
        <skos:related rdf:resource="http://www.ukat.org.uk/thesaurus/concept/3250"/>
        <skos:inScheme rdf:resource="http://www.ukat.org.uk/thesaurus"/>
    </skos:Concept>
</rdf:RDF>
```

上述 RDF/XML 片段中，利用 SKOS Core 核心词汇集将英国档案词表进行了 RDF/XML 化表达，每一个最佳的描述术语成为一个概念的最佳标签，反之则成为可选标签。

还应该注意的是，skos：inScheme 属性揭示了一个概念与该概念参与的概念模式之间的关联关系。SKOS Core 核心词汇集规定，每一个概念参与的概念模式的数量是没有严格限制的。

第4章 馆藏资源元数据的关联数据发布

关联数据是一种轻量级的语义网实现技术，其价值在于通过 RDF 数据模型，将网络上的非结构化数据和采用不同标准的结构化数据转换成遵循统一标准（关联数据规则）的结构化数据，以便机器理解（夏翠娟等，2012）。馆藏资源元数据的关联数据化问题的首要目标是要将传统的存放于关系型数据库中的书目数据转换成适合在语义网环境下发布的符合 RDF 模型的语义化数据，继而选择适当的发布模式与工具，将图书馆语义元数据发布到 Web 网络中并提供开放的浏览与查询接口，从而便于构建馆藏资源元数据关联网络所需的 RDF 链接。馆藏资源关联数据发布需要针对书目数据自身特点与实际应用需求，选择静态 RDF 文件发布、RDF 文件批量存储结合前端服务器发布、在线实时生成 RDF 与 API（application programming Interface，应用程序接口）封装发布及关系数据库转换 RDF 发布等不同的关联数据发布模式，并酌情选择关联数据前端服务器工具 Pubby、关系数据库的关联数据发布利器 D2R、基于关系型数据视图的 Web 应用程序插件 Triplify 等不同类别的关联数据发布工具，实现馆藏资源关联数据的最优化发布（游毅和成全，2013）。

4.1 馆藏资源元数据的关联数据发布方式

馆藏资源元数据的语义化描述关注于解决馆藏资源元数据实体 URI 标识的配置问题，馆藏资源元数据的 RDF 数据模式转化问题等，为其关联数据的生成与发布提供了必要的前期基础。要实现馆藏资源的关联数据化的最关键问题即馆藏资源 RDF 数据集的网络发布，通常，在万维网上发布关联数据须以关联数据的"四原则"为指导，并针对发布的数据量大小、数据的存储形式、数据的更新频率、数据的访问方式采取不同的发布方式及发布工具（娄秀明，2010）。

通常作为关联数据而即将发布于万维网上的数据信息应该满足基本的前提条件：①馆藏资源的书目数据必须被参引的 HTTP URIs 标识，其目标是以一个网络上唯一 URI 明确标识 FRBR 馆藏资源框架中的实体；②书目数据应该以 RDF/XML 的结构化形式予以标识并反馈，其目标是利用 RDF 结构化框架实现实体间关系的建立；③识别非信息资源[①]（其他资源）的 URIs 必须以如下方式完成：由于非信息资源无法直接被参引，因而对非信息资源的访问首先是向客户端发送一个信息资源的 URI，这个 URI 用 HTTP 响应码 303 See Other 来描述非信息资源，该响应包含一个描述非信息资源的信息资源 HTTP 303 重定向，然后客户端对这个新 URI 参引，并获取描述原有非信息资源的表示形式；除了链接同一数据源内资源的 RDF 以外，RDF 描述还应包含链接到由其他数据源提供的资源的 RDF，这样用户才能通过外部的 RDF 链接，全面浏览数据的网络。

关联数据的发布方式有很多，但根据待发布 RDF 类型信息数据量的大小、数据的更新频率、数据的存储方式和访问方式的不同，可以考虑将关联数据的发布分为静态发布、批量存储发布、在线 API 封装发布、事后转换发布四种关联数据的发布方式。

（1）关联数据的静态发布。发布静态的 RDF 文件，适用于数据量很小的情况。

（2）关联数据的批量存储发布。将 RDF 文件存储在 RDF 数据库中，并采用 Pubby 等服务器作为关联数据服务的前端，适用于数据量大的情况。

（3）关联数据的在线 API 封装发布。在请求数据时根据原始数据在线生成 RDF 数据，适用于更新频率大的情况。

（4）关联数据的事后转换发布。这种关联数据的发布方式主要适用于对关系型数据库内数据的 RDF 转换及关联数据发布。即从关系数据库到 RDF 数据转换，适用于将关系数据库存储的数据内容发布成为关联数据，主要应用工具为 D2R 服务器（夏翠娟等，2012）。

4.1.1 关联数据的静态 RDF 文件发布方式

制作静态 RDF 文件并将其上传到 Web 服务器上，这是发布关联数据最简单的方式，当由用户手动创建的 RDF 文件数据量较小，且由某些只能输出文件的软

---

① W3C 万维网技术联盟区分了两种形态的资源：信息资源和非信息资源。在关联数据环境下这是一种很重要的区分。在传统的文件 Web 中能找到的所有资源，如网页、图片和其他多媒体文件，都属于信息资源。但许多共享的数据却不是信息资源，如人、有形产品、地理位置、蛋白质、科学概念等，这些属于非信息资源。存在这样一个经验法则：所有存在于 Web 之外的"真实世界的对象"都是非信息资源。

件生成或导出时，可以考虑用关联数据的静态 RDF 文件发布方式予以发布。对于馆藏书目数据而言，静态 RDF 文件的制作，主要需要根据 FRBR 与 RDA 所制定的编目规则，充分解析所要发布的书目数据，如书目数据中关键的实体是什么？这些实体有哪些属性？这些实体如何与其他实体关联？以此为基础，调用合适的相应公共词汇集，如 FOAF、RDF（S）、SKOS、OWL 等利用 RDF/XML 资源的语法结构描述框架对书目数据进行格式化封装，形成符合关联数据要求的可供发布的馆藏资源书目数据 RDF 文档。选用关联数据的静态 RDF 文件发布方式，需要考虑下列几个基本问题。

1）为服务器配置正确的 MIME[①]类型

当发布 RDF/XML 文件时，首先应该检查 Web 服务器是否已经配置好并返回正确的 MIME（multipurpose internet mail extensions，多功能网际邮件扩充协议）类型数据。每个 MIME 类型由两部分组成，前面是数据的大类别，如声音、图像等，后面定义具体的种类，常见的 MIME 类型如表 4-1 所示。

表 4-1 MIME 类型表

大类	子类
超文本标记语言文本	.html，.html text/html
普通文本	.txt text/plain
RTF 文本	.rtf application/rtf
GIF 图形	.gif image/gif
JPEG 图形	.jpeg，.jpg image/jpeg
au 声音文件	.au audio/basic
MIDI 音乐文件	mid，.midi audio/midi，audio/x-midi
RealAudio 音乐文件	.ra，.ram audio/x-pn-realaudio
MPEG 文件	.mpg，.mpeg video/mpeg
AVI 文件	.avi video/x-msvideo
GZIP 文件	.gz application/x-gzip
TAR 文件	.tar application/x-tar

倘若 Web 服务器并未配置好返回正确的 MIME 类型，那么关联数据浏览器可能无法识别以文本方式发布的数据，因为服务器只支持 RDF/XML 格式而不支持纯文本。要解决这个问题就应该在 Web 服务器配置的过程中将"AddType application/rdf+xml.rdf"语句添加进 httpd.conf 配置文件，或是添加到 Web 服务器中 RDF 文件

---

① 多功能网际邮件扩充协议最初的目的是在发送电子邮件时附加多媒体数据，方便于客户程序能根据其类型进行处理。然而当它被 HTTP 协议支持之后，它的意义就更为显著了。它使得 HTTP 传输的不仅是普通的文本，而且变得丰富多彩。

放置目录下的一个.htaccess 文件中。这意味着告知 Web 服务器，以.rdf 为扩展的发布文件，该部分使用对 RDF/XML、application/rdf+xml 来说是正确的 MIME 类型，这就要求必须以.rdf 扩展名来命名即将发布的 RDF/XML 文件。此时还可以添加下面这几行，以使 Web 服务器准备好 RDF 的相关语法（如 N3 或 Turtle）：

AddType text/rdf+n3;charset=utf-8.n3

AddType application/x-turtle.ttl

2）文件大小

关联数据的静态 RDF 文档发布应考虑的另一个重要问题就是 RDF 文档的大小，文档过大意味着关联数据浏览器的呈现将会占用更多的时间及占用不必要的传输带宽。因而，静态关联数据的发布，RDF 文件的大小不应大于十万字节。如果文件较大且描述的是多个资源，应当将其拆分成几个 RDF 文件，或采用第二种批量存储发布方式，以块的形式予以发布。当发布多个 RDF 文件时，应确保它们通过 RDF 三元组相互关联，这些三元组涉及不同文件中描述的资源。

3）非信息资源 URIs 的设定

静态 RDF 文件发布的方法不支持非信息资源 URIs 所需的 303 重定向。幸运的是，还有另一种命名非信息资源的标准兼容方法——hash URIs，该方法非常适用于静态 RDF 文件的发布。

例如，要在 http://example.com/people.rdf 发布一个静态 RDF 文件，应当为该文件的 URI 附加一个片段标识符，以此来命名文件里描述的非信息资源。该标识符在文件里必须是唯一的。这样，非信息资源最终的 URIs 如下所示：

http://example.com/people.rdf#alice

http://example.com/people.rdf#bob

http://example.com/people.rdf#charlie

通过该方法 HTTP 客户端通过剥离 hash 后的部分并利用由此产生的 URI 来参引 hash URIs。然后关联数据浏览器搜寻 RDF 文件在这种情况下的响应，找到三元组并告知它更多关于非信息资源的数据，以实现一种非常类似于 303 重定向的效果。

4.1.2 RDF 文件批量存储发布方式

对于大规模的数据文件，而且文件表现形式并非标准的 RDF 格式化模型，如 CSV、Microsoft Excel 或 BibTEX 等格式，则需要考虑首先利用 RDF 数据转化工具生成 RDF 格式数据，其次，通过配置关联数据接口的形式实现对数据的万维网发布。具体而言，批量存储的 RDF 数据发布方式实现步骤如下。

（1）数据的 RDF 化。即将非 RDF 三元组结构数据使用 RDFizing 等工具转化为 RDF 规范数据。

（2）RDF 数据存储。转换为 RDF 三元组的规范数据将作为关联数据发布的重要内容存储至 SPARQL 终端仓储库。

（3）前端关联数据接口配置。理想的 RDF 仓储库应配置一个关联数据接口，以使数据能够通过万维网访问。可选择一个提供 SPARQL 终端的仓储库，在该终端前放置 Pubby 前端服务器工具作为关联数据的接口。

若待发布的数据集能够完全纳入 Web 服务器的内存，也可以不用 RDF 仓储库，此时，可以用 Pubby 的 conf：loadRDF 选项直接将 RDF 文件的 RDF 数据加载到 Pubby 中。该方法相对简单，但并非真正的 RDF 仓储库，Pubby 将一切数据保存在内存，因而不必为数据提供 SPARQL 终端。

4.1.3 关联数据的在线 API 封装发布方式

在万维网上，大量 Web 应用程序的相关数据通过 Web APIs 获取。例如，当前利用 APIs 获取数据源的 Web 应用包括 eBay（易趣）、Amazon（亚马逊）、Yahoo（雅虎）、Google（谷歌）和 Google Base（谷歌基地）等。尽管各种不同的 APIs 提供了多样化的查询、检索接口及多种格式的返回结果（如 XML、JSON 或 ATOM），但 Web APIs 依然存在三大局限：

（1）通过 Web APIs 获取的数据内容不能被搜索引擎抓取；

（2）一般的数据浏览器无法访问 Web APIs；

（3）由于不同数据源的使用需提前混搭（Mashup）处理，因而对于 Web 上出现的最新数据源难以实现及时利用。

为了解决这些使用过程中的缺陷，可通过在 Web APIs 端增设关联数据封装器，利用关联数据封装器能够实现下列功能：

（1）非信息资源通过 API 实现 HTTP URIs 的分配，实现对非信息资源的网络定位；

（2）实现对非信息资源 URIs 的解析与客户端的映射，当 URIs 发出 application/rdf+xml 的参引命令时，封装器将客户端请求重写为一个针对潜在 API 的请求；

（3）将 API 请求的结果转换为 RDF 数据类型，并反馈给客户端。

目前在 Web 环境下，利用 Web APIs 关联数据封装器而实现 RDF 数据在线发布的实例有很多，其中 RDF Book Mashup 则利用该方法实现了对书籍、作者、评论和在线书店等信息以 RDF 格式在万维网上的成功发布。RDF Book Mashup 把 HTTP URI 分配给每一部具有 ISBN 的书，每当其中的 URI 被参引，该 Book

Mashup 就从 Amazon API 和 Google Base API 调出这部书及其作者、评论和销售记录的相关数据，然后 Web APIs 关联数据封装器将这些数据转换为 RDF 格式并返回给客户端，如图 4-1 所示。

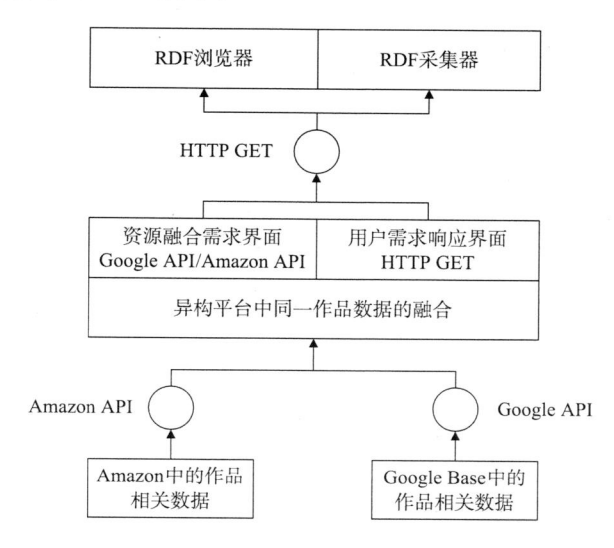

图 4-1　RDF Book Mashup 发布关联数据流程图

4.1.4　关系型数据库文件的关联数据发布方式

倘若要将关系型数据库中的数据作为关联数据发布，那么只需在现有关系数据库的基础上发布一个关于该数据库的关联数据视图即可。当前，发布关系数据库的关联数据视图的主要工具是 D2R 服务器，D2R 服务器依靠数据库图式和目标 RDF 术语间的声明映射，发布一个有关现有数据库的关联数据视图，并为该数据库提供一个 SPARQL 终端。将一个关系数据库发布为关联数据通常包括下列步骤：

（1）下载并安装 D2R 服务器软件；

（2）让 D2R 服务器自动生成一个来自数据库模式的 D2R 映射；

（3）充分利用已公开发布的 RDF 词汇代替自动生成的术语，以此自定义该映射；

（4）将新的数据源添加到关联数据类目里的 ESW 维基数据集列表和 SPARQL 终端列表，从用户的 FOAF 主页到新数据源核心资源的 URIs 设置几个 RDF 链接，以便爬虫器发现数据。

目前在线的 D2R 服务器有：柏林 DBLP 书目服务器、汉诺威 DBLP 书目服务器、柏林自由大学 Web 系统小组服务器等。除了 D2R，针对关系型数据库的发布工具还有以下几种：openLink virtuoso、virtuosoRDF 视图、Triplify。Triplify 是一个 Web 应用程序小插件，能使数据库内容以 RDF 的形式提供，以此揭示关系型数据库里的语义结构编码。基于 D2R 服务器与 Triplify 的关系型数据库的关联数据发布实现方法详见 4.3.2 小节与 4.3.3 小节。

4.2 馆藏资源元数据的关联数据发布步骤

4.2.1 词汇集的选择与创建

1. 权威公认词汇集的选择

RDF 数据模型由主体、谓词、客体三元组组成。在书目数据中，通常主体是指 FRBR 模型中的智力及艺术创作的产品，对智力及艺术创作内容的生产、传播或保管负有责任的责任人，以及一系列作为智力或艺术创作主题的附加实体，这些实体被识别并当成描述资源而赋予确定的 URI；客体既可以是一个简单的字符串、数字或日期，也可以是一定程度上与主体有关的另一种实体资源的 URI；谓词则表明了主体与客体之间存在的关系，也可以是一种 URI，只是这些 URIs 来自语义网中公认的词汇集。利用 RDF 来描述馆藏书目数据的首要问题即选择哪些词汇来表达与描述所要发布的书目数据，而这里所说的词汇通常是来源于公认词汇集的、已经被大众认可的公共资源，利用这些词汇集来表现某个域名信息的 URIs 集合，在这个集合中每个公认词语都有自己的 URI。当前，在以 W3C 开放关联数据社区（Semantic Web Education and Outreach，SWEO）为主的语义网关联数据研究项目中，已经形成的权威公认词汇集如表 4-2 所示，这些都为馆藏语义描述中的词汇集复用提供了很好的来源基础。

表 4-2 英国、德国国家图书馆和联机计算机图书馆中心的关联数据项目比较

比较类别	英国国家图书馆	德国国家图书馆	联机计算机图书馆中心
本体 词汇来源	Bibliographic Ontology Bio British Library Terms Dublin Core Event Ontology FOAF ISBD Org OWL SKOS RDF Schema WGS84 Geo Positioning RDA	Bibliographic Ontology ISBD Dublin Core RDF Schema OWL FOAF	Schema.org Library extension ocabulary

续表

比较类别	英国国家图书馆	德国国家图书馆	联机计算机图书馆中心
实现关联的数据集	VIAF LCSH Lexvo GeoNames MARC country MARC Language Codes Dewey.info RDF Book Mashup	VIAF DBPedia LCSH REMEAU Dewey.info	VIAF FAST Dewey.info
数据格式	RDF/XML	RDF/XML RDF/Turtle	Mircodata RDFa

目前世界各国馆藏资源关联数据发布所认定的数据格式标准有：英国国家图书馆认定以 RDF/XML 作为其唯一的数据格式；德国国家图书馆选择 RDF 作为元数据标准，但选择 XML 和 Turtle 两种标识语言进行数据序列化；联机计算机图书馆中心则在 RDFa 之外还选择了 Mircodata 作为数据格式。对这些重要格式的词汇集进行汇总，如表 4-2 所示。

除此以外，馆藏资源元数据的关联数据发布常用词汇集描述如下：

（1）DCMI（Dublin Core Metadata Initiative Metadata Terms）词汇集：该词汇集为都柏林核心元数据项目元数据术语词汇集，该词汇集定义了 15 个用于简化描述网络环境下数字资源的通用元数据属性，如标题、作者、主题、日期等，可用于数字资源的一般性描述。

（2）BIBO（Bibliographic Ontology，书目本体）词汇集：该词汇集提供了用于描述引文及参考文献信息的类与属性，适合于馆藏资源的 RDF 描述。

（3）OAI 词汇集：OAI 对象重用与交换（OAI Object Reuse and Exchange）词汇集为图书馆及出版领域数据源提供了描述集合资源的类、属性与术语词汇，如某一作品的不同版本及其结构关系。

（4）RDFs 词汇集：RDF 核心词汇集，通过在 RDF 基础上增加语义原语来提升对资源语义的描述能力，如类、属性、类和属性之间的隶属关系等，可用于相关资源及这些资源之间关系的描述。

（5）SKOS 词汇集：SKOS 用来表示信息（或知识）分类组织和结构松散化的知识，以 RDFs 设计方式来展现与分享受控的词汇，如叙词表、分类表及其他可以运用在语义网络架构的控制词汇集。

（6）FOAF 词汇集：该词汇集定义了用于描述人物、人物活动及人物关系的类、属性与术语词汇，可用于馆藏资源中人物实体的深度描述。

（7）GeoNames 词汇集：该词汇集包含了 650 万个地点将近 200 种语言的 850 万个地名和 200 万种别名，以及地理坐标、行政区划、邮政编码、人口、海拔和时区等术语，可用于馆藏资源中地理实体的深度描述。

（8）SIOC（Semantically-Interlinked Online Communities，语义关联在线社

区）词汇集：该词汇集用于描述 Web 在线社区中创建者、用户、帖子、论坛等网络信息，可用于馆藏中 Web 站点等虚拟信息资源的语义描述。

（9）MO（Music Ontology，音乐本体）词汇集：该词汇集定义了用于描述音乐资源相关属性的类、属性与术语词汇，如艺术家、唱片、音轨、编曲等，可用于馆藏中音乐资源的描述。

（10）CC（Creative Commons，创作共用框架）词汇集：该词汇集提供了用于描述版权许可相关信息的概念体系与术语词汇，其既可以用于馆藏资源本身的版权描述，也能够用于图书馆关联数据的版权元数据创建。

（11）DBpedia 词汇集：来自维基百科 WikiPedia 知识库中的最大规模词汇集，其涵盖领域涉及方方面面，用于描述词条创建者、用户、编辑者等创造的各类数字信息，可用于馆藏中 Web 站点等虚拟信息资源的语义描述。

（12）RDF Book Mashup 词汇集：Web2.0 环境中类似于 Amazon、Google 或 Yahoo 等能够集成的各种图书资源词汇集，可用于数字图书资源的语义描述。

2. 词汇集的创建

为了使图书馆发布的数据更有价值，能够让客户端应用程序更容易访问所发布的数据，在制作馆藏资源 RDF 文档的过程中应尽可能地从现有公认词汇集中重用现有词汇。当现有语义 Web 环境下关联开放数据词汇集已无法满足馆藏资源的语义描述需求时，就需要依词汇集的创建原则与资源描述的具体需求并利用 RDFS、OWL 等词汇语言，选择 Protégé、Neologism、OpenVocab 等本体定义工具创建新的术语词汇集。词汇集的创建应该遵循下列基本原则。

（1）尽量基于现有词汇集补充完善而非替代改造。关联数据的 URI 复用原则要求对现有词汇集的复用始终应当是馆藏资源语义描述词汇选择的核心，即使是在图书馆需要创建新的词汇集时，也应当以已有权威词汇集作为参照，从补充完善的角度出发来定义符合自身资源描述需求的概念体系与术语词汇，而不是完全抛开现有词汇集去创造一个全新的馆藏语义描述概念体系。

（2）在确实无法使用现有公认词汇集中词汇的条件下，选择 Protégé、Neologism、OpenVocab 等功能完备的本体定义工具创建新的术语，在新术语定义的过程中应该忠于应用的需求。

（3）创建完成后的新术语应该以 RDF/XML 文件的形式进行封装并依托网络发布。新术语的发布可采用 RDF 词汇描述语言定义新的词汇集。在定义新术语的过程中应该注意：首先，可考虑在用户原有命名空间范围内，用附加条款的形式补充现有的词汇，以此来表示所需的数据；其次，通过添加 rdfs: comment 和 rdfs: label 属性来实现对新术语的描述和标注，以达到兼顾计算机和人都可识读的目的；最后，确保术语的 URIs 可提取，这样才能保证客户端能查找到新的术语。

（4）新术语创建的目的是弥补原有公认词汇集中词汇的不足，因而其作用是要发布于万维网上并与其他数据集建立关联，进而能被重复利用。因而，新的词汇创建好后要如何与其他词汇集相链接成为一个重要问题，在实际操作过程中，我们可以借助公认词汇集中定义的相关属性，如 rdfs：subClassOf、rdfs：subPropertyOf、owl：equivalentClass、owl：equivalentProperty、owl：inverseOf 等属性进行映射，通过新术语与其他词汇集中词汇间的映射及关系的建立有助于提升数据万维网中数据的共享、复用与交换水平。

4.2.2 馆藏资源元数据的 RDF 文档生成与分割

当为馆藏资源元数据的语义化转换创建并选定词汇集之后，就需要通过人工或半自动方式将图书馆中的各类描述性元数据转化成为符合 RDF 数据模型的主谓宾语义三元组形式，并依据 URI 标识命名原则赋予元数据中各类实体与概念以唯一可解析的 HTTP URI 标识，从而形成适用于关联数据环境的馆藏 RDF 描述文档。在馆藏资源语义描述的过程中应该尽可能地复用已选择的权威关联数据词汇集或利用 RDFS、OWL、SKOS 等语义化词汇工具自行定义的图书馆自有词汇集。

图书馆书目数据的 RDF 化实现了书目实体、属性及其关联关系的图示化表达，使书目数据的语义描述建立在通用词汇集的基础上，能够有效实现书目数据集与其他数据集的关联及被复用。然而，要使书目 RDF 数据可被机器识别与利用的重要工作是要将 RDF 化后的书目数据示图分割为数据页以便上传至万维网。在对图书馆书目 RDF 数据进行数据页分割的过程中，应该注意下列问题。

（1）馆藏资源 RDF 数据示图作为待分割的 RDF 文档，关联数据的发布要求单个 RDF 文件一般不能大于十万字节，不至于影响资源加载过程中浏览器的响应速度及对带宽的不必要消耗。

（2）如果 RDF 文档描述的是多个资源，应当根据万维网超文本原则将其拆分为若干个 RDF 子文件块，并以块的形式予以发布。

（3）在 RDF 文档中的每一个独立单元都可作为一个分割的对象。

（4）在对 RDF 文档进行分割的过程中，是以整个 RDF 图表作为一个数据页，还是以每个实体描述项作为一个数据页，抑或以若干实体的描述项作为一个数据页，这取决于访问数据的时间、数据的更新难易程度、用户需求响应的难易程度等因素。

4.2.3 RDF 中实体和概念的 URI 设置与分配

根据已分割的 RDF 数据页的结果，将分割好的数据页以 RDF 文档的形式上传至 Web 站点，上传的过程如同 Web 的网页一样，区别在于传递的文件类型为 RDF 文档，而不是 HTML 文件，如 http://wiskii.com/brand/talisker/about.rdf。成功上传的 RDF 数据页称为 RDF 示图中的一个实体资源，需要对其指定万维网的唯一标识符 URI，该标识符应该具有稳定且独一无二的特性。同时对于分割后 RDF 示图中的馆藏实体对象、概念及属性也应遵照馆藏对象 URI 标识原则与命名策略指定唯一可解析的 HTTP URI 标识符。

4.2.4 RDF 数据页面的 HTML 页面创建

通常，HTML 浏览器将 RDF 表示形式作为 RDF 原代码，或者只是将其作为 RDF 文件下载下来而不显示它们。因此，数据资源除了要有 RDF 表示形式外，还应有一个合适的 HTML 表示形式，这有助于人们理解 URI 所指的是什么。

要做到这一点，需使用称为内容协商的 HTTP 机制。HTTP 客户端每一个请求都发送 HTTP 标题以显示它们请求返回的是何种表示形式，服务器检查那些标题并选择一种适当的响应。如果标题表明用户喜欢 HTML，那么服务器会生成一个 HTML 表示形式返回，如果用户喜欢 RDF，服务器则会生成 RDF 的表示形式。

4.2.5 非信息资源的 URI 分配

在关联数据发布的过程中馆藏资源书目 RDF 数据模型中的信息资源以 URI 标识符唯一标识，然而对于非信息资源 URI 的分配问题也极其重要，RDF 静态文件不支持非信息资源 URIs 所需的 303 重定向，但其支持依赖 hash URIs 而实现的一种类似于 303 重定向的效果。具体而言，非信息资源实体的 URI 分配问题可参见 4.1.1 关联数据的静态 RDF 文件发布方式中非信息资源 URI 的设定部分。

4.2.6 页面元数据的添加和内外链接的建立

为了帮助客户端正确地理解已分割的数据页，通常需要对数据页进行元数据描述，因而数据页的表现形式中应包含任何希望发布的馆藏资源书目数据的元数据。通过这些元数据的使用，可以充分描绘出非信息资源的相关属性及其特征值，并以 RDF 三元组的形式予以体现。为了让信息消费者在明确的规则标准下使用发布的新数据，每一个 RDF 文件都应包含一个内容许可使用证书，因而，用户可以添加相关的符合书目数据需求的元数据属性，如 dc：date、dc：publisher、dc：license、foaf：primaryTopie、foaf：topie 等描述数据页面。基于此，可将馆藏资源描述性元数据中原本就存在的数据关联（如 MARC 书目中的关联字段、关系型数据库中的主外键关联）转换成为 RDF 文档中实体或概念之间富含语义的 RDF 链接，从而形成关联数据集的内部链接。

然而，关联数据的最重要特征体现在对不同来源数据集的关联与共享，这种关联关系的构建建立在公认数据集内数据的重复利用也即消费的基础上。显然，对于传统 Web 的 HTML 网页而言，要形成这种链接关系可以通过网页之间的超文本链接方式实现，而对于关联数据的网络而言，关联关系的建立则取决于链接桥的使用。利用 RDF 链接能使一个数据集与另一个数据集通过一个桥接点建立某种关联。用户通过 RDF 链接可以由最初的数据源跳转到其他 RDF 链接的数据源，从而发现更多潜在的数据源。

从万维网的角度来看，能将某种资源链接到由其他数据源发布的外部数据的 RDF 链接是最有价值的，因为它们将不同的数据孤岛连接成为一个数据的网络。从技术上讲，这种 RDF 连接桥是一种外链，通过这个外链能够建立一个主体和客体分别来自不同数据源的 RDF 三元组。比较有影响的链接谓词有：owl：sameAs、foaf：homepage、foaf：topic、foaf：based_near、foaf：page、foaf：primaryTopie、rdfs：seeAlso 等。具体而言，关联数据网络中关联关系的发现与管理将在第 6 章详细讨论。

4.2.7 馆藏资源元数据 RDF 文档的公开发布

利用 HTTP 内容协商机制中的 303 重定向策略或 Hash URI 策略，将由馆藏描述性元数据转换而来并包含语义链接的 RDF 文档发布到 Web 网络之中，并利用 URI 解析或 SPARQL 查询机制提供适用于各类应用程序的数据访问、浏览与查询功能，从而完成面向 Web 用户的馆藏资源元数据关联数据集的发布。

4.3 馆藏资源元数据的常用关联数据发布工具实例

目前，能够实现关联数据关联服务的工具有很多，如 Silk Workbench、D2R、

OpenLink Virtuoso、Pubby 等，但是从功能、特点来看，Silk Workbench 具有难以比拟的优势。详细对比如表 4-3 所示。从表 4-3 中可以看出，Silk Workbench 支持较多的格式的数据转换，如源数据的格式可以是 SPARQL、CSV、XML、RDF/XML、N-Triple、N-Quads、Turtle、JSON，适用范围很广，并提供标准的转换和发布，支持各种类型的链接生成。D2R 具有较大的局限性，只适用于将关系型数据库转换成关联数据；OpenLink Virtuoso 要在 Windows 操作系统下运行，环境配置较为复杂；Pubby 作为关联数据的 SPARQL 查询接口，无法实现多个数据集同时查询（唐艳春，2014）。

表 4-3　关联数据发布工具的比较

比较项目	Silk Workbench	D2R	OpenLink Virtuoso	Pubby
软件类别	应用	应用	语义数据库	接口
支持语言	JAVA	JAVA	JAVA、PHP	JAVA
开源级别	开源	开源	开源	开源
SPARQL 访问	支持	支持	支持	支持
数据返回格式	RDF	RDF	RDF	RDF、XML
数据存储方式	RDF	映射成虚拟的 RDF	直接存储在数据库	映射成虚拟的 RDF
数据转换格式	CSV、RDF 等数据的 URI 转换	关系型数据库转换成关联数据	支持关系型数据库和 RDF 数据库的转换	三元组 RDF 数据的 URI 转换
数据检索格式	SPARQL 语义检索	SPARQL 语义检索	SQL、SPARQL 查询	SPARQL 语义检索

4.3.1　基于 Pubby 的关联数据发布

当用户的数据已经以 RDF 形式表达，并且在 SPARQL 存储的前端为 Java 服务器，那么关联数据的发布即可选择 Pubby 前端服务器工具。

Pubby 的应用能够在 SPARQL 终端与关联数据之间增加一个交互界面。

语义网内的数据往往都以内部三元组的形式存储，通常能够利用 SPARQL 用户终端发送 SPARQL 查询提问进行访问。这些语义网中的内部数据很难与其他的外部数据源进行链接。

关联数据技术提供了在语义网内发布数据的方法，使得在语义网中不同来源的数据能够很方便地实现关联、发现与消费。关联数据技术允许各种现存的 RDF 浏览器（如 Disco、Tabulator、OpenLink Browser）、RDF 网络爬行器（如 SWSE、Swoogle）与查询代理（如 SemWeb Client Library、SWIC）等去访问这些格式化的数据。

Pubby 通过一个 Java 网络应用能够轻易实现将 SPARQL 用户终端转化成为关联数据服务器。

第 4 章　馆藏资源元数据的关联数据发布　　·119·

1. Pubby 的特点

（1）提供了一个访问本地与远程 SPARQL 协议服务器中关联数据的用户界面；

（2）可将利用 SPARQL 查询到的数据集中的 URI 根据 Pubby 服务器命名空间的要求进行重写并加以存储；

（3）提供了一个简单的 HTML 界面来表现来自每一个资源集中的可获取数据；

（4）支持处理 303 重定向与内容协商；

（5）实现 Tomcat 与 Jetty servlet 容器的相互兼容；

（6）根据已提供的元数据实现对元数据的扩展。

2. Pubby 的工作原理

大多数 RDF 三元组存储库与其他的 SPARQL 用户终端只能通过符合协议的 SPARQL 客户应用程序进行访问，而不能被不断出现的各类型关联数据客户端访问。Pubby 的出现即为解决此类问题，Pubby 提供了一个访问关联数据的用户接口，通过该接口，用户可实现对于不同 RDF 数据源的访问。其具体实现过程如图 4-2 所示。

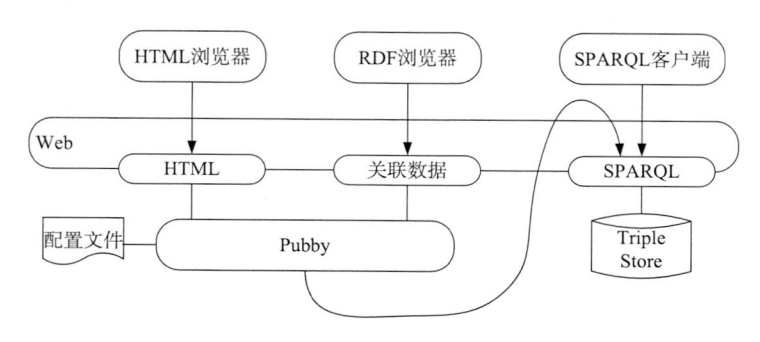

图 4-2　Pubby 工作流程

在 RDF 三元组结构中，每一个资源都将利用网络上的唯一标识 URI 来予以描述，然而，在大多数 SPARQL 数据集中的 URI 标识都是无法引用的，也就是说这些 URI 在一个语义网浏览器中无法访问，点击该 URI，浏览器只能反馈 404 未找到等错误信息，抑或是无法引用的 URI 模式信息。

但如果为 SPARQL 终端设置一个 Pubby 服务器，就相当于为 SPARQL 终端配置了一个映射机制，利用 Pubby 这个映射机构能够有效解决不同数据集中 URI 相互引用的转换问题。如果在服务器端运行的 URI 为：http://myserver.org:8080/pubby/，那么通过 Pubby 服务器的转化，在上述 Berlin 的 URI 将会被映射为：http://myserver.

org:8080/pubby/Berlin。

Pubby 通过连接 SPARQL 终端以获取 URI 的原始信息，进而可以处理 URI 间的映射需求问题，并将结果反馈给客户端。同时，Pubby 也能处理 HTTP 交互操作过程中的各种细节问题。例如，由于网络结构而需要的 303 地址重定向问题，对于相同资源的 HTML、RDF/XML 或 Turtle 描述的内容协商问题，等等。

3. Pubby 的配置

Pubby 的配置文件遵循 Turtle 语法规则，它通常利用一些格式化的前缀声明语句作为开端，接着是服务器配置部分及一个或多个数据集配置部分的声明。Pubby 配置的语法结构如下所示：

    <> a conf:Configuration;
        conf:*option1 value1*;
        conf:*option2 value2*;
        (...)
        conf:dataset [
            conf:*option1 value1*;
            conf:*option2 value2*;
        ]; .

需要注意的是，上述 Pubby 配置语法结构中，标点符号是十分重要的，如 URI 始终被尖括号括起，而文本字符都用引号括起来。另外，除非另有说明，所有的指令都是可选的。

1）服务器配置部分语法说明

下列展示的是 Pubby 服务器配置的支撑指令。

conf:projectName "*Project Name*";

项目名称，显示在页面标题中。

conf:projectHomepage <*project_homepage_url.html*>;

项目主页或相似的 URL，在页面标题中链接。

conf:webBase <*server_base_uri*>;

必选项，Pubby 网络应用的根 URL 已经安装，如：http://myserver/mydataset/。

conf:labelProperty *ex:property1*, *ex:property2*, ...;

如果在数据集中表现，RDF 属性的值将被用作资源的标签及资源页面的主题，默认取值是：rdfs：label、dc：title、foaf：name。

conf:commentProperty *ex:property1*, *ex:property2*, ...;

如果在数据集中表现，RDF 属性的值将被用作物件的简短文本描述，默认为

rdfs：comment、dc：description。
　　conf:commentProperty *ex:property1, ex:property2, ...*;
　　如果在数据集中表现，RDF 属性的值将被用作物件描述的图示 URL，默认为：foaf：depiction。
　　conf:usePrefixesFrom *<file.rdf>*;
　　链接到一个 RDF 文档，其前缀声明将被作为输出使用，默认为空的 URL，来自配置文件的前缀的含义将被使用。
　　conf:defaultLanguage "*en*";
　　如果标签与陈述的描述形态是多语种的（也即在 RDF 文本中用到多语种标签），那么所使用的这种语言为优先选择语言，默认值为英语"en"。
　　conf:indexResource *<dataset_uri>*;
　　关于资源的 URI 的描述将作为 Pubby 安装的主页予以显示。需要提醒的是，用户需要为每一个数据集指定一个 URI，而不是去映射一个网络上的其他的 URI。
　　conf:dataset [...];
　　必选项，这里只是介绍了一个数据集的配置部分，但是通常来说往往存在一个或多个数据集的配置需要配置。
　　2）数据集配置部分语法说明
　　下列展示的是 Pubby 服务器配置的支撑指令。
　　conf:sparqlEndpoint *<sparql_endpoint_url>*;
　　必选项，用户希望显示其数据的 SPARQL 终端的 URL。
　　conf:sparqlDefaultGraph *<sparql_default_graph_name>*;
　　如果所感兴趣的数据不能通过 SPARQL 数据集的默认图形定位，而是在一个命名图形中，那么其名称必须在此处特别指出。
　　conf:datasetBase *<dataset_uri_prefix>*;
　　必选项，表达在 SPARQL 数据集中资源标识的 URI 前缀，只有具有这种前缀的资源才能够被 Pubby 服务器识别并进行映射操作。
　　conf:datasetURIPattern "*regular expression*";
　　数据集 URI 的匹配基于 Java 的常规表达将被 Pubby 进行映射及获取，这个常规表达在成为 URI 数据集的一部分之后必须去匹配所有的事物。配置指令如下例所示：
　　conf:datasetBase http://example.org/;
　　conf:datasetURIPattern "(users|documents)/.*";
　　在这个例子中，配置将发布数据集 URI：http://example.org/users/alice，而不是发布 http://example.org/invoices/5395842，因为 URI 当中的一部分 invoices/5395842 并没有与常规表达进行匹配。

conf:addSameAsStatements *"true"/"false"*;

如果设置为"true"，那么一个 owl:sameAs 的关联属性描述<web_uri> owl:sameAs <dataset_uri>在关联数据的输出中将被显示。

conf:loadRDF <*data1.rdf*>, <*data1.rdf*>, ...;

从网络或是文件系统中加载一个或多个 RDF 文档，并且把它当成数据源看待，那么上述的 SPARQL 终端配置将被忽略。同时 Pubby 也被作为 RDF 服务器去发布静态的 RDF 文件。

conf:rdfDocumentMetadata [*statement1; statement2; ...;*];

在 conf:rdfDocumentMetadata 块中的所有陈述将被作为文档元数据添加至数据集已发布的 RDF 文档中。此特征可用于当用户需要向拟发布文档添加允许认证信息的情况，如下例：

conf:rdfDocumentMetadata[
    dc:publisher <http://richard.cyganiak.de/foaf.rdf#cygri>;
];

conf:metadataTemplate "metadata.ttl";

这是指在元数据扩展中所使用的元数据模板，这个文件在./WEB-INF/templates/.目录中予以体现。

conf:webResourcePrefix "*uri_prefix*/";

这个字符串将被设定为需要映射的网络 URI 的前缀，这对于用户已经使用服务器自身 URI 而防止潜在命名冲突而言是非常有用的。例如，一个数据集包含了一个 URI 为 http://mydataset/page，这个数据集的前缀是：http://mydataset/，Pubby 在对该数据集与其自身应用的数据集 URI:http://myserver/ mydataset/page 映射的过程中会存在冲突的可能性。为了避免此类冲突，在这种情况下，用户可以专门添加一个如"resource/"的前缀，以此形成映射之后的 URI:http://myserver/mydataset/resource/page。

conf:fixUnescapedCharacters "*abc*";

可选项，只有在运行 Pubby 过程中，URI 出现了非常规字符的时候才需要该语句的配置。

conf:redirectRDFRequestsToEndpoint *"true"/"false"*;

区别于 RDF 文档服务，Pubby 将为 SPARQL 服务器端的 RDF 描述请求结果提供请求的重定向服务，这项服务弱化了 Pubby 为资源提供 HTML 描述的能力。由 RDF 输出的所有功能特征，将不会受到任何影响。例如，URI 重写与 owl:same 声明的添加将不能够执行。这对于提升 SPARQL 数据集的性能极其有利，而 SPARQL 数据集是已被 Pubby 发布的数据集。

3）Pubby 服务器配置文件的实例

```
# Pubby Example Configuration
#
# This configuration connects to the DBpedia SPARQL endpoint and
# re-publishes on your local machine, with dereferenceable
# localhost URIs.
#
# This assumes you already have a servlet container running
# on your machine at http://localhost:8080/ .
#
# Install Pubby as the root webapp of your servlet container,
# and make sure the config-file parameter in Pubby's web.xml
# points to this configuration file.
#
# Then browse to http://localhost:8080/ .

# Prefix declarations to be used in RDF output
@prefix conf: <http://richard.cyganiak.de/2007/pubby/config.rdf#> .
@prefix meta: <http://example.org/metadata#> .
@prefix rdf: <http://www.w3.org/1999/02/22-rdf-syntax-ns#> .
@prefix rdfs: <http://www.w3.org/2000/01/rdf-schema#> .
@prefix xsd: <http://www.w3.org/2001/XMLSchema#> .
@prefix owl: <http://www.w3.org/2002/07/owl#> .
@prefix dc: <http://purl.org/dc/elements/1.1/> .
@prefix dcterms: <http://purl.org/dc/terms/> .
@prefix foaf: <http://xmlns.com/foaf/0.1/> .
@prefix skos: <http://www.w3.org/2004/02/skos/core#> .
@prefix geo: <http://www.w3.org/2003/01/geo/wgs84_pos#> .
@prefix dbpedia: <http://localhost:8080/resource/> .
@prefix p: <http://localhost:8080/property/> .
@prefix yago: <http://localhost:8080/class/yago/> .
@prefix units: <http://dbpedia.org/units/> .
@prefix geonames: <http://www.geonames.org/ontology#> .
@prefix prv: <http://purl.org/net/provenance/ns#> .
```

@prefix prvTypes: <http://purl.org/net/provenance/types#> .
@prefix doap: <http://usefulinc.com/ns/doap#> .
@prefix void: <http://rdfs.org/ns/void#> .
@prefix ir: <http://www.ontologydesignpatterns.org/cp/owl/informationrealization.owl#> .

Server configuration section
<> a conf:Configuration;
    # Project name for display in page titles
    conf:projectName "DBpedia.org";
    # Homepage with description of the project for the link in the page header
    conf:projectHomepage <http://dbpedia.org>;
    # The Pubby root, where the webapp is running inside the servlet container.
    conf:webBase <http://localhost:8080/>;
    # URL of an RDF file whose prefix mapping is to be used by the
    # server; defaults to <>, which is *this* file.
    conf:usePrefixesFrom <>;
    # If labels and descriptions are available in multiple languages,
    # prefer this one.
    conf:defaultLanguage "en";
    # When the homepage of the server is accessed, this resource will
    # be shown.
    conf:indexResource <http://dbpedia.org/resource/Wikipedia>;

Dataset configuration section #1 (for DBpedia resources)
#
URIs in the SPARQL endpoint: http://dbpedia.org/resource/*
URIs on the Web: http://localhost:8080/resource/*
    conf:dataset [
        # SPARQL endpoint URL of the dataset
        conf:sparqlEndpoint <http://dbpedia.openlinksw.com:8890/sparql>;
        # Default graph name to query (not necessary for most endpoints)
        conf:sparqlDefaultGraph <http://dbpedia.org>;
        # Common URI prefix of all resource URIs in the SPARQL dataset
        conf:datasetBase <http://dbpedia.org/resource/>;

```
# Will be appended to the conf:webBase to form the public
# resource URIs; if not present, defaults to ""
conf:webResourcePrefix "resource/";
# Fixes an issue with the server running behind an Apache proxy;
# can be ignored otherwise
conf:fixUnescapedCharacters "(),'!$&*+;=@";

# include metadata
conf:metadataTemplate "metadata.ttl";

# configure your metadata here
# Use properties with the meta: prefix where the property name
# corresponds to the placeholder URIs in metadata.ttl that begin
# with about:metadata:metadata:
# Examples for such properties are:
#      meta:pubbyUser <URI of the data publisher who uses this Pubby>;
#      meta:pubbyOperator <URI of the service provider who operates this Pubby>;
#      meta:endpointUser <URI of the data publisher who uses the SPARQL endpoint queried by this Pubby>;
#      meta:endpointOperator <URI of the service provider who operates the SPARQL endpoint>;
# meta:endpointDataset <URI of the linked dataset that is exposed via the SPARQL endpoint>;
    ];

# Dataset configuration section #2 (for DBpedia classes and properties)
#
# URIs in the SPARQL endpoint: http://dbpedia.org/class/*
#                              http://dbpedia.org/property/*
# URIs on the Web:             http://localhost:8080/class/*
#                              http://localhost:8080/property/*
    conf:dataset [
        conf:sparqlEndpoint <http://dbpedia.openlinksw.com:8890/sparql>;
        conf:sparqlDefaultGraph <http://dbpedia.org>;
```

```
conf:datasetBase <http://dbpedia.org/>;
# Dataset URIs are mapped only if the part after the
# conf:webBase matches this regular expression
conf:datasetURIPattern "(class|property)/.*";
conf:fixUnescapedCharacters "(),'!$&*+;=@";
];
.
```

4.3.2 基于 D2R 的关联数据发布

当用户的数据存储在关系型数据库中，提供了从数据库到 RDF 映射的映射语言，同时提供了 SPARQL 终端及 Java 服务器时，可选用 D2R 实现关联数据的发布。

D2R 是一个在语义网环境中将关系型数据库中的内容发布成为关联数据从而实现全球信息空间的重要工具。D2R 主要包括 D2R 服务器、D2RQ 引擎及 D2RQ 映射文件，D2R 的主体架构如图 4-3 所示。

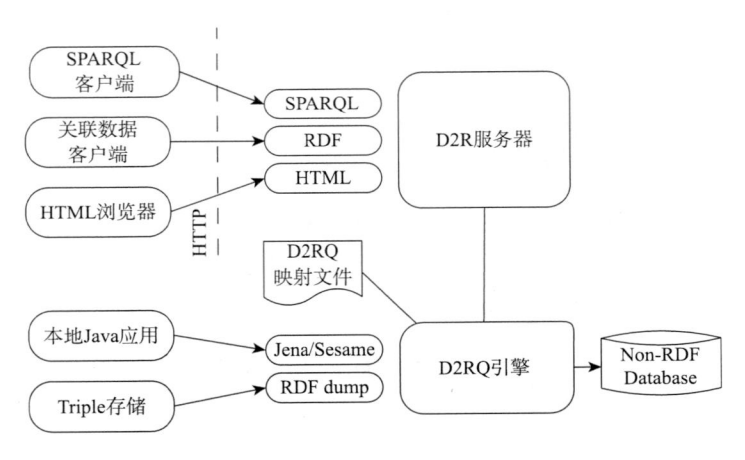

图 4-3 D2R 的主体架构

D2R 服务器是一个 HTTP 服务器，它的主要功能是提供对 RDF 数据的查询与访问的接口，以供上层的 RDF 浏览器、SPARQL 查询客户端及传统的 HTML 浏览器调用。

D2RQ 引擎的主要功能是使用一个可定制的 D2RQ 映射文件将关系型数据库中的数据转换成 RDF 格式。D2RQ 引擎并没有将关系型数据库发布成真实的 RDF 数据，而是使用 D2RQ 映射文件将其映射成虚拟的 RDF 格式。该文件的作用是在访问关系型数据时将 RDF 数据的查询语言 SPARQL 转换为关系型 DB 数据的查询语言 SQL，并将 SQL 查询结果转换为 RDF 三元组或者 SPARQL 查询结果。D2RQ 引擎建立在 Jena（Jena 是一个创建语义网应用的 Java 平台，它提供了基于 RDF、SPARQL 等的编程环境）的接口之上。

D2RQ 映射文件的主要功能是制定了将关系型数据转换成 RDF 格式数据的映射规则。

1. D2R 的功能分析

1）数据库内容的浏览

D2R 为用户提供了一个简单的万维网接口，通过这个接口，用户对数据库中的内容能够以可读的 RDF 数据格式进行预览。

2）解析 URI

根据关联数据的基本原则，D2R 服务器将为在数据库中已经描述的每一个实体分配一个 URI，并对这些 URI 进行解析，也即，在万维网上，通过访问实体的 URI，一个 RDF 描述将能够被轻易检索到。因而，语义网浏览器可通过 RDF 的关系实现从一个实体到其他实体的链接。

3）内容协商

通常，普通的 Web 界面和可浏览的 RDF 图共享同一个 URI，但 D2R 服务器能够提供更多的关于接口的信息，包括从技术的角度说明 HTTP 请求和响应示例等。

4）SPARQL 终端与资源管理器

用户能够通过 SPARQL 接口界面遵循 SPARQL 协议使用 SPARQL 语言访问与查询数据库内的数据，其中包含一个简单的 SPARQL 资源管理程序。

5）BLOB/CLOB 内容的下载

D2R 服务器可以为数据库配置以二进制对象或字符对象形式存储的文件。

6）词汇服务

在 D2R 服务器配置过程中，如果有新的类和属性需要介绍，那么 D2R 服务器可以使得其 URI 解析成为符合关联数据使用规则的形式，同时允许为其配置标签、评论和其他属性。

7）发布元数据

对于具有发布许可证与数据集来源信息的元数据可以与 D2R 服务器所发布的每一个 RDF 文档和网页建立关联。

2. D2R 服务器的运行机制

1）从命令行开始运行 D2R 服务器

D2R 服务器可以作为一个独立的服务器应用程序运行，包括其自身的万维网服务器。D2R 服务器的执行命令行为：
  d2r-server [-p *port*] [-b *serverBaseURI*]
    [--fast] [--verbose] [--debug]
    mapping-file.ttl

其中：

mapping-file.ttl 表示 D2RQ 映射文件使用的名称；如果没有映射文件提供，那么数据库的连接则必须在命令行中指明相同的连接参数，以此作为产生映射的工具。

p port：D2R 服务器将在此端口上启动，其默认端口号为 2020。

b *server*BaseURI：表示 D2R 服务器运行的基本 URI，默认 URI 为：http://localhost:2020/。如果 D2R 服务器从其他计算机或除 2020 以外的其他端口运行时，则必须特别指出。

fast：边界可选配置，其目的是优化并实现更高性能，但有可能不能通过测试。一般而言，除非出现问题，一般不建议使用此选项。

Verbose：输出更多的日志记录信息。

debug：输出更多的日志记录信息。

2）在 Servlet 容器中运行 D2R 服务器程序

D2R 服务器可以在一个现存的 Servlet 容器中作为 J2EE 的 Web 应用程序执行，在程序执行过程中需要注意下列问题。

  （1）确保用户的映射文件包含一个配置块，这个配置块已在服务器配置部分予以描述。设置基本的 URI，如：http://servername/webappname/。

  （2）修改配置文件的参数：/webapp/WEB-INF/web.xml，将其改为用户配置文件中的名称。为了开放方便，建议用户将映射文件放置在/webapp/WEB-INF/目录中。

  （3）在 D2R 服务器的主目录下，运行 ant war，可创建 d2rq.war 文件。

  （4）如果用户希望为自己的 Web 应用创建一个不同的名称，那么就将文件重命名为 *webappname*.war。

  （5）将.war 文件配置到用户的 Servlet 容器中。例如，将它拷贝到 Tomcat's webapps 目录中。

3. D2R 服务器的配置

D2R 服务器的配置可以通过为映射文件增加一个配置块来实现，这由一个带有配置属性的 d2r：Server 示例构成，如下例所示：

  @prefix d2r: http://sites.wiwiss.fu-berlin.de/suhl/bizer/d2r-server/config.rdf#.

@prefix meta: http://www4.wiwiss.fu-berlin.de/bizer/d2r-server/metadata#.

<> a d2r:Server;
　　rdfs:label "My D2R Server";
　　d2r:baseURI <http://localhost:2020/>;
　　d2r:port 2020;
　　d2r:vocabularyIncludeInstances true;

　　d2r:sparqlTimeout 300;
　　d2r:pageTimeout 5;

　　meta:datasetTitle "My dataset" ;
　　meta:datasetDescription "My dataset contains many nice resources." ;
　　meta:datasetSource "This other dataset";

　　meta:operatorName "John Doe";
　　meta:operatorHomepage;
.

1）服务器层级的配置选项

表 4-4 中 D2R 服务器可以为 d2r：Server 的不同实例进行属性的配置。

表 4-4 D2R 服务器配置属性

命令名	命令释义
rdfs：label	服务器的名称在 HTML 界面的全局范围内都将显示
d2r：baseURI	服务器的基本 URI，与-b 命令行参数一致
d2r：port	服务器的端口，与-p 命令行参数一致
d2r：vocabularyIncludeInstances	控制对于 RDF 和 HTML 描述的词汇类是否包含列表实例，控制属性的陈述是否用属性的三元组列表予以显示（默认值为 true）
d2r：autoReloadMapping	指定是否将该映射文件更改为会自动检测到（默认值为 true）。此功能是为了方便开发，但带来性能方面的影响，因此，在生产系统中应将该值设置为 false
d2r：limitPerClassMap	指定实体数量的最大值，每个类别映射将显示在 Web 界面"目录"页，以此控制页面大小，但同时也阻碍了通过 Web 界面发现用户完整数据的可能。此设置不影响 RDF 输出或 SPARQL 查询，其默认值为 50，利用 false 禁用限制
d2r：limitPerPropertyBridge	为每一个属性桥指定一个数量的最大值，这些属性桥将显示在 Web 界面。此操作将控制页面大小，但阻止了通过 Web 界面发现用户完整数据的可能。此设置不影响 RDF 表达或 SPARQL 查询。默认值为 50，利用 false 禁用限制

续表

命令名	命令释义
d2r：sparqlTimeout	为服务器的 SPARQL 终端设置一个秒级的超时控制，当该值为 0 值或负值时将禁用超时
d2r：pageTimeout	为产生资源描述页设置一个秒级的超时控制，当该值为 0 值或负值时将禁用超时
d2r：metadataTemplate	覆盖默认资源元数据模板，是指一个以 TTL 编码的 RDF 文件。文本值表示服务器配置文件中的绝对或相对位置的路径名
d2r：datasetMetadataTemplate	覆盖默认的数据集元数据模板，是指一个 TTL 编码的 RDF 文件。文本值设置了服务器配置文件的绝对或相对位置的路径名
d2r：disableMetadata	表示数据集和资源元数据自动创建和出版的能力，取值为"真"或"假"。如果取值为"true"，则表示不具备自动创建与发布的能力
d2r：documentMetadata	该值为一个空白节点。任何包含这个空白节点的声明将被复制到由 D2R 服务器生成的任意 RDF 文档中，使该空白节点替换该文档的 URL

其他的相关配置选项可以在映射文件的任何地方进行设置，另外，数据库级的配置及 D2RQ 查询引擎的配置分别在 D2RQ：Database 实例及 D2RQ：Configuration 实例中予以特别说明。

2）数据集与资源元数据

通常，尽可能地为服务的资源提供更多的相关信息往往是用户所希望的，这些相关的信息主要包括认证、来源及一般的数据集描述信息。D2R 服务器为元数据提供了全面的支撑。元数据能够在两个层面上予以提供：每一个服务的资源均能够为其分配元数据，同时由已安装 D2R 服务器提供的实体数据集也分配有相应的元数据。元数据模板是一个 RDF 文档，它包含各种占位符，如包括用户声明信息、配置信息、运行时间信息等。当数据集元数据通过数据集的配置语句 d2r：baseURI 创建提供了一个独立的 URL，那么增加了资源元数据的 RDF 与 HTML 信息可以响应每一个用户的资源请求。多数数据集元数据都通过映射文件自动创建，将用户说明的数据集元数据与 RDF 和 HTML 数据进行有效的结合从而实现对数据集元数据的高效表达。

（1）用户自定义的默认模板。

为了简化数据集与资源元数据的服务过程，D2R 服务器设置了两个默认模板，通过服务器配置可以很容易实现对这两个默认模板的个性化定制。默认模板通过对不同来源的词汇集进行融合，以一种机器可读的形式描述了数据的创建过程。例如，VoID 词汇集为内部关联数据集，DC 词汇集则为常规的作者关系词汇集。默认的模板也可通过 D2R 分布式资源中的 Webapp/WEB-INF 目录实现其自身的定位。默认模板在服务器配置块中可实现个性化定制，例如：

@prefix d2r: <http://sites.wiwiss.fu-berlin.de/suhl/bizer/d2r-server/config.rdf#> .
@prefix meta: <http://www4.wiwiss.fu-berlin.de/bizer/d2r-server/metadata#> .

<> a d2r:Server;
#[...]

meta:datasetTitle "My dataset" ;
meta:datasetDescription "My dataset contains many nice resources." ;
meta:datasetSource "This other dataset" ;

meta:operatorName "John Doe" ;
meta:operatorHomepage;
.

表 4-5 表示由用户指定的参数值能够被默认的元数据模板设置。

表 4-5　元数据模板参数

元数据参数名称	元数据参数释义
meta：datasetTitle	文本值为 D2R 服务器所服务数据集的标题
meta：datasetDescription	文本值为 D2R 服务器所服务数据集的描述
meta：datasetSource	文本值为安装 D2R 服务器所服务的数据集的来源
meta：operatorName	文本值来描述这个服务器的操作者或组织
meta：operatorHomepage	一个资源的 URL 描述了这个服务器的操作者或组织

（2）用户自定义元数据模板。

尽管在 D2R 服务器设置的过程中推荐用户尽可能使用默认的元数据模板，但是，许多用户依然希望为数据集或每类资源设置自己的元数据模板。考虑到上述需求，D2R 服务器为数据集及每种资源元数据模板设置了拓展支持功能，在服务器的配置过程中，可分别利用 d2r：metadataTemplate 与 d2r：datasetMetadataTemplate 配置命令实现该功能，但系统依然推荐利用默认的模板作为 D2R 服务器配置的起始点。需要注意的是，在对数据集进行描述的实例中，大部分信息都是通过服务器配置与 D2RQ 的映射过程自动实现的。默认模板功能的提升配置可参见下例：

@prefix d2r: <http://sites.wiwiss.fu-berlin.de/suhl/bizer/d2r-server/config.rdf#> .

<> a d2r:Server;
#[...]
d2r:metadataTemplate "/some/absolute/path/to/resource-metadata.ttl" ;
d2r:datasetMetadataTemplate "../some/relative/path/to/dataset-metadata.ttl" ;
.

在这些模板的内部，占位符可用来表示 D2R 服务器配置的值或者运行时间信息。模版占位符根据数据获取的来源可分为四组类别：操作时间占位符、配置占位符、数据库占位符与元数据占位符，所有占位符的 URI 均以 about：metadata：groupname：identifier. 模式表示。下列占位符分组是当前可获取的。

操作时间占位符分组，这组占位符被 D2R 服务器的操作时间数据取代，D2R 服务器支持表 4-6 中的操作时间占位符。

表 4-6　操作时间占位符

元数据参数名称	元数据参数释义
about：metadata：runtime:time	xsd：dateTime 文本取代，表示当前的日期与时间
about：metadata：runtime:resource	被请求资源的 URI 取代
about：metadata：runtime:page	被以 HTML 形式表达的请求资源 URL 取代
about：metadata：runtime：graph	被 D2R 服务器服务的当前 RDF 所对应的 URI 取代
about：metadata：runtime：dataset	被 D2R 服务器服务数据集描述的 URL 取代

配置占位符组，这组占位符对应于 D2R 服务器配置中的 d2r：Server 实例配置选项。例如，占位符：about：metadata：config：baseURI 被 d2r：Server 实例中定义的 d2r：baseURI 属性的值取代。

数据库占位符组，这组占位符对应于 D2R 服务器配置中的 d2r：Database 实例配置选项。例如，占位符：about：metadata：database：jdbcDSN 被 d2r：Database 实例中定义的 d2rq：jdbcDSN 属性的值取代。

元数据占位符组，这组占位符允许包含相关的其他元数据属性，其替代属性由来自 http://www4.wiwiss.fu-berlin.de/bizer/d2r-server/metadata#命名空间的 d2r：Server 实例属性予以定义，该命名空间利用以 meta：为前缀的缩写形式表达，如下例所示。每一个占位符 about：metadata：metadata：identifier 都被利用到一个对应的 meta：identifier 谓词的特定属性值取代。

在下例中，提供了 meta：operatorHomepage 属性，它的值将被元数据模板中提及的 about：metadata：metadata：operatorHomepage 取代：

@prefix meta: <http://www4.wiwiss.fu-berlin.de/bizer/d2r-server/metadata#> .

<> a d2r:Server;
d2r:metadataTemplate "metadata.ttl";
meta:operatorHomepage <http://example.org/URI_of_publisher> ;

（3）示例模板。
@prefix foaf: <http://xmlns.com/foaf/0.1/> .

@prefix xhv: <http://www.w3.org/1999/xhtml/vocab#> .

<about:metadata:runtime:graph> foaf:primaryTopic <about:metadata:runtime:resource> .

<about:metadata:runtime:graph> xhv:license <about:metadata:metadata:license> .

此模板增加了两个 RDF 三元组示图，示图由相应的 D2R 服务器实例来提供。第一个 RDF 三元组示图的主题是被请求的资源。第二个三元组示图标识了在映射文件中指定的 RDF 图与请求元数据属性的许可信息：

http://www4.wiwiss.fu-berlin.de/bizer/d2r-server/metadata#license

4.3.3 基于 Triplify 的关联数据发布

Triplify 是一个 Web 应用程序小插件，利用它能使数据库内容以 RDF、JSON 或关联数据等形式表现，具有较强的可用性，以此揭示关系数据库里的语义结构编码。Triplify 是基于关系型数据库定义视图的一个特定的 Web 应用程序（也即一个关系型数据库的具体应用），其目的是方便在数据库内检索有价值的信息并将这些检索的结果转换为 RDF、JSON 和关联数据的形式。经验表明，一个相对较小规模（一般为 5~20 个）的简单查询请求，对于大多数的 Web 应用而言，是足以从数据库中提取包含的重要公共信息的。以此为基础，Triplify 工具则被用于将其检索结果转换为一个 RDF、JSON 或关联数据的表达，这些格式的数据能够在 Web 环境下开放式访问并能有效共享，这种新一代的语义表现方式能够根据用户的需求执行并进一步发展。图 4-4 展示了 Triplify 在当前万维网技术领域应用的宏观结构。

1. Triplify 配置

Triplify 概念的核心是制定一个清晰的定义，该定义说明如何为一个确定的数据库模式进行恰当的应用配置。这个配置包含了将关系型数据库内资源转化成为三元组结构的所有相关信息，同时，为了产生遵循 HTTP 协议，并以 URI 查询请求求及反馈的 RDF 三元组数据集，Triplify 的配置定义做了如下约束。

定义（Triplify 配置）一个 Triplify 配置是一个三元组结构（$s; \varphi; \mu$），其中：

s 是一个默认的模式命名空间；

φ 是名称空间前缀与命名空间 URI 之间的一个映射；

μ 是 URL 模式与 SQL 查询之间的一个映射。

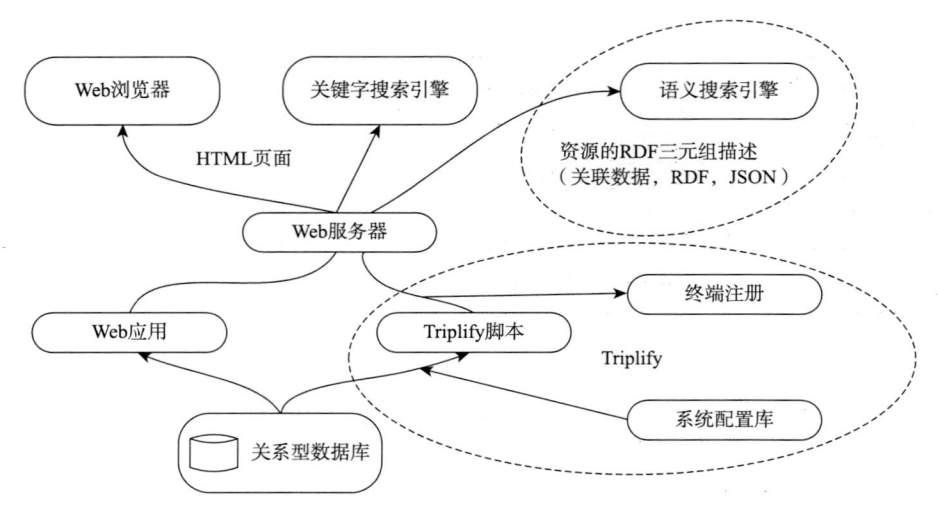

图 4-4　Triplify 运行结构

Triplify 脚本附带信息库配置和终端注册表

默认模式的命名空间被用来为数据库视图中的列创建 URI 标识符，这些列并没有在现存的词汇集中进行映射。因为相似的 Triplify 配置能够被 Web 应用的所有安装程序使用，这些 Web 应用具有相同的数据库存储层次，能够将来自不同数据库的数据在未经过现存词汇集映射的前提下进行有效集成。在 Triplify 配置中的命名空间前缀与 URI 之间的映射 φ 为频繁使用命名空间的快捷访问提供了明确的定义。映射 μ 实现了 RDF 资源与这些资源的 SQL 视图数据集之间的映射，映射 μ 领域中的模式将由通过 HTTP 接收的 URI 查询请求反馈实施评价。Triplify 的提取算法可置换掉在 SQL 查询过程中的占位符，这些占位符是映射模式 μ 中，URL 模式内用括号括起的子模式。为简单起见，在实现过程中，并没有要求所有模式与占位符的使用，对于大多数的主要应用场合仍然是足够用的。对于映射 μ 应用的一个简单的实例 WordPress 博客系统，从 URL 映射到 SQL 查询模式将做如下 PHP 代码描述。

```
$triplify['queries']=array(
  'post'=>array(
    "SELECT id, post_author AS 'sioc:has_creator->user', post_date AS 'dcterms:created', post_title AS 'dc:title', post_content AS 'sioc:content', post_modified AS 'dcterms:modified' FROM posts WHERE post_status='publish'",
    "SELECT post_id AS id, tag_id AS 'tag:taggedWithTag->tag' FROM post2tag",
    "SELECT post_id AS id, category_id AS 'belongsToCategory->category' FROM post2cat",
```

),
    'tag'=>"SELECT tag_ID AS id, tag AS 'tag:tagName' FROM tags",
    'category'=>"SELECT cat_ID AS id, cat_name AS 'skos:prefLabel', category_parent AS 'skos:narrower=>category' FROM categories",
    'user'=>array(
    "SELECT id, user_login AS 'foaf:accountName', user_url AS 'foaf:homepage',
    SHA(CONCAT('mailto:',user_email)) AS 'foaf: mbox_shaisum', display_name AS 'foaf:name'
    FROM users",
    "SELECT user_id AS id, meta_value AS 'foaf:firstName' FROM usermeta WHERE meta_key='first_name'",
    "SELECT user_id AS id, meta_value AS 'foaf:family_name' FROM usermeta WHERE meta_key='last_name'",)
    'comment'=>"SELECT comment_ID AS id, comment_post_id AS 'sioc:reply_of->user',comment_author AS 'foaf:name',
    comment_author_url AS 'foaf:homepage', SHA(CONCAT('mailto:', comment_author_email)) AS 'foaf:mbox_shalsum',
    comment_type, comment_date AS 'dcterms:created', comment_content AS 'sioc:content', comment_karma,
    FROM comments WHERE comment_approved='1'",
);

使用 SQL 作为一种映射语言相对于新开发一种映射语言而言有诸多优点。

SQL 是一种成熟的数据库操作语言，是专门为关系型结构之间数据转换与查询而开发的语言（其查询反馈的结果也表现为关系结构）。因此，SQL 语言能够支持多种功能。例如，聚合与分组功能，或是复杂的连接功能，等等，这是当前其他的数据库到 RDF 映射方法中无法实现的。

Triplify 基于 SQL 视图的特性，使得 Triplify 可以将几乎所有复杂的运行操作都转化为简单的数据库操作。数据库是对数据高度优化的产物，能够实现结构化数据的索引和检索，从而对 Triplify 整体性能的可伸缩性产生积极的影响。

几乎所有的软件开发人员和服务器管理员都精通 SQL。使用 Triplify，用户几乎不需要补充其他任何额外的知识，而能够让用户在一种熟悉的环境中快速使用语义技术。

2. 关系视图结构

要将 SQL 查询结果转换为 RDF 数据模型，Triplify 提供了一个关系数据的多维表格向类转化的具体方法，因而，最终的结果就是将具有特定结构的关系型数据转换形成 RDF 三元组结构描述。

每一个关系视图的首要列必须包含一个标识符，由它可生成 URI 的实例。例如，这个标识符可以是数据库表格中的主键。

关系视图中的其他列名可用来生成其他的属性 URI。

查询结果的单个单元格包含数据值或是对其他实例的引用，最终将构成描述对象的 RDF 三元组关系。

为了能够将 Triplify 配置中定义的 SQL 视图转换成为 RDF 数据模型，关系视图通过增加附加说明的形式，使用一些内联关系扩展 SQL 的功能，虽然这仍然是透明的 SQL 处理器，但影响到查询的结果，特别是返回关系中的列名。

当对查询结果列的名称进行重命名时，以下对 SQL 的扩展可直接用于 Triplify 对现有 RDF 词汇表及三元组对象特征进行调用的过程中，这些对象的特征来源于与之相对应的关系视图中的列。

映射到现有词汇表，通过对查询结果列的重命名，对现有词汇表中的属性可以很容易地重新使用。为了提高可读性，命名空间的前缀定义在配置 Triplify 的 φ 过程中可以使用。例如，在下列查询中，来自描述用户的表格中列名的值与来自 FOAF 数据集中的姓名属性进行了映射。

Namespace：

SELECT id, name AS 'foaf:name' FROM users

对象属性。在默认情况下，所有的属性都被认为是数据类型属性和单元，这些属性和单元来自被转换为 RDF 三元组文本的结果集。通过附加到另一个实例的引用，可设置一个分隔符"->"指向列名称来实现，Triplify 将利用该列的值来创建 URI（即 RDF 链接）。

数据类型。Triplify 利用 SQL 进行自动的回溯检索一个特定列的数据类型，并通过与 XSD 数据类型进行匹配进而创建 RDF 文本。为了调整此行为，一种类似的，对于列名的附加提示技术可被应用于 Triplify，由此生成一个特定数据类型 RDF 文本。此时所使用的分隔符是"^^"。

语言标签。所有产生于结果集列中的字符串文本都可以对其标记语言标签，此时可以将分隔符"@"附加到列名称当中。

例如，SQL 的扩展功能。以下查询展示了 Triplify SQL 的扩展功能。下列语句说明，从一个产品表格中选取信息，通过使用 Triplify 的列命名扩展功能将会为价格列创建一个数据类型为 xsd：十进制的查询结果文本。在对 desc 列的值进行映射的过程中，利用英语"en"语种标签作为该列的语言标签文本，并连接到 rdfs：label 属性，同时在 belongsToCategory 属性的对象属性实例中为 cat 列的值指明类的实例。

SELECT id,
price AS 'price^^xsd:decimal',
desc AS 'rdfs:label@en',
cat AS 'belongsToCategory->category'
FROM products

3. RDF 三元组的提取

将数据库的内容转换成为 RDF 三元组，可以根据需求来执行（当在 Triplify 命名空间中的一个 URL 已访问时），或者更高级点，通过 ETL（extract-transform-load）模式实现。在第一种情况下，Triplify 脚本为请求的 URL 搜索一个与之匹配的 URL 模式，从而取代了在 SQL 关联查询中的潜在占位符的应用，取而代之的是请求 URL 的部分匹配。SQL 关系查询结果的 RDF 转换算法可参考如下。

算法描述：三元组抽取算法

Input: request URL, Triplify configuration
Output: set T of triples
Foreach URL pattern from Triplify configuration do
　if request URL represents endpoint request then
　　T = T ∪ {RDF link to class request for URL pattern}
　else
　　if request URL matches URL pattern then
　　　foreach SQL query template associated with
　　　URL pattern do
　　　　Query = replacePlaceholder(URL pattern, SQL query template, request URL);
　　　　if request URL represents class request
　　　　then
　　　　　Query = projectToFirstColumn(Query);
　　　　else
　　　　　if request URL represents instance
　　　　　request then
　　　　　　Query = addWhereClause
　　　　　　(Query,instanceId);
　　　　Result = execute(Query);
　　　　T = T ∪ convert(Result);
return T

利用关联数据技术对 RDF 描述的资源进行发布需要解决以下几个重要问题：首先，借助 RDF 三元组，要揭示数据或事实的来源，可以很容易地验证，因为使用 URI 始终包含有资源发布服务器域名的权威信息；其次，事实的有效性可以通过对 RDF 三元组资源描述的检索得到验证；最后，万维网爬虫能够通过获得的少量信息按照其中的 RDF 链接汇集到其他的相关链接信息。

利用 Triplify 创建关联数据可在 URL 层次结构的不同层级予以实现。在顶层，Triplify 实现关联类的发布（终端节点请求）。一个终端请求的 URI 通常可视为：http://myblog.de/triplify/，从类描述 RDF 关联点到单独的实例（类请求）。一个类请求的 URI 如下所示：http://myblog.de/triplify/posts，而类中所包含的各个实例可通过附加的实例标识实现最终的访问，如 http://myblog.de/triplify/posts/13。

  为了简化创建关联数据的这个过程，Triplify 允许在对其配置时将类名作为 URL 模式来使用。在此过程中，从 SQL 查询关联到类名（基于 SQL 查询），Triplify 派生出查询实例检索列表与个体实例描述。SQL 的基本视图是要选择所有实例中的全部相关信息。为了获取一个查询返回的实例列表，基本视图会投射到第一列（即 ID 列中）。为了获得所有个体实例的相关信息，则需要引入 SQL-where-clause 子句进行查询，此时，查询需求实例的 ID 信息将被追加到限定成分中。多数情况下，这将极大简化 Triplify 的配置过程(Auer et al., 2009)。

第5章 馆藏资源元数据的语义关联发现机制

　　馆藏资源元数据的关联数据发布目标是使馆藏资源元数据成为全球关联数据网络中的一部分，使其能够实现全球化的访问和共享。众所周知，关联开放数据最重要的价值是"链接"，也即通过 RDF 三元组的框架体系支撑网络环境下结构化数据的任意关联，并通过链接遍及整个网络。与此同时，关联关系可以更好地携带语义，从而支持基于关系的检索和浏览。由此看来，关联数据功能的有效发挥取决于关联数据集之间关联关系的链接效果，链接的丰富及准确程度。换言之，不同关联数据集之间的链接关系构建得越丰富、越完善、越精准就越能够促进数据资源的共享与融合效果，更重要的是越能够激发关联数据的消费性能。在馆藏资源关联数据化的过程中，核心环节是如何将本地馆藏资源发布于 Web 环境下，尤其是如何与其他的开放数据集构建语义关联的问题。只有有效地解决语义关联的问题，馆藏资源关联数据集构建的价值才能有所体现。目前，在 Web 环境中，通过 RDF 链接实现不同数据集之间的语义关联关系是行之有效的一种实现手段。RDF 链接可以使 Web 用户利用关联数据浏览器在不同的关联数据集中进行遍历，实现数据最大限度的共享与耦合；RDF 链接也能够成为搜索引擎和网络爬虫的数据采集媒介，实现更加完善的数据采集效果。为了实现在构建数据资源网络化过程中，关联数据集之间的语义关联与融合问题，我们必须面对的一个重要课题就是语义关联关系的发现机制。它是关联数据集之间关联关系构建的基础，也是关联数据实现、发布和扩展的前提。本章即从关联数据在实现其语义关联过程中主要的应对问题入手，分析这些在关联数据构建过程中的具体表现形态，这些问题将为关联数据集之间的语义关联工作带来极大的挑战，这也成为开展语义关联发现研究的起点（Bizer et al.，2007；白海燕和乔晓东，2010；刘炜，2010）。

5.1 馆藏资源关联数据语义关联应对的问题

关联数据发布者通过关联数据的发布使其数据集成为数据网络中的一个组成部分，然而，由于发布者所采用的数据描述框架与模式的区别，在实际关联数据发布之后会由于不同数据集之间的异构特性而产生关联数据孤岛的现象，这也成为阻碍全球数据网络宏伟目标的巨大瓶颈。围绕语义 Web 倡导者 Tim Berners-Lee 所提出的关联数据四原则，要解决关联数据孤岛问题的核心是要利用语义关联发现方法建立数据集之间的关联关系。然而，如何实现不同数据集之间数据的语义关联？这是关联数据网络研究的一个重要领域，要解决这一问题的关键是要剖析出关联数据语义关联面临的具体原因，只有把握原因，才能在后续研究中有的放矢，实现关联数据的有效融合与共享。从关联数据构建的四原则来看，造成数据之间难以融合，语义关联关系建立面临的主要问题无外乎可归结为以下五种情况：①资源的命名问题；②数据集的外部链接问题；③资源实体的 RDF 描述问题；④资源描述元数据的规范性问题；⑤资源描述的共指问题。因而，要真正实现馆藏资源元数据的全球性共享与融合，从宏观层面需要解决上述情况所导致的关联数据集之间的异构、异质等不兼容问题，而由上述五方面所衍生出的微观层面关联数据创建过程中的问题具体表现如下（Hogan et al.，2010）。

5.1.1 馆藏资源的命名问题

1. 空节点标识符问题

尽管关联数据的描述规则要求关联数据的发布应尽可能不用或少用空节点标识符来标识外部实体资源，然而在现实关联数据创建的过程中，局部关联数据的发布仍然会产生大量的空节点标识符来指向内部资源。从功能上看，这些空节点标识符可指向临时性查询请求过程中存在的短暂对象；或指向非外部数据集的资源节点；或作为 RDF 三元谓词组的快捷键表示；或用来指引本体标识语言 OWL 的相关定理；等等。因而，空节点标识符在构建关联数据的过程中是十分常见的一种非规范化资源命名方式，尤其是对于 FOAF、GeoNames 等非信息类实体资源的指向，空节点标识符的应用更为常见。

然而，从全球数据网络构建的宏观层面来看，这些空节点标识符将直接导致外部数据集资源 RDF 无法有效链接，从而造成关联数据集之间链接桥的失效（Bizer et al.，2007，2009）。从规则层面来看，空节点标识符也违背了

Tim Berners-Lee 所提出的统一资源标识符的唯一性、关联性和复用性等特征。从关联数据的实际操作层面来看，空节点标识符的出现也将使得当前资源的 RDF 难以通过关联数据关联与发布的常用工具 SPARQL 进行关联构建。因而，为了能够使全球关联数据集成为富含语义链接关系的数据空间，亟须从实体命名标识符的规范性方面加强约束。局部关联数据发布过程中空节点标识符问题也成为关联数据语义关联发现与建立过程需要解决的首要问题。

2. 统一资源标识符 URIs 协议标准问题

根据关联数据的规则，为了能够在更大范围内实现数据资源的融合与共享，在发布关联数据的过程中，URI 应该严格遵循 HTTP 协议规范，也即符合 http:// 或 https:// 的框架模式，而避免使用 ftp、file、mailto、urn、info 等协议。不像局部关联数据集中的空节点，URI 为给定的资源提供了一个全球唯一的指定机制。在此基础之上，遵循 HTTP 协议的 URI 则进一步明确了资源的描述符合 Web 结构框架原则，也就是说通过 HTTP 链接的参引关系，资源能够关联到与其相关的所有资源，而这些资源都是 HTTP 协议约束下利用 URI 描述的资源。

尽管关联数据的建立原则要求资源的描述遵循 HTTP URI 框架，然而现实的关联数据集却出现了 HTTP 以外的多种协议标准，其中最为典型的数据集就是地理位置数据集：lov.gov。该数据集对于每一个内部资源的 URI 都分配一个资源的指向链接，只是该资源的所指受到 info：模式协议的约束。此以，还有一些诸如邮箱、电话等传统资源的描述，往往来说都习惯于使用较传统的 mailto：和 tel：等规则形式予以约束。许多文档型信息资源则通常使用 ftp：文件传输协议来约束资源的 URI。非 HTTP 型实体资源 URI 的描述形态必然使得关联数据集之间的互联和融合难度提升。

3. 无效的 URIs 链接问题

根据关联数据的构建原则，用户需要为资源定义符合 HTTP 协议的 URI，使其在数据关联的过程中可控。与此同时，关联数据的发布也需要利用 RDF 进行结构化描述与表达。正如在关联数据理论基础部分所阐述的，RDF 对于关联数据的内容描述而言具有重要作用，然而从语法层面来看，RDF/XML 才是传统意义上支撑 RDF 语法体系最为核心的部分，当然，当前 RDF/XML 的权威地位也受到了 RDFa 框架模式的挑战。资源只有符合上述描述规则才能在后续 HTTP 协议访问过程中反馈由 URI 引导的资源，同时在关联网络的构建过程中才能够被其他数据集发现并与其建立语义关联。

在关联数据消费的过程中，多数关联数据系统利用有效的 URIs 来访问各类数据资源。其原因表现在：首先，利用有效的 URIs 是实现对实体资源进行全球网络定位的关键，这主要是由 URIs 的全网络唯一标识特性所决定的。查询过程中有效利用 SPARQL 查询处理功能，或是利用关联数据浏览器便能够利用有效 URIs 实现数据网络的全球定位；其次，有效的 URIs 是实现全球数据资源及其权威表达之间关联关系建立的重要条件，因而，在关联数据技术中 URIs 被当成最重要及最有价值的一类资源来看待；最后，倘若利用 HTTP 协议访问无效的 URIs 会造成计算资源和查询时间的极大浪费，这在利用网络爬虫抓取数据仓库中关联数据资源的过程中表现得尤为明显，因为这类数据资源的检索往往是实时性的。

在现实情况中，Web 上的全球信息资源通常利用 URL 实现对其精准定位，然而，对于特定的局部信息资源，如在线表单、图片等则通常是利用 RDF 框架或 RDFa 语法模式对数据资源进行形式化描述与表达，但是往往缺少了 URI 的定义，因而，在 Web 中通过 URI 去访问一个有效的 RDF 资源通常是不现实的。同理，利用 RDFa 框架描述的特征 HTML 文档资源也是无法进行 URI 定位操作的。此外，网络资源的 URI 标识符制定亦会出现重名的情况，也即同一个 URI 标识符会指引多个资源。倘若出现了此类现象，对于关联数据的查询而言，则需要用户从其主观经验的角度来从中选择出与其最相近的资源（Leroi et al., 2006）。

4. URI 的易动问题

关联数据中关联关系的查询与建立离不开统一资源标识符 URI 的固化与稳定，因为 URI 的每一次变动都会造成原有链接关系的破坏，从而需要花费更多额外的资源重新进行资源之间语义关系的发现与建立。因而，在关联数据构建的过程中保持资源标识符 URI 的稳定性是非常有必要的，URI 的资源引导属性一旦建立起来，在其整个生命周期内都不会发生变化，即使 RDF 三元组的内容发生动态变化。因为在关联数据构建过程中 URI 既指向信息资源，同时也能指向非信息资源，其频繁的易动不仅使得已经构建的关联关系遭受破坏，更使得数据集之间外部链接与映射关系的建立陷入异常困难的局面，同时也将严重影响搜索引擎及查询处理器的响应检索请求的执行效率。同理，由各个子数据集所构建的数据网络链接关系的建立将严格依赖于具有高度中心性的实体资源。

5.1.2 馆藏资源数据集的外部链接问题

1. 外部 URI 的应用问题

根据关联数据的发布原则和数据网络的构建要求，最有效的 RDF 链接是能够将不同关联数据发布者发布的数据集进行关联和映射的外部链接。因为，这些外部链接能够实现不同数据孤岛的融合从而形成数据网络。从技术层面来看，外部

RDF 链接通过 RDF 三元组结构来实现，也即来源于某个数据集的一个主语 URI 通过一个谓语关系与来源于另一个数据集的宾语 URI 建立了外部关联关系，主语 URI 指向资源与宾语 URI 指向资源之间存在的关系类型由谓语成分来揭示。

关联数据的发布过程往往需要创建多样化的 URI，通过这些标识符能够有效地实现对外部数据集的链接。在为外部数据资源发布者定义外部链接的过程中，也应尽可能地帮助数据消费者在全球数据网络中快速发现关联信息。这一过程通常由网络爬虫或关联数据浏览器在执行关联数据的查询过程中自动或半自动地实现。

事实上，正如关联数据的名称所指，其命名的原则就是要更好地实现数据的有效链接。链接的实现过程，不仅能够解决信息孤岛的现象，更重要的是，数据的关联是一个网络信息资源语义化的自组织过程。正如数据网络中的优先链接节点，它的产生就来源于结果网络中的固有结构节点，同时也恰好这个最有需求的节点成为最重要的连接点。由此所得到的网络结构适应于各种分析需求。

关联数据视图的实现离不开远程关联数据发布者之间的高质量链接。然而，大多数情况下，要为外部 RDF 提供者创建一个高质量的外部链接，对于数据发布者而言着实是一个严峻的挑战，在此过程中链接的产生框架和工具也是重中之重。在外部链接发现与构建的实践过程中，SILK 作为一个半自动化的工作平台，具有为两个不同数据集内资源实体进行语义相似度计算与关联发现的强大功能。

2. 等同语义链接关系 owl：sameAs 的处理问题

等同语义链接关系 owl：sameAs 在关联网络构建的过程中是最为常见的一类关联关系。它表示一个数据集中的一个实体资源 URI 与另一个数据集中的一个实体资源 URI 标识的是同一个对象，也即两个 URI 精确指代同一个实体。这类关系尤其频繁出现在一类信息资源与另一类非信息实体资源的应对关系上。因而，owl：sameAs 关系通常用于对不同 URI 指代同一实体资源的映射关系揭示。

RDF 三元组的谓词 owl：sameAs 属性通常用来直接揭示两个等同关联实体对象的 URI 指代，也即被 owl：sameAs 关联的两个 URI 是等同关系。因此，owl：sameAs 表示实体资源之间的一种平等形式，并具有相应的传递性、对称性与自反性的语义特征。

当前关联数据集中，跨领域数据之间的等同语义链接关系 owl：sameAs 的使用率还偏低，据统计，在领域数据中只有 29.8%的数据集考虑到提供 owl：sameAs 型链接实现与外部 RDF 领域数据集之间的语义关联。

当然，与之前所提及的通过创建 RDF 链接实现数据集之间的链接相比，创建 owl：sameAs 型链接实现远程领域数据之间的关联建立更具有挑战性。在等同关系链接创建的过程中，常用的工具有 SILK，利用此平台能够为多个不同的领域数据集创建 owl：sameAs 型链接，以此来实现多领域数据集间数据的有效融合。

5.1.3 馆藏资源实体的 RDF 描述问题

1. RDF 三元组的构建规则问题

关联数据的发布离不开数据发布者利用 RDF 对数据的结构化封装，在数据的 RDF 化过程中，应尽量避免出现冗长的 RDF 资源属性描述形态。也就是说，RDF 结构的数据化封装不要求对所描述数据对象的语义关系进行具体化的详细陈述，只需给出明确的 URIs 标识符信息即可。其原因是过度的描述内容会造成关联数据查询过程中的匹配负担，从而使得 SPARQL 查询效率低下。对资源内容与资源的标识符 URI 进行明确的定义和划分在进行资源的 RDF 结构化封装过程中扮演着非常重要的角色，过度的资源描述会造成描述内容与内容标识符之间的混淆不清，这在 SPARQL 语言处理的过程中是无法清除的一大障碍。

从 RDF 结构化封装数据资源的规则层面来看，在关联数据发布过程中，大多数 RDF 的基本属性特征是不鼓励被封装的：①RDF 的具象化属性，rdf：subject、rdf：predicate、rdf：object 及类属性 rdf：Statement；②RDF 封装属性，rdf：n（n∈N）、rdfs：member、rdf：Bag、rdf：Seq 及类属性 rdf：Alt、rdfs：Container；③RDF 采集属性，rdf：first、rdf：rest 及 rdf：List。当然，从资源描述的角度来看，这些属性虽然能够实现从各个维度上对资源的全方位多角度描述，但是，从关联数据的系统实现及系统查询的应用层面，至今还没有哪个系统能够有效地支撑识别所有的特征，同时特征的全方位冗余封装将造成关联数据的查询效率受到巨大的挑战。

2. 术语复用问题

术语复用是指在关联数据发布的过程中应该重复利用已经出现在开放数据集中，并且已成为权威术语的语词作为新词的规范化表达，以尽可能地简化用户对自身数据处理的复杂程度。因而，所有新关联数据集的发布应该最大限度地复用权威数据集或词汇表中已认证的词汇。

复用的术语来源与类型多样，可以是现存类与属性术语的复用，也可以是其他数据提供者定义的已被大众认可的词汇。当然，无论是哪种类型的词汇，都来自网络环境下的开放数据集。

术语复用除了是一种有效简化关联数据发布者复杂性的技巧之外，更重要的优势在于它与关联开放数据、数据共享、数据融合的战略思想吻合，术语复用是最大限度实现关联开放数据资源共享融合的最佳途径。众所周知，复用权威术语，不仅能够实现数据的集成与高效管理，更重要的是能够大大提升关联数据消费应用过程中对术语词汇的甄别与选取效率，同时对于用户的数据查询请求也能够实现词汇的智能扩展与精准匹配。此外，对于各类用户而言，术语复用机制的应用也能有效解决关联数据发布、消费过程中词汇表达的标准问题，极大地降低了非规范词汇充斥开放数据集的可能性，也为数据的翻译、查询与展示提供了一条可操作的途径。

当然，为了尽可能扩大术语复用的范围和效果，在其实践过程中，应该重点关注以下两个关键问题：首先，知识的爆炸性增长是信息时代的显著特征，因而在不断变化的知识体系格局下，新词汇的不断出现要求权威数据集也应不断扩容，并且要不断扩大其影响范围；其次，术语复用工具的实现方式是另一个关键因素，一个功能强大的关联数据发布工具需要集成能够帮助发布者快速、高效地查找相关权威术语的搜索引擎。对于第一个问题，当前已经出现的 Neologism 工具是一个基于 Web 环境的词汇编辑器，该编辑器以用户社区形式驱动，是进行术语发布、权威认证、扩充影响范围的有效平台。对于第二个问题，进行"关联开放权威词汇"的项目研究势在必行，通过这个大型的数据融合公益项目来促进遗产词汇的全面融合对于关联数据应用过程中的术语复用意义重大。

3. 复用术语的灵活选取问题

正如在术语复用问题中所阐述的，来自不同权威词汇表中的类或属性术语在关联数据创建的过程中被重复利用，根据这种机制，关联数据提供者能够从不同类型的数据集及命名空间中自由选取最为合适的术语进行新词汇的再创造。将来自不同词表的术语进行组合创造已经成为关联数据词汇生成的最佳实现途径。

例如，当关联数据发布者需要描述人名信息时，FOAF 词汇集是术语复用的最佳选择；当数据发布者需要描述在线状态与用户时，SIOC 词汇集是术语复用的最佳词汇集；当数据发布者需要描述文档资源时，DC 元数据是最佳选择；叙词表与用户标签模式则通常以 SKOS 的形式加以表达。

尽可能多地复用与发布信息相似的权威词汇是关联数据发布过程中应该注意的一个焦点问题，也就是说关联数据的发布不鼓励毫无必要来源于自身命名空间的词汇模型的重新定义，这种局部性的词汇定义对于数据的全球化关联、共享与融合而言只会起到约束作用。

另外，为了逐步加深权威词汇集影响的广泛程度，许多重要的权威词汇集利用 RDF 及 OWL 标准的形式提供了与其他词汇集词汇之间的映射机制。正因如此，即便两个关联数据发布者对同一个实体资源选用了不同的词汇进行描述，他们所提供的词汇也能够通过推理技术实现其语义上的集成。当然，关联数据中的语义关联与推理技术是关联数据领域的一个极具挑战性的研究主题。

5.1.4 馆藏资源描述元数据的规范性问题

1. 资源描述元数据的可读性问题

增强关联数据可读性的核心是无论何时都应尽可能地应用权威属性，如 rdfs：label 或 foaf：depiction 来标识资源，因为这些权威术语被大多数关联数据客户端应用程序识别。关联数据的构建过程要求发布者以一种标准的方式发布他们的资源，并且要让资源可供广大用户消费。典型的，如 rdfs：label 通常用于指向资源可读的标签或名字，foaf：depiction 则通常用于描述数字图像资源。

尽管 RDF 侧重于提供计算机可读的资源描述框架，但最终用户的应用中经常需要呈现资源的用户消费性描述，并且关联数据的实体对象往往存在一些非信息类资源。对于计算机而言，没有先验性知识来处理这种类型的实体资源，在这种情况下，计算机无法完成 URI 与标识实体之间的映射关系。应用程序是否能够直接、有效地处理用户所提及的实体对象则是满足用户消费元信息的基本需求，要实现这种基本需求的有效方式则是依赖于现有语料库中一些高比例核心词汇的精准提供，尤其是对于被描述资源的标签或标题词汇，抑或是资源的图像描述。

对于资源描述元数据定义过程中的可读性问题存在很多的可能性影响因素。首先，一个关键的问题是用户更换资源描述的命名空间属性时往往使用一种非正式的映射方法，因为相似的术语可来自不同的词汇集。例如，rdfs：label，与其相关的还有 foaf：nick、dc：title、rss：title、dct：title 等，由于在词汇选取的过程中缺乏一个标准的协议机制，因而发布者在创建关联数据的过程中就会面临如何为资源选取合适的可读性标签词汇等问题，这类问题，当前的数据发布客户端应用程序还不能通过推理机制来实现自动化选取。同理，在用户消费关联数据的过程中，对于在应用系统中出现的各类标签，用户都必须熟练理解，显然，这也增加了用户使用关联数据的难度。其次，部分信息资源及其他的一些附属性资源有可能不存在明确的可读性标签，或是合适的可用图像标识，这给关联数据的发布造成了巨大的困难，与此对应的是由于缺乏必要的 RDF 三元组构成元素，造成用户在关联数据的消费过程中也面临极大的挑战。

因而，为了增强实体资源描述元数据的用户可读性问题，在关联数据的发布过程中为实体资源提供可被用户正常消费的元数据信息非常重要，这将直接影响用户对开放数据的可视化效果、浏览及对 RDF 数据的理解。同时，为了更好地对实体资源的特征进行有效揭示，一些关于资源的文字性评论信息也是有必要的。

例如，可以用 rdfs：comment 来引导对实体资源描述的评论性信息。此外，还可通过扩大实体资源的概念范畴来提升资源描述的精确性，因为不同的词汇术语可以实现实体属性的不同组合，对于用户而言，不同的实体资源描述组合也是非常有价值的。因为，实体资源往往能够通过对属性特征的不同术语组合描述实现其多层次定位，这往往超出了由实体定义标签和图像元数据无法企及的更强大的用户可读体验。

2. RDF 三元组的构成对象问题

通常认为关联数据是要将某一内容利用 RDF 与另一实体资源进行关联，虽然 RDF 关联的是两个实体资源，但是从 RDF 的构成角度看，实际上是将某一个 URI 与另一个 URI 进行关联。这说明 RDF 处理的对象是实体资源的 URI 形式标的，而不是资源内容本身。因而，借助 RDF 三元组描述的实体资源 URI，一方构成资源主体，另一方则是资源客体，两者都是实体资源的简单替代形态。

尽管上述提高资源描述元数据可读性内容中提及的鼓励关联数据发布者对实体资源的内容进行适度评论，以此来提升关联数据在用户消费过程中的用户可读性，同时也可提高数据查询请求的召回率及查准率，但现实应用过程中，资源发布者对实体资源内容的评论性文字被封装成为网络上的文档资源。从资源类型来看，文档型资源很显然也符合 RDF 的描述要求，因为与文档资源相对应的需要设置一个 URI。

当然，从 RDF 三元组结构的构成来看，由于其形态上是主语链接到宾语的引证结构，因而存在链出（后继链）和链入（前趋链）的两类关系，后继链关系很显然是从主语 URI 链出到宾语 URI，前趋链关系则是宾语 URI 受到一个主语 URI 的链入。然而，由于主语和宾语的成分并非一成不变，因而当主语和宾语的位置发生变化时，链接两者的关联术语也应适当发生变化。例如，RDF 三元组：ex：page foaf：maker ex：Joan 与 ex：Joan foaf：made ex：page，从链接的功能上看，都表示 Joan 这个用户创建了网页 page，但从形式上看却截然不同。前者表示网页资源 page 作为主语链接到宾语 Joan 这个人，其链接词表明 page 的作者是 Joan；后者显然表示 Joan 这个人作为主语，链接到宾语网页资源 page 上，链接词表明 Joan 创建了 page。

通常，多数关联数据的发布者在定义局部数据集的过程中将信息资源（典型的网页资源）设置为宾语，显然这样这些信息资源将要链入一个 URI 作为其主语，而承担链接的关联谓词则可以是 foaf：page、foaf：weblog、gn：locationMap 等。从网络节点的特性来看，处于 RDF 三元组宾语节点位置的资源可以存在多个入链或前趋链。例如，宾语位置资源 URI：

http://identi.ca

通过入链关系 foaf: accountServiceHomepage 属性关联到 166 万的前驱主语节点，从含义上理解，也即有 166 万用户的账户服务页面都是 http://identi.ca。

3. 实体资源的描述与许可问题

对实体资源描述的元数据应该包含数据发布者想要附加到发布数据中的所有元数据。例如，一个 URI 元数据标识符可以揭示信息资源的作者、许可权限等方面的相关信息。这些在核心信息内容基础上附加的特征信息应以一种非信息资源的形式以 RDF 框架体系予以描述并记录。从 RDF 三元组结构来看，其主语部分应该是信息资源的 URI 表征，而宾语是由附加元数据所引导的信息资源属性特征的 URI 表征。为了使得其他用户能够方便地使用清晰的权威术语关联或访问发布者的局部数据集资源，每一个 RDF 文档都应该在那些能够被使用的内容部分设置一个许可权限，以此控制用户对局部数据集的合法消费。

返回有关文件的元信息具有和之前同样的原理：信息资源的描述可以同样包含与数据发布商相关的任何元数据形式。然而，在应用程序实施过程中需要强调信息使用的许可权限，该许可权限对用户消费数据过程中允许对哪些数据进行访问、哪些数据可以获取等相关问题进行了明确说明。

5.1.5 馆藏资源描述的共指问题

在语言学中，共指（co-reference）是指当语言或文本中的多种表达指向同一个客观事物时的一种现象。很显然，语言学上的术语"共指"是指不同的语言或文本具有共同的"指示物"。然而，在语义 Web 研究中，资源描述的"共指"现象较为复杂。随着关联开放数据项目如火如荼的发展，越来越多的信息组织都将自己的知识资源以关联数据的形式发布于网络环境中，并希望能够与其他数据集中的数据构建语义关联。关联开放数据的复杂程度也决定了在不同数据集中数据共指的现象频繁发生。

关联数据中资源对象共指问题主要是数据资源的开放性、分散性和 URIs 应用范围的全球性演变所导致的。除了人为因素所产生的单一数据集内部数据共指问题以外，更多的是发生在多个数据源交叉引用、识别、集成和消费重用的过程中。Jaffri 等（2007）将关联数据的共指问题归结为下述两种情况：一种情况表现为同一个非信息类型实体资源对象可以被来自多个数据源的不同 URIs 进行描述，那么这些不同的 URIs 之间就出现了共指现象；另一种情况则是在信息资源的描述过程中也存在一个 URI 指代多个不同非信息类实体资源的可能性，当然这种情况从关联数据的构建原则来看，是不符合一个 URI 对应一个实体资源对象要求的，应该尽量避免其发生。

1. 一个 URI 标识符共指多个实体资源

一个 URI 标识符共指多个实体资源的情况在当前关联数据集中经常出现，尤其是在人名、地名等这些会出现重名情况的数据集中。由于姓名的构成方式有简写、缩略方式、姓、名等多种形态，造成各类型重名情况的出现。面对这种情况，计算机很难对具有同名的人进行清晰界定，因而无法避免不同的人共同被一个 URI 标识符来标识的情况。在 DBLP（Digital Bibliography & Library Project）数据集中一个 URI 标识符共指多个人名实体资源的情况频繁发生，很多重名的人被错误地用一个 URI 标识符指代。为评估 DBLP 中数据的质量，Jaffri 等学者曾做过一个实验，选择英国最常用的 9 个姓和 5 个名，组成 49 个常用名字，尝试判断这些名字是否属于同一个作者。结果显示，比较常用的名字中 92%的作者被错误地合并为一个 URI 的指代，最坏情况下 15 个不同的作者共享一个 URI；与此同时，一个 URI 共指多个实体资源的情况在 DBpedia 2.0 版本中时有发生。如用户想要了解美国政治家 R.Williams 的信息，使用：

URI:http://dbpedia.org/resource/Robert_Williams

在语义网搜索引擎中检索相关信息时，歌手 R.Williams、演员 R.Williams 的信息都会融入一个页面中，无法区分 URI 描述的实例。DBpedia 3.0 开始对共指给予更多的关注，使用以 Wikipedia 相同的消歧页面（disambiguation page）解决共指问题（刘媛媛和李春旺，2012）。

关联开放数据的精髓是以 RDF 的结构化形态链接以 RUIs 所描述的一切实体对象。因而，任何组织、任何人都可以遵循关联数据的规则形式向 Web 中发布关联数据，并且与已有的关联数据集内的数据建立关联。虽然关联数据的发布过程鼓励数据发布者尽可能地使用权威词汇集中的词汇作为实体资源的描述词汇。但是，知识的不断增长特性决定了权威词汇集的词汇不足以支撑所有的实体资源描述需求。另外，由于不同数据集的数据发布者彼此之间缺乏沟通交流，造成发布者在用词、选词、构造标识符的过程中会出现重复使用的情况，抑或是对于同一个实体资源对象，不同的发布者构造出不同标识符的情况等都会造成关联数据在共享与融合过程中共指问题的频繁出现。

2. 一个实体资源被多个 URIs 标识符共指

一个实体资源被多个 URIs 标识符共指问题在开放网络环境的多个不同关联数据集融合关联的过程中频繁出现。这种情况也通常发生在人物、地点这两类实体资源对象之间，由于局部数据集内，数据发布者对同一个人物或地点赋予各自的标识符所造成，一旦数据集发布至开放网络环境下，标识符之间便会造成冲突，也即出现一个实体资源被多个 URIs 标识符指代的现象。例如，在 Sindice 中搜索"Tim BernersLee"，相关的 URIs 至少有几百条，包括：

http://dbpedia.org/page/Tim_Berners-Lee
http://dbpedia.org/resource/Tim_Berners-Lee
http://dbpedia.org：8890/resource/Tim_Berners-Lee
http://dblp.l3s.de/d2r/resource/authors/Tim_Berners-Lee
http://rdf.freebase.com/rdf/en.tim_berners-lee
http://www.faviki.com/tag/Tim_Berners-Lee
http://data-gov.tw.rpi.edu/wiki/Tim_Berners-Lee
……

另外，同一个实体资源对象的不同表示方式，也可能导致其被多个 URIs 标识符予以标识。最常见的就是英语语境中作者名称的缩写，如 C. B. Jones、Cliff B. Jones、Cliff Jones 实际上就是同一个人，却可能被错误地认为是三个不同的人，从而被分配三个不同的 URIs。

语义 Web 的终极目标是构建富含语义功能的全球知识网络，在网络中的数据能够被计算机识别，从而为用户提供智能化的检索和应用。如前文所述，当前，关联数据是语义 Web 的最佳实践途径和轻量级的全领域本体应用，其核心是要为除了空节点以外的所有实体资源分配一个通用的标识符 URIs。从关联数据的创建过程来看，局部关联数据的发布往往使用的是内部的 URIs 命名模式，目标是实现数据集内部数据的明确指定。然而，一旦局部数据发布至开放的 Web 环境下，必然会使得内部标识符与外部数据集标识符间命名的冲突问题，而这种冲突带来的直接后果就是一个实体资源被多个 URIs 标识符共指问题的出现。因而，当前关联数据发布应用平台的设计必须充分考虑标识符设置的通用性问题，通过尽可能地发挥术语复用的机制实现标识符在全球范围内的识别与共享。

在关联数据发布过程中，实体资源的描述往往是通过一个易于分辨、识别的唯一标识符来决定的，从实体资源的内容揭示来看，这个标识符并不能完全地揭示出资源的语义特征。显然标识符的提取带有鲜明的主观色彩。正因如此，同一个实体资源对象，一旦被不同的组织、机构和个人，以不同的目的、格式发布为关联数据时，就会出现多个不同标识符的情况。这也间接成为关联数据中共指问题出现的诱因之一。

共指问题研究在关联数据的构建、发布、消费等各个不同的环节都有着重要而深远的意义。从关联数据的构建与发布过程来看，共指问题会造成关联数据的识别、关联发现过程中的工作负担，而从关联数据的消费环节来看，共指问题会对关联数据的重用、关联的质量控制等带来极大挑战。随着全球关联开放数据项目的不断推进，关联数据总量的不断增长，关联数据的研究重点已经从开放权威的知识库转换为在现有关联数据基础上的消费应用研究。在此过程中，共指问题直接影响到关联数据的发布、关联质量，必须引起高度重视。目前，在现实关联数据集的消费与融合应用实践中，对象间的共指关系大多通过属性 owl：sameAs 来进行关联。例如，同一篇论文在 Citeseer、DBLP、IEEE 和 ACM 中分别定义了不同的 URIs 来进行标识，在关联数据集融合的过程中不同 URIs 之间便可通过 owl：sameAs 建立链接，共指这篇论文（刘媛媛和李春旺，2012）。

5.2 馆藏资源关联数据实体语义相似度计算

5.2.1 馆藏资源实体语义相似度计算的理论界定

数据集之间实体资源的匹配是进行关联数据语义发现与关联建立的核心问题，任意两个数据集 A 与 B 的匹配可形式化表达如下（Fellegi and Sunter，1969）。

定义 1（实体匹配关系集）：

给定两个任意数据源 A 和 B，将存在有关联关系 $\sim R$ 的所有实体对之间所构成的子集定义为

$$M=\{(a,b); a \sim Rb, a \in A, b \in B\}$$

同理，也可将不存在任何关联关系的实体对的子集定义为

$$U=(A \times B)/M$$

关联关系 $\sim R$ 建立的目的是以此来揭示表达现实世界相同对象的不同实体资源之间的相关关系。当然，关联子集 M 和非关联子集 U 中的关系揭示已在早期便定义，倘若实体对之间存在关联关系，那么通过早期数据集就会建立它们之间的参考链接关系。如果要改变原有实体对之间的链接关系，则需要通过领域专家从新的数据集中找出它们之间的隐藏关系才能进行新一轮的构建。由此看来，实体对之间关联关系的建立并不是一成不变的，而应该根据不同数据集之间实体对象的属性特征进行动态酌情重构。

定义 2（参考链接）：

根据上述实体匹配关系集的定义，可进一步定义正参考链接和负参考链接两种类型。正参考链接集合可定义为：$R_+ \subseteq M$，是指在实体匹配关系集中已定义的实体对之间所包含的关联关系的集合，表明其中的任一实体对都共指现实世界的某一对象。

而相反，负参考链接集合则可定义为：$R_- \subseteq M$，是指在实体匹配非关系集

中已定义的实体对之间的非共指关系的集合，表明其中的任一实体对都指向现实世界的不同对象。

参考链接的定义可应用于下列目的：首先，可利用参考链接来进行链接规则的质量评价；其次，更加重要的是参考链接是构建链接规则的重要参考标准，链接规则的建立可以通过参考链接集合中注明的正向与负向关系来进一步验证。

定义3（关联规则）：

关联规则是对实体对之间相关程度度量的说明。一个关联规则 l 描述了一个实体对之间相似度值的大小，可定义为：$l: A \times B \rightarrow [0,1]$。

可见，关联规则相似度的度量值取值范围是在 0~1 的任一小数，并且所有构建的链接规则都满足于实体对之间相似度值的大小均大于预先所设定的阈值 θ：

$$M_1 = \{(a,b); l(a,b) \geqslant \theta, a \in A, b \in B\}$$

由于关联规则反馈的是[0，1]区间的任意值，因而，通常可将阈值 θ 设定为 0.5，以此来判断关联规则的新颖性。

由上述定义可知，关联规则的发现与建立主要依靠实体对之间语义相似度值的大小，根据相似度的度量值来判断实体对之间是否存在关联关系，以及关联关系强弱的程度。由于馆藏资源通常由多个属性来揭示其特征，因而馆藏资源的元数据的融合问题往往也是从多个属性维度来寻求两个馆藏实体之间的相似度大小；另外，由于关联数据的构建要求数据集内的术语尽可能地细化，因而关联数据集之间的融合问题也往往需要考虑单一维度属性值间的相似度大小。由此看来，在馆藏资源关联数据的语义关联发现、建立过程中需要综合实体独立属性和多维度属性的描述特征值，并从这两个层面对实体资源的语义相似度问题进行研究。

5.2.2 面向实体独立属性的语义相似度计算方法

面向实体独立属性的语义相似度计算主要考虑从馆藏资源描述元数据的某个单一属性来衡量与外部关联数据集中实体资源之间的语义相似度匹配及关联关系的发现问题。相对于多维度属性的相似度匹配而言，由于独立属性的匹配只考虑单一属性维度，因而算法相对容易。但是考虑到馆藏资源元数据属性类型的多样性（字符型、日期型、数值型等）、表达形态的多样性（姓名缩写、年/月/日或日/月/年或月/日/年等），面向不同类型的属性对象而言，其语义相似度的计算也显得异常复杂，因而还需要将其按照不同的类型特征进行分类阐述。

1. 基于字符编辑特征的语义相似度计算

基于字符编辑特征的语义相似度计算主要关注于字符的编辑特征，严格来说是从字符这个最基本元素的视角考察两个对象之间的相关关系。基于字符编辑特征的语义相似度计算主要通过编辑距离的大小来判断，编辑距离是一个字符串按照基本位操作运算符转换成另一个字符串所需的转换成本。虽然，该方法能有效解决完整字符串之间距离的问题，但是也存在诸多不足，因而众多学者陆续提出了针对编辑距离法改进的语义相似度计算方法，主要有仿射间隙距离法、Smith-Waterman 距离法、Jaro 距离法及 Q-gram 距离法等，这些方法是从不同侧面对编辑距离法的进一步改进，但其本质都是基于字符的编辑特征来度量对象之间的相似度大小，以下分别对这几种方法予以介绍。

1）基于编辑距离的语义相似度计算

基于编辑距离的语义相似度计算方法通过考核两个字符串 σ_1 与 σ_2 之间的编辑距离来衡量它们之间的相似度（Arasu et al., 2006）。对于馆藏资源元数据的属性匹配而言，其属性字符串 σ_1 与外部实体对象属性字符串 σ_2 的编辑距离是指利用字符的插入、删除及替代三类基本编辑操作将 σ_1 转化为 σ_2 所需的最小成本，以此为基础，馆藏资源文本属性的源字符串 σ_1 与外部实体对象属性字符串 σ_2 之间的编辑距离则可表示为

$$O(|\sigma_1|\cdot|\sigma_2|)$$

属性字符串 σ_1 与 σ_2 的编辑相似度可进一步定义为

$$\text{Sim}(\sigma_1,\sigma_2)=1-\frac{O(|\sigma_1|\cdot|\sigma_2|)}{\max(|\sigma_1|,|\sigma_2|)}$$

操作成本的测度模型种类繁多，其中最为简单的一种方式是每操作一次基础编辑操作则成本加1，这种算法称为 Levenshtein 编辑距离，用基本动态程序算法来计算两个字符串之间的编辑距离。此外，Landau 和 Vishkin（1989）设计的算法则定义 $O(\max\{|\sigma_1|,|\sigma_2|\}\cdot k)$ 为两者之间的编辑距离表达，但该定义的前提条件是字符串 σ_1 与字符串 σ_2 之间的编辑距离小于常数 k，并且 $\|\sigma_1\|-\|\sigma_2\|>k$。如果 $\|\sigma_1\|-\|\sigma_2\|\leqslant k$ 时，根据定义，两个字符串的距离则不以距离 k 来定义，而应记为：$O(\max\{|\sigma_1|,|\sigma_2|\}\cdot k)\sim O(|\sigma_1|\cdot k)\sim O(|\sigma_2|\cdot k))$。编辑距离成本模型还在不断的优化中，如 Needleman 和 Wunsch（1970）两位学者就对传统的编辑距离模型进行了修正，允许根据字符操作的差异化来决定操作成本的差异化。例如，同样的替换操作，将 O 替换为 0 的成本要比将 q 替换 f 的成本小，当然这是由于字符的相近程度决定的。然而极具细化的操作成本定义无形中使得字符串之间编辑距离计算的工作量大大增加，很显然是以时间代价提升计算准确度的一种方法。

2）基于 Affine 间隔距离的语义相似度计算

编辑距离法通过两个字符串之间的转换成本来衡量两者之间的距离，并以此为基础计算相似度的大小。该算法的前提条件是，对于待匹配的两个字符串而言，

必须具有拼写完整的基本特征，其原因是字符串之间的转化是字母逐一转换，转换字母的个数决定了转换成本的大小。正因如此，用编辑距离法处理截断或缩略（如 Tim Berners Lee 与 T. B. Lee）等拼写不完整的字符串，其转换成本的计算就显得力不从心了，无论是字符的截断还是缩略，都会造成编辑距离的计算偏离于完整字符串的基本特征。

为了有效解决上述问题，Waterman 等（1976）学者提出了基于 Affine 间隙距离的方法来识别与判断具有截断和缩略表达情况下的字符串距离测度与相似度计算。该方法通过增加打开间隙与扩展间隙这两个额外的编辑操作符来解决此类问题。一般而言，扩展间隙的成本比打开间隙的成本要低得多，同时，该算法也比编辑距离法具有更小的成本负担，也即具有更小的计算量。通常，当间隙的最大长度 $a \ll \min\{|\sigma_1|,|\sigma_2|\}$ 时，两个字符串之间的 Affine 间隙距离需要计算 $O(a \cdot |\sigma_1| \cdot |\sigma_2|)$ 次，因而两字符串之间的相似度的大小与两者之间的最大长度 a 及字符串各自的长度 σ_1、σ_2 息息相关。通常算法的运行次数大约为 $O(a^2 \cdot |\sigma_1| \cdot |\sigma_2|)$ 次。

3）基于 Smith-Waterman 距离的语义相似度计算

为了进一步提高字符串匹配的效率，降低匹配的成本开销，Smith 和 Waterman（1981）两位学者在吸收编辑距离法和 Affine 间隙距离法优势的基础上对字符串距离成本的计算做了明晰的界定。他们认为在两个字符串开始或最终结束时匹配失败所花费的成本比在字符串中间匹配失败所花费的成本要低，并定义该算法为 Smith-Waterman 距离法。与此同时，他们也进一步提出允许在两个匹配字符串之间进行更好的局部应对匹配，也即进行字符串的局部匹配。例如，根据 Smith-Waterman 距离法判断，字符串"Prof. John R. Smith, University of Calgary"与"John R. Smith, Prof."具有较短的距离和较强的相似度，这主要是因为 Smith-Waterman 距离法忽略了两个字符串的前缀和后缀。

在算法实现的过程中，Smith-Waterman 距离法采用了被称为 Needleman-Wunsch 算法的动态程序计算技术。两个字符串的 Smith-Waterman 距离由算法计算的次数 $O(|\sigma_1| \cdot |\sigma_2|)$ 来决定，其中 $|\sigma_1|$ 和 $|\sigma_2|$ 分别是两个字符串 σ_1 和 σ_2 的长度。

4）基于 Jaro 距离的语义相似度计算

学者 Jaro（1967）针对姓名字符串提出了一种比较的算法，能够从姓与名两方面分别比较字符串的匹配程度。对于字符串 σ_1 与 σ_2，Jaro 距离的计算过程主要包括：首先，分别计算两个字符串的长度 $|\sigma_1|$ 和 $|\sigma_2|$；其次，在这两个字符串中查找相同字符 $\sigma_1[i]$ 与 $\sigma_2[j]$，每一对匹配成功的字符都有 $\sigma_1[i] = \sigma_2[j]$，同时 $|i-j| \leqslant \frac{1}{2}\min\{|\sigma_1|,|\sigma_2|\}$；最后，计算需转换的字符数 t，该数值的计算过程是排除掉字

符串 σ_1 与 σ_2 中相同的字符数，剩余的匹配不成功的字符数即转换字符数。Jaro 距离由下列公式描述：

$$\text{Jaro}(\sigma_1,\sigma_2) \leq \frac{1}{2}\left(\frac{c}{|\sigma_1|}+\frac{c}{|\sigma_2|}+\frac{c-t/2}{c}\right)$$

通过 Jaro 算法的描述，可以看到，基于 Jaro 算法的字符串长度由匹配计算次数 $O(|\sigma_1|\cdot|\sigma_2|)$ 决定，其中 $|\sigma_1|$ 和 $|\sigma_2|$ 分别是两个字符串 σ_1 和 σ_2 的长度。在 Jaro 距离算法的基础上，Winkler 和 Thibaudeau（1991）两位学者进行了改进研究，提出对姓名字符串的前缀名字赋予较大的权重，而对后缀姓赋予较小的权重，其原因为在姓名字符串的构成中，名比姓更加重要。

5）基于 Q-Grams 距离的语义相似度计算

Q-Grams 是指任一字符串的长度为 q 的短子字符串，其本质是当两个字符串 σ_1 和 σ_2 相似时，Q-Grams 可作为字符串 σ_1 和 σ_2 所共享的一个大数值的代表，进而实现在此基础上的近似匹配。其含义是：给定一个字符串 σ，它的 Q-Grams 值通过在 σ 中划分一个长度为 q 的子字符串窗口而获取，因为，Q-Grams 值是从字符串 σ 的开始字符与结束字符中提取的，长度上要比 q 子字符串更短。通常在获取 Q-Grams 值的过程中，从字符串开始到结尾处，相同的字符均以一个特殊的字符 $q-1$ 来置换在此处的原始字符，最后的 Q-Grams 值则以统计特殊字符的个数来确定。

通常，Q-Grams 值通过 Hash 索引近似计算，利用该方法，两个字符串 σ_1 与 σ_2 相似度匹配的平均计算次数是 $O(\max\{|\sigma_1|\cdot|\sigma_2|\})$。例如，目前很多算法均使用 Q-Grams 策略，即以连续字符序列单元长度 q 为依据，将字符串切分为若干字符单元，其中 q 可以依据字符串的延展性需要自行设置调整，如字符串 $r=$ "dblab" 可以在 $q=2$ 的定义下被进一步切分为 $r = \{$ 'd'，'db'，'b'，'bl'，'l'，'la'，'a'，'ab'，'b'$\}$ 多个字符单元，进而给每个字符单元赋予相似度权重用以计算整个字符串的相似度（游毅，2013）。

上述字符串相似度的计算方式都来自对字符串语法编辑特征的字符精准匹配。虽然匹配算法严格，匹配效果易于量化，但是由于只考虑到语法层面、字符一一对应的匹配关系，匹配的效果不尽如人意，缺乏对字符串语义层次特征的揭示与度量。因而，严格来说基于编辑距离的字符串相似度匹配还没有达到语义相似度计算的要求。但该方法的核心思想为字符串之间的语义相似度计算问题提供了有意义的参考。

2. 基于字符串特征的语义相似度计算

如上所述，基于字符编辑特征的语义相似度计算问题主要关注两个字符串的编辑特征，对于文本的识别与字符编辑正确性检测等都具有重要的应用价值，而从语义相似度的评价来看，依托编辑距离的核算来衡量字符串之间的相似度大小，显然在语法结构层面具有无可比拟的优势。然而，在现实情况下，类似于姓名的表达方式除了上述出现截断与缩写的情况，更加常见的是姓名前后顺序的摆放问题。例如，"Bill Clinton"与"Clinton. Bill"这两种姓名的表达方法。假如按照常规的基于编辑特征的字符匹配来识别与判断这两个字符串的相似度，得到的唯一结论就是两者之间相似度为 0 或是存在弱相关关系。导致此结论出现的原因无外乎是由于基于编辑距离的匹配基础是站在语法层面的。单纯利用逐字、顺序方式匹配两字符串出现的所有字母，必然使得编辑顺序不一样的字符串具有很大的编辑距离。

正因如此，对于字符串语义层面的相似度计算问题，有必要在编辑距离方法的基础上进一步将字符出现的顺序考虑到相似度匹配的计算模型中综合考量。具体而言，目前在实体资源描述的单一属性维度，可用于本地馆藏数据集与外部开放关联数据集中实体资源间语义关联发现的单属性相似度匹配算法主要包括：原子字符串法、WHIRL 方法（一种余弦相似度与 TF-IDF 权重框架模式相融合的方法）、TF-IDF 功能提升的 Q-Grams 方法、BM25 算法、隐马尔科夫模型算法等。随着技术的进步，这些传统方法也在不断优化中，以下对这些主要的方法进行介绍。

1）基于原子字符串法的语义相似度计算

原子字符串方法是由 Monge 和 Elkan（1996）两位学者提出的，该方法的主要功能是解决文本域匹配的问题。原子字符串是一个通过标点字符分隔的字母、数字字符的序列。当两个原子字符串相同或其中之一是另一个的前缀时，这两个字符串将进行匹配。显然，该方式是以原子字符串为基本单位，究其本质还是属于语法层面的字面匹配，但与以编辑距离为核心的相似度匹配相比，字面匹配的单位由单个字符变成单个原子字符串，因而从功能实现的角度来看已经带有轻量级的语义功能层次，但语义相似度功能匹配的性能还有待提升。

2）基于 WHIRL 方法的语义相似度计算

WHIRL 方法是由学者 Cohen 提出的，该算法将信息检索领域的余弦相似度方法与 TF-IDF 文档词频权重计算模型进行了巧妙的整合，从而实现了对原子字符串域之间的语义相似度的度量。该方法的基本思想是将字符串 σ 分割为若干个独立的语词 w，每一个语词都有一个权重与其对应：

$$v_\sigma(w) = \log(tf_w + 1) \cdot \log(idf_w)$$

其中，tf_w 表示语词 w 在某一个字符串域中出现的频率；idf_w 表示语词 w 在语料库集合中的倒排文档频率，可记为 $\dfrac{|D|}{n_w}$，其中，n_w 表示语料库 D 中，语词 w 出现的频数。如果一个语词 w 在某一字符串域中出现的次数越多（即 tf_w 越大），并且它在语料库中出现的次数越少（即 idf_w 越大），那么它的 TF·IDF 权重越大。例如，

在一些学术机构名称的语料库中"Harvard""Stanford""California"等语词很显然具有比"University""Institute""College"等语词更大的 idf 权重,原因是"University""Institute""College"等在语料库中是高词频语词,而它们的倒排文档频率自然就要低,表明它们没有语料库中的低频词重要。字符串 σ_1 与 σ_2 的余弦相似度计算则定义为

$$\text{Sim}(\sigma_1,\sigma_2) = \frac{\sum_{j=1}^{|D|} v_{\sigma_1}(j) \cdot v_{\sigma_2}(j)}{\|v_{\sigma_1}\|_2 \cdot \|v_{\sigma_2}\|_2}$$

字符串的余弦相似度评价方法在大变量实体相似度计算领域已得到了广泛的应用,该方法最主要的特点就是对语词在字符串中出现的位置不敏感,也就是说在匹配字符串语义相似度的过程中不考虑语词在字符串中出现的位置,即"Bill Clinton"与"Clinton. Bill"等这类问题,对于余弦相似度评价而言不会造成识别困难。与此同时,在两个字符串中若出现了较低的倒排文档频率语词,那么这个语词对于两个字符串余弦相似度评价构成的影响也不会太明显。例如,"Bill Clinton"与"Mr. Bill Clinton"两个字符串,余弦相似度评价方法会认为这两个字符串具有较大的相似度及紧密的语义相关性。然而,余弦相似度评价法对于字符串的拼写错误等语法问题却无能为力。例如,"Infomation Management Department"和"Department of Information Manegement"两个有拼写错误的字符串,利用余弦相似度计算,相似程度将为 0,其主要是语词的拼写错误使得词频与语词的倒排文档频率值无法统计所造成(Bhattacharya,2006)。

3)基于 TF-IDF 功能提升的 Q-Grams 方法语义相似度计算

由于 WHIRL 方法无法对具有拼写错误等语法问题的字符串进行相似度匹配评价,因而 Gravano 等(2003)对 WHIRL 系统方法进行了改进。其主导思想是,在进行词频和倒排文档频率计算的过程中不以语词作为统计的基本单位,而是以子字符串域作为基本单位。通过这种设置,两个字符串的子字符串在进行匹配时,拼写错误等造成无法匹配的问题即可得到有效的解决。例如,"Gteway Communications"与"Comunication Gateway"这两个具有拼写错误及词序颠倒等问题的字符串将能够得到高相似度的匹配结果。该算法的主要工作原理是,在统计词频时不以语词为单位,而是以子字符串为单位,那么在字符串频率统计的过程中就能获取相关子字符串域的频率和倒排文档频率,进而实现语义相似度的计算。此外,该算法对于字符串插入词的现象也能够很好地处理。例如,"Gateway Communications"与"Communications Gateway International"也被认为具有高相似度。其原因是,插入的新词"International"作为一个子字符串,具有在文档集中的高频特征,因而其 idf 频率则过低,在两个字符串相似度计算的过程中由于其权重过低而被忽略。

4）基于 sigmoid 函数的语义相似度计算

具体而言，可以选择 sigmoid 函数来实现基于语法、基于概念定义、基于概念实例及基于概念结构四种术语相似度算法的权重选取。其中 sigmoid 函数可表示为

$$f(x)=\frac{1}{1+e^{-8(x-0.5)}},(0\leqslant x\leqslant 1)$$

该函数中的参数 x 为基于不同术语相似度算法所得到的相似度取值，$f(x)$ 函数计算结果则代表了不同算法各自的初始权重。进一步地，基于四种算法各自的权重计算结果，就能够利用如下加权函数对术语相似度计算结果进行加权汇总，从而得到概念术语 A 与 B 之间的最终语义相似度：

$$\text{Sim}(A,B)=\frac{f_1}{f_1+f_2+f_3+f_4}\text{Sim}_1(A,B)+\frac{f_2}{f_1+f_2+f_3+f_4}\text{Sim}_2(A,B)$$
$$+\frac{f_3}{f_1+f_2+f_3+f_4}\text{Sim}_3(A,B)+\frac{f_4}{f_1+f_2+f_3+f_4}\text{Sim}_4(A,B)$$

其中，f_1、f_2、f_3、f_4 分别代表基于语法、基于概念定义、基于概念实例和基于概念结构四种术语相似度算法各自的权重，Sim_1、Sim_2、Sim_3、Sim_4 则代表四种算法的相似度计算结果。基于术语相似度最终计算结果并结合预先设定的相似度阈值，就能够判断图书馆与外部数据集中异构术语词汇之间是否存在同一性语义关联关系。

5）基于 BM25 算法的语义相似度计算

基于该算法的馆藏实体属性相似度匹配通过计算实体属性间的 BM25 指数来实现（Cohen et al.，2003）。利用文本字符串描述的馆藏实体属性 r_1 与目标对象属性 r_2 之间的 BM25 相似度指数可定义为

$$\text{Sim}_{\text{BM25}}(r_1,r_2)=\sum_{t\in r_1\cap r_2}w_{r_1}(t)w_{r_2}(t)$$

其中：

$$w_{r_1}(t)=\frac{(k_3+1)\cdot tf_{r_1}(t)}{(k_3)+tf_{r_1}(t)},w_{r_2}(t)=w_R^{(1)}(t)\frac{(k_1+1)\cdot tf_{r_2}(t)}{k(r_2)+tf_{r_2}(t)}$$

$$w_R^{(1)}(t)=\log\frac{N-n_t+0.5}{n_t+0.5}$$

且

$$k(r)=k_1\left((1-b)+b\frac{|r|}{\text{avg}_r l}\right)$$

其中，$tf_r(t)$ 表示字符 t 在文本字符串 r 中出现的频率；$|r|$ 为字符串 r 中字符的数量；$\text{avg}_r l$ 为所有文本字符串所包含字符的平均数；N 为字符串集合 R 中所含字符串的数量；n_t 为包含字符 t 的字符串数量；k_1、k_3、b 为独立的参数，其取

值通常为 $k_1\in[1,2]$，$k_3=8$，$b\in[0.6,0.75]$。通过上式计算出的 BM25 指数值即可判断馆藏资源 r_1 与 r_2 在文本特征属性维度的语义相关性大小。

6）基于隐马尔科夫模型的语义相似度计算

基于隐马尔科夫模型的馆藏资源对象语义相似度计算适用于离散型资源特征变量的计算，并通过利用先验概率验证馆藏资源对象之间的语义相似性概率（Hausenblas and Halb，2008）。基于隐马尔科夫模型所构建的馆藏资源对象特征属性字符串 r_1 与 r_2 的相似度度量如下所示：

$$\text{Sim}_{HMM}(r_1,r_2)=\prod_{t\in r_1}(a_0 P(t|GE)+a_1 P(t|r_2))$$

其中，a_0 与 a_1 为马尔科夫模型中的状态转换概率，且 $a_1+a_0=1$。

$P(t|GE)$ 与 $P(t|r_2)$ 分别定义为函数：

$$P(t|GE)=\frac{\sum_{r\in R}f_r(t)}{\sum_{r\in R}|r|},\quad P(t|r_2)=\frac{f_{r_2}(t)}{r_2}$$

其中，$f_r(t)$ 为字符 t 在字符串 r 中出现的频率。

基于隐马尔科夫模型的馆藏资源特征属性字符串相似度匹配算法适用于当前广泛使用的关系型数据库系统及 SQL 语句的查询。在当前关联数据集资源大量使用 D2R 等关系型数据库发布的情况下，具有较强的实用性与可操作性。

7）基于 WordNet 词表的语义相似度计算

众所周知，WordNet 是由美国普林斯顿大学开发的一个英语词语知识库系统，WordNet 中的任何一个术语按照一个统一的词汇关系体系进行分组排序，以此揭示词汇之间存在的各类语义关系。在 WordNet 中，任意词对都可能存在四种语义关系：上位类关系，是指如果 Y 是 X 中的一种类型，那么可以称 X 是 Y 的上位类；下位类关系，是指如果 X 是 Y 中的一种类型，那么可以称 X 是 Y 的下位类；整体关系，是指如果 Y 是 X 的一部分，那么可以称 X 是 Y 的整体词；局部关系，是指如果 X 是 Y 的一部分，那么可以称 X 是 Y 的局部词。

通常，可将词汇之间的语义关联关系用 is-a 层次分类图结构表达，如图 5-1 所示。

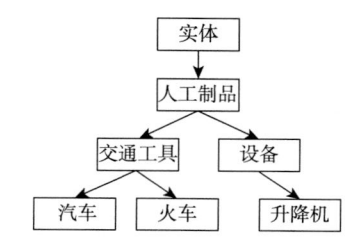

图 5-1 WordNet 词表语义层级关系

图 5-1 中的实例说明汽车是交通工具的一种,升降机是设备的一种,实体是这个层次分类图的根节点。为了进一步刻画实体之间的语义关系类别,我们继续做出如下定义说明:

lch (w_1, w_2):表示任意两个术语的最邻近共同上位类,如图 5-1 中,lch (car, train) = vehicle, lch (car, elevator) = artifact;

dis (w_1, w_2):表示层次分类图中任意两节点的最短路径长度,如图 5-1 中, dis (car, artifact) = 2, dis (elevator, entity) = 3;

dep (w):表示节点在层次分类图中的深度,如图 5-1 中, dep (root) = 1, dep (w) = dis (w, root) + 1。

于是,基于 WordNet 的实体相似度计算可描述为

$$\text{Sim}_{\text{WordNet}}(w_1, w_2) = \frac{2 \times \text{dep}(\text{lch}(w_1, w_2))}{\text{dis}(w_1, \text{lch}(w_1, w_2)) + \text{dis}(w_2, \text{lch}(w_1, w_2)) + 2 \times \text{dep}(\text{lch}(w_1, w_2))}$$

可见,基于 WordNet 知识库系统的任意两实体之间的相似度计算过程,首先需要将实体对应的词汇集参照 WordNet 知识库中词汇间的语义关系构建层次分类图;其次,则由实体对应词汇之间的最邻近共同上位类、最短路径长度及最邻近共同上位类的深度来共同决定。例如,上例中:

$$\text{Sim}_{\text{WordNet}}(\text{car}, \text{train}) = \frac{2 \times \text{dep}(\text{vehicle})}{\text{dis}(\text{car}, \text{vehicle}) + \text{dis}(\text{train}, \text{vehicle}) + 2 \times \text{dep}(\text{vehicle})}$$

$$= \frac{2 \times 3}{1 + 1 + 2 \times 3} = 0.75$$

$$\text{Sim}_{\text{WordNet}}(\text{car}, \text{elevator}) = \frac{2 \times \text{dep}(\text{artifact})}{\text{dis}(\text{car}, \text{artifact}) + \text{dis}(\text{elevator}, \text{artifact}) + 2 \times \text{dep}(\text{artifact})}$$

$$= \frac{2 \times 2}{2 + 2 + 2 \times 2} = 0.5$$

8)基于语料库的语义相似度计算

多数基于语料库的方法通过点式互信息(pointwise mutual information,PMI)这个指标来衡量两个词语之间的语义相关性,其计算公式如下:

$$\text{PMI}(x, y) = \log\left(\frac{P(x, y)}{P(x)P(y)}\right) = \log\left(\frac{P(x|y)}{P(x)}\right) = \log\left(\frac{P(y|x)}{P(y)}\right)$$

在概率论中,我们知道,如果 x 与 y 不相关,则 P(x, y) = P(x)P(y)。二者相关性越大,则 P(x, y) 相比于 P(x)P(y) 越大。用后面的式子可能更好理解,在 y 出现的情况下 x 出现的条件概率 P($x|y$) 除以 x 本身出现的概率 P(x),自然就表示 x 与 y 的相关程度。这里的 log 来自信息论的理论,可以简单理解为,当对 P(x) 取 log 之后就将一个概率转换为了信息量(要再乘以 -1 将其变为正数),

以 2 为底时可以简单理解为用多少个 bits 可以表示这个变量。

具体在语料库的词语相关性计算中，通过考虑两个词语同时出现在同一篇文献中的概率大小来判断相关性的大小。然而这种方法忽视的主要问题是如果一个词语在某篇文章中出现的次数小于该词的同义词语出现的次数，那么两词之间相似度的计算必然会受到影响。因而，在传统 PMI 方法的基础上又衍生出了相关的改进算法，也即在统计两个词在同一篇文献中共同出现频率的同时也要考虑到同义词所出现的次数。为了更加深入说明该算法的实现机理，可以做如下相关定义：

$f(t)$ 代表词语 t 在整个语料库中出现的次数；

$f(t,w)$ 代表语词 t、w 在整个语料库中出现的次数；

PMI 则表示为 $f^{\text{PMI}}(t_i,w)$，记为

$$f^{\text{PMI}}(t_i,w) = \log_2 \frac{f(t_i,w) \cdot m}{f(t_i) \cdot f(w)}$$

其中，m 为语词的总量。

若假设 W_1 和 W_2 是需要计算相似度大小的两个语词，对于 W_1 而言，定义 X 词汇集与其对应，X 中包含有 W_1 的所有同义词，并且根据这些词与 W_1 之间 PMI 值的降序排列。若假定排名前 n 位的同义词有下列性质：

$$f^{\text{PMI}}(t_i,w) > 0, X = \{X_i\}, i = 1,2,3,\cdots,n_1$$
$$f^{\text{PMI}}(X^1,W^1) \geqslant f^{\text{PMI}}(x_2,w_1) \geqslant f^{\text{PMI}}(X_{n_1},W_1) \geqslant 0$$

于是，可定义 n-PMI 求和函数为

$$f(W_1,W_2,n_1) = \sum_{i=1}^{n_1} \left(f^{\text{PMI}}(X_i,W_2)\right)^r$$

其中，$f^{\text{PMI}}(X_i,W_2) > 0$。

通过该式可以计算出 X 中与 W_2 具有正例 PMI 值的次数之和；r 为一个大于 1 的正整数；r 的值越大，对语义 PMI 值的影响也越大。此处我们取 $r=3$。

相似地，对于 W_2，也可定义一个词汇集 Y，

$$Y = \{Y_i\}, i = 1,2,\cdots,n_2$$
$$f^{\text{PMI}}(Y_1,W_2) \geqslant f^{\text{PMI}}(Y_2,W_2) \geqslant f^{\text{PMI}}(Y_{n_2},W_2) \geqslant 0$$

于是，可定义 n-PMI 求和函数为

$$f^{\text{PMI}}(Y_1,W_2) \geqslant f^{\text{PMI}}(Y_2,W_2) \geqslant \cdots \geqslant f^{\text{PMI}}(Y_{n_2},W_2) \geqslant 0$$

此时，便可得到基于语料库的词语相似度度量公式：

$$\text{Sim}_{\text{PMI}}(W_1,W_2) = \frac{f(W_1,W_2,n_1)}{n_1} + \frac{f(W_2,W_1,n_2)}{n_2}$$

相似度值的范围类似于基于 WordNet 词表的语义相关性取值范围，取值在[0，1]。

3. 基于数值特征的语义相似度计算

倘若把数值型数据看成字符串，那么上述面向字符串语义相似性度量的算法和模型在数值型数据的相似度计算过程中也是适用的，但是由于数值型数据的特殊性，传统方法的运用造成某些信息内容的缺失，从而数据模型无法实现对数据特征的完整性揭示，更无法对其实现精准的语义相似度计算。因而，数值型数据之间语义相似性的度量问题也开始引起学术界的关注。

但当前，对于此类数据的相关性度量问题还没有一个完全有效的解决方案。例如，有学者利用模糊匹配的方式对两个数值型字符串相对应的部分进行范围查询，但该方法最终的结果相对于传统的分布式检索而言却并没有明显优势。此外，由于数值型数据匹配的精准性匹配特征，语义层面的相似度范围匹配的衡量标准难以确定。例如，需要比较两个地理位置的相似度大小，两个地理信息均以经、纬度坐标的数值型数据描述，那么，若以数值型数据进行精准匹配，两条数据的经、纬度数值要逐一匹配成功才算成功。然而，针对上述问题，在现实中的匹配往往更注重语义层面的相关程度，也就是说匹配是在一个地理区间范围内的相似度，而不是精准度问题。

一般而言，针对数值型数据的语义相似度计算方法主要有：Date，计算两个日期之间的距离，并以天为单位；DateTime，计算两个日期之间的距离，并以秒为单位；Geographic 距离，计算两点之间的地理距离并以千米为单位；Numeric 相似度，计算两个数字之间的数值距离；等等。

在数值数据的语义相似度评价领域，未来的研究可以尝试利用 TF-IDF 的权重定义模型为数值型数据进行权重的定义并利用余弦相似度算法建立结构模型，从而实现对其进行语义相似度匹配（Agrawal and Srikant，2002；Koudas et al.，2004）。

上述各类面向实体独立属性的语义相似度匹配算法，能够有效应对馆藏资源关联数据与外部数据集数据之间基于单维度属性描述对象的语义相似度匹配问题。实体资源对象特征揭示的过程中，由于数据类型的多样性及表达方式的多样性，相似度匹配的算法也呈现出多种类型。在馆藏资源关联数据与 Web 环境下的关联开放数据集进行语义关联的过程中，可将某一馆藏元数据集作为来源数据集，将开放关联数据云中任一数据集作为目标数据集，分别根据元数据的属性特征，酌情选择相应的相似度匹配算法进行语义相似度匹配。显然，当对字符型属性进行相似度判断时，则可选择 Q-Grams 字符串单元切分策略算法，其中可设定 Q=2（相关研究表明该取值具有更高的匹配准确率）。同时，也可选择馆藏资源元数据中的题名属性或作者属性分别作为特征属性项，并选择适当的相似度匹配算法与目标数据集中同类资源的相关文本属性进行字符串匹配，最终可得到实体资源单个属性之间最终的相似度取值，并通过与预先设定的相似度阈值 θ 的比较，来判断两者之间的语义相关性（游毅，2013）。然而，由于馆藏资源元数据的对象构成通常具有多维特征，显然，上述算法的性能是无法满足多维度属性特征相似度评价要求的，因而有必要从多维属性的视角来探讨关联数据集之间的语义相似度评价问题。

5.2.3 面向实体多维属性的语义相似度计算方法

上述相似度度量的对象主要是针对馆藏资源元数据的独立属性特征，由于属性的构成主要包含字符、数值、日期等数据类型，因而相似度度量的研究主要针对这些数据类型展开。然而，全球关联开放数据的构建仅仅只是从单一属性的维度考察数据之间的相关性，这对于关联关系的完整构建是远远不够的。对于馆藏资源元数据而言，由于实体馆藏资源的描述往往通过多维度属性特征集来进行全方位揭示，故从相似性的匹配来看也应综合考虑从多个维度来全面匹配馆藏资源对象的问题。

通常，我们可以对要进行相似性匹配的馆藏资源实体对象进行概念化描述。例如，假设 A 和 B 分别表示需要进行匹配的馆藏资源实体元数据，当然由于其具有的多维度特征，其呈现形态可以是二维表格的形式，二维表格包含的多个属性代表了 A 和 B 这两个馆藏资源实体的匹配领域。那么在进行相似性匹配的过程中，待匹配的馆藏资源元数据的属性对<α, β>（其中 $\alpha \in A$, $\beta \in B$）都将属于两种类别 M（匹配）和 U（不匹配）其中之一。类别 M 表示在属性对上匹配成功的或相同的实体，称之为"match"，类别 U 则表示在属性对上匹配不成功的或不相同的实体，称之为"nonmatch"。同时，我们将每一个属性对<α, β>都以向量空间模型加以描述，记为：$x = [x_1, x_2, \cdots, x_n]^T$，$n$ 代表馆藏资源元数据的属性个数，向量 x 表明在馆藏资源元数据 A 和 B 的属性值，每一个 x_i 表明在两条记录 α 和 β 之间，在 i 这个属性上的协议水平。当然，这个协议水平值大小的确定有多重方法，但在相似度匹配领域常用的方法是采用二进制判断，也即如果在 i 这个维度匹配成功则 x_i 值赋值为 1，否则赋值为 0。

目前，关于多维度资源对象相似度匹配方面的研究成果较丰富，从馆藏资源的多属性维度来评价实体馆藏资源之间相似度的方法可以借鉴目前已有的研究成果。从方法的实现角度来看，主要包括基于学习训练的统计分析与机器学习方法，以及基于领域知识的距离计算与逻辑推理方法。具体而言，面向馆藏资源元数据多维属性的语义相似度计算方法如下。

1. 基于概率匹配模型的语义相似度计算方法

1）基于朴素贝叶斯的语义相似度计算

基于概率匹配的随机向量语义相似度计算从统计方法实现的角度来说是两个输入向量之间的重复性检测问题。待匹配向量 x 作为决策规则的输入，通过判定之后需要将其转换成为两类输出，一类是 M，另一类是 U。需要明确说明的是，馆藏资源元数据属性描述向量 x 是一个随机向量，其密度函数根据输出类别的不同而不同，当然，如果用于每个类别的密度函数是已知的，那么向量之间的重复性检测问题将变成贝叶斯推理问题。

当 x 为匹配向量，随机从属性空间集中选取若干属性对构成馆藏资源元数据的匹配向量空间 $<\alpha, \beta>$，则决策目标为判断：$<\alpha, \beta> \in M$ 还是 $<\alpha, \beta> \in U$。一个基于简单概率的决策规则便可描述为

$$<\alpha, \beta> \in \begin{cases} M & \text{if } P(M|x) \geqslant P(U|x) \\ U & \text{其他情况} \end{cases} \quad (5\text{-}1)$$

这个决策规则表明，如果馆藏资源元数据属性描述的随机向量 x 之间匹配成功的概率大于匹配失败的概率，那么就将向量之间的匹配列为 M 类，反之则列为 U 类。参考贝叶斯公式，上述决策规则可进一步描述为

$$<\alpha, \beta> \in \begin{cases} M & \text{if } l(x) = \dfrac{P(x|M)}{P(x|U)} \geqslant \dfrac{P(U)}{P(M)} \\ U & \text{其他情况} \end{cases} \quad (5\text{-}2)$$

其中，$l(x) = \dfrac{P(x|M)}{P(x|U)}$ 为匹配成功类型 M 中向量与匹配不成功类型 U 中向量之比，也称为似然比，是反映两类向量比值的真实性、灵敏度和特异度的复合指标。$\dfrac{P(U)}{P(M)}$ 为该决策似然比值的控制阈值，即似然比大于等于该阈值则分为 M 类，小于该阈值则分为 U 类。同时，我们将式（5-2）称为贝叶斯最小误差测试。该测试表示在最小误差概率情况下，贝叶斯分类测试的结果，从分类的准确度层面来看，贝叶斯最小误差分类是一个最优分类器。当然贝叶斯分类器的前提条件是 $P(x|M)$、$P(x|U)$、$P(U)$ 和 $P(M)$ 的概率值要提前预知，这在现实情况下是很难满足的条件，因而这也成为制约该方法适用性的主要瓶颈。

为了有效解决这个问题，通常可采用朴素贝叶斯方法，分别计算上述相关参数 $P(x|M)$、$P(x|U)$，但前提是进行条件独立性假设并推测在 $i \neq j$，也即 x_i 与 x_j 相互独立的条件下可分别求得条件概率 $P(x_i|M)$ 及 $P(x_j|M)$，同理可求得 $P(x_i|U)$ 及 $P(x_j|U)$，于是可求得

$$P(x|\text{M}) = \prod_{i=1}^{n} P(x_i|\text{M})$$

$$P(x|\text{U}) = \prod_{i=1}^{n} P(x_i|\text{U})$$

$P(x_i|\text{M})$ 与 $P(x_i|\text{U})$ 即可利用预先标记类型的馆藏资源元数据属性对作为训练集来求得。Jaro（1989）提出了一种行之有效的处理方式，即利用二进制数来对随机向量的元素 x_i 进行赋值。例如，如果在 i 属性维度两个实体匹配成功，那么对 x_i 赋值为 1，反之赋值为 0，再利用最大期望算法计算 $P(x_i=1|\text{M})$ 的概率；同理可计算出 $P(x_i=1|\text{U})$ 的概率大小。

诚然，当条件独立性不作为一个合理假设的前提时，条件概率的计算将变得更加复杂。学者 Winkler 针对这个问题开展了相关研究，认为可利用一般的期望最大算法来计算 $P(x|\text{M})$ 及 $P(x|\text{U})$。同时 Winkler（1993）也针对一般的无监督期望最大算法的实施提出了五个前提条件：其一，实际数据集中属性集匹配的比例应该尽可能大，至少要大于 5%；其二，馆藏资源实体属性向量的类型区分应尽可能明晰、完整；其三，尽可能地降低编辑错误率；其四，实体属性集的描述过程，需要有足够的冗余标识符来克服在属性描述记录中其他字段的错误而造成的描述不一致现象；其五，朴素贝叶斯方法的实现需要在一个良好的分类状态下进行条件独立性假设的前提下进行。

当然，Winkler（2002）对如何在上述假设条件不成立的情况下有效求解向量相似度匹配结果等问题进行了深入对比研究，发现融合匹配向量标签与非标签定义数据来进行有监督的训练方法比起完全的无监督方法执行效果要更加精确；当无训练集数据的情况下，即变量之间的交互十分有限的前提条件下，非监督的最大期望算法能够得到更好的分类结果。有趣的是，通过条件独立性假设所得到结果与允许变量交互条件下的最大期望算法求解结果很难判断出孰优孰劣。

在馆藏资源元数据属性描述的过程中经常会遇到属性值缺失的情况，造成馆藏资源实体之间的匹配无法正常进行。对于这类普遍存在的现实问题，国外专家学者也提出了一些有效的解决方案，其中学者 Du Bois Jr（1969）在原始 n 维向量集匹配的基础上提出了 $2n$ 维度特征向量 x^* 的比较方案，并定义新的特征向量 x^* 为

$$x^* = (x_1, x_2, \cdots, x_n, x_1 y_1, x_2 y_2, \cdots, x_n y_n)$$

其中：

$$y_i = \begin{cases} 1 & \text{当两条元数据记录对应的属性值不为空时} \\ 0 & \text{其他情况} \end{cases}$$

利用这种向量的表达方式，当两条元数据记录对应属性值均缺失的情况下，

该属性值将不予计算。于是上述基于概率的相似度计算方法中，朴素贝叶斯参数的计算将由 $P(x|M)$ 及 $P(x|U)$ 概率值的计算变为 $P(x_iy_i|M)$ 及 $P(x_iy_i|U)$ 概率值的计算。

2）基于改进隐马尔科夫模型的语义相似度计算

如上文所述，传统的隐马尔科夫模型字符串相似度匹配算法建立在文本字符串单一属性维度上。显然，由于相似度计算维度的唯一性，将难以从一个全局视角来透析馆藏资源的语义特征，资源之间语义相似度的计算结果也往往会大打折扣。因而，在传统隐马尔科夫模型字符串相似度匹配算法的基础上又进行了改进研究，主要考虑从馆藏资源特征的多维度属性方面来提升对语义相似度的计算精度。从改进方法层面看，对馆藏资源特征的不同属性进行权重的分配进而进行资源属性的相似度汇总，是一种有效的解决方案。利用该方法所建立的基于多特征属性加权馆藏资源语义相似度计算结果综合考虑到多维度属性特征资源相似度的影响。但算法改进问题的关键则集中到各个特征属性权值的确定上，这也成为此类算法改进问题的难点所在。馆藏资源不同属性集 O_a 与 O_b 的相似度表示为

$$\text{Sim}_{\text{final}}(O_a, O_b) = \sum_{i=1}^{m}\sum_{j=1}^{n} \text{weight}_i \times \text{Sim}(O_{a_i}, O_{b_j}) = \sum_{i=1}^{m}\sum_{j=1}^{n} \text{weight}_i \times \frac{\text{Max}\left(\sum_{k=1}^{s} \text{Sim}O_{a_{i_k}}, O_{b_{j_k}}\right)}{2 \times \text{Max}\left(\text{size}(O_{a_i}), \text{size}(O_{b_j}) - \text{Max}\left(\sum_{k=1}^{s} \text{Sim}(O_{a_{i_k}}, O_{b_{j_k}})\right)\right)}$$

其中，m 与 n 分别为属性集 O_a 和 O_b 中所包含的特征属性类型的数量：

$$\sum_{i=1}^{m} \text{weight}_i = 1$$

其中，各文本属性的权重可以由发布者自行指定。同时 O_{ai} 为拥有 i 个属性类型的属性集 O_a 的具体属性类型，如果两个馆藏实体资源属性集所包含的所有属性类型均不相同，那么两者之间的相似度达到其最小值：

$$\text{Sim}(O_{a_i}, O_{b_j}) = 0$$

依据通过多维特征属性计算得到的属性集 O_a 和 O_b 之间的相似度大小即可判断馆藏实体对象 a 与 b 之间的相似度大小，进而揭示实体之间语义关联关系的程度。

2. 基于监督与半监督学习的语义相似度计算方法

上述基于概率的相似度计算利用贝叶斯分类器将馆藏资源元数据记录之间的

相似度匹配问题转化为记录对之间的分类问题。根据贝叶斯分类的规则，任意两条馆藏资源元数据记录无外乎分到匹配类 M 和不匹配类 U 中，从而实现对记录对之间相似度的评价。这种概率模型被广泛应用于记录间的重复性检测问题领域。然而，该方法对处理记录的维度（属性）会有严格要求，由于馆藏资源元数据属性维度繁多，基于贝叶斯分类器的模型从某种程度上说还是无法完全适应馆藏资源实体元数据记录之间相似度匹配需求。在机器学习与统计分析领域，一种利用现有训练数据集进行的有监督学习系统孕育而生，在训练数据集中实体记录对之间的匹配关系已用标签提前进行了定义。

  利用有监督学习技术来处理馆藏资源元数据的属性集匹配与上文所述的概率技术方法相似，都将属性集记录对<α, β>看作两个彼此独立的个体，在此基础上进行训练数据的学习，进而构建分类模型。例如，Cochinwala 等（2001）就曾经利用 CART 算法（Olshen et al.，1984）创建了一个分类及回归树模型；同时利用线性判别算法，创建了一个依托数据类型划分的参数线性组合分类；他们还利用最近邻算法创建了一种向量的量化方法。通过实验验证发现在上述方法中，利用 CART 算法实现的实体记录对相似度匹配具有最小的误差百分比。此外，Bilenko 等（2003）利用 SVMlight 学习如何为不同记录的独立属性字段进行匹配结果的整合。研究结果表明向量空间模型 SVM 方法对于将整条记录的所有属性作为比较对象的高维度相似度匹配而言，具有更明显的优势。经过语义关联匹配后的相关记录便可通过关联数据等工具进行有效的关联，从而构建出来自所有本地相关记录数据的网络视图。这个过程也就是局部关联数据集构建的一般过程。根据传递性假设，只要在网络图中链接到的所有记录便是具有语义相似性的实体对象。

  尽管多数情况下实体记录网络上的节点都遵循传递性假设规律，但在某些情况下，传递性假设将会失效。例如，属性集记录对<α, β>与<α, γ>分别两两能够实现相关性匹配，但是属性集记录对<β, γ>却不满足匹配的要求。针对这种传递性假设失效和图形不一致的问题，众多学者开展了深入研究。Cohen 和 Richman（2002）提出了一种有监督的学习方法，在系统对训练数据集学习的过程中，学习如何对现实世界中的实体记录进行聚类，该研究的主要贡献在于通过利用给定的训练数据实例学习，构建了一种自适应距离函数匹配方法；McCallum 和 Wellner（2004）两位学者也尝试利用训练数据集来进行聚类方法的改进研究，他们的方法等同于图分割技术的应用，试图在给定的数据集中为寻找到合适数量的类而进行的最小切割方案。

  上述描述的有监督聚类技术将实体资源的属性描述记录作为关联网络图中的一个节点。从网络图的节点相关性来看，Singla 和 Domingos（2004）两位学者注意到，通过利用网络图中这些实体资源节点的属性值，能够实现在整个网络中传播这些信息节点，从而可以极大地提高重复记录检测的性能。例如，如果两条记录<Google，MountainView，CA>与<GoogleInc，MountainView，California>被判断为相同关系，那么记录中的 CA 和 California 则也被认为是相同的关系，这种关系在其他的记录匹配过程中依然被沿用。其中的一个基本假设是，造成这一区别的原因是对于相同实体进行了不同的表达，如 Google 与 GoogleInc.，而对于属性值的确定不存在错误信息的提供。在此基础上，Pasula 等（2002）学者提出了一个半监督的概率相似度模型，该模型可以处理一般层面的数据变换，同时也能够用来处理记录的大量重复性检测问题。

3. 基于动态学习的语义相似度计算方法

基于有监督学习的语义相似度计算方法的一个主要问题是模型构建过程中的学习问题，需要为其提供一个较大的训练数据集，以此来提高模型的适应性。尽管构建一个完全相匹配的或完全不匹配的训练集不是很困难的事情，但是要以此创建一个高质量、高精确度的分类器着实不是一件容易的事。正是因为有监督学习存在的这些缺陷，才使得专家、学者们开始利用动态学习技术来进行重复性检测系统研究，希望利用制动化手段来实现对模糊属性记录对的定位。与有监督学习的静态学习训练不同，动态学习的过程是学习系统从未确定分类标签的数据中主动地挑选出数据子集来进行训练，通过学习，一旦记录的类型被识别，学习系统将由此获得最大的信息收益（Cohn et al.，1994）。

利用上述思想，学者 Sarawagi 和 Bhamidipaty（2002）设计了一个基于动态学习的重复性检测系统——ALIAS。该系统通过利用"拒绝性区域"的思想显著地压缩了训练数据集的规模。ALIAS 系统运行的核心思想认为大多数重复属性对于非重复属性对之间的边界是非常分明的，对于待分类记录数据集中的记录对而言，系统能够不借助预先的手工分类标签自动将其分到匹配类 M 和不匹配类 U 中。当然，对于那些具有高度不确定性的实体属性而言，ALIAS 系统依然需要通过人工干预的方式对其进行类别划分。

ALIAS 系统分类器的构建过程以一个实体属性记录对的子集作为学习训练的开始，这个子集已经具备有关于实体属性记录对匹配或不匹配的相关特征信息。标签的初始数据集也即成为系统的训练数据，经过训练之后的系统成为初步分类器。然后，利用该分类器对数据集中尚未分类的数据进行初步分类。初始分类系统将在那些未定义标签的记录对中进行一个清晰的决定，其目标是对未标签化的数据集进行相关关系的识别和划分，一旦为记录对定义了标签，则接下来的重要任务即提升分类器的精确度和快速响应度。在分类器学习的过程中，当实体属性记录状态很难确定时反而更有助于增强学习器的完整性。相反，在此过程中学习器如果很容易进行实体属性记录对的预测，对学习器的学习效果反而不会构成太大影响。利用这种技术，ALIAS 系统仅利用很少量的训练数据集，便可实现快速的学习及预测模型的构建，并能够实现对实体属性记录对的高效重复性验证。

此外，Tejada 等（2002）也利用相似的算法策略通过决策树的构建为实体属性记录对的多个维度提供一个有效的匹配规则。他们的研究思想主要通过采用稍微不同的数据或参数的训练来创造一个多维的分类器，分类器有可能对边界模糊的情况进行初步分类，而后通过与用户的反馈来实现分类结果的调整，进而实现对分类器自适应度的优化。这项研究的主要意义在于开发了一些关于记录重复性检测的额外功能及记录之间语义重复、冲突的并行发现机制，这些额外的功能能够发现在数据集中重复性相关记录中的一些新的不一致类型。

4. 基于距离的语义相似度计算方法

通过上述对有监督的机器学习和动态学习语义相似度计算方法的介绍，我们可以清楚认识到，无论是有监督的还是动态学习的方法都以构建一个分类器为主要目标，利用该分类器实现对实体属性记录数据集的重复性检测。区别在于，有监督的机器学习方法分类器的建模过程依托预先确定分类标签的大量训练数据，通过不断学习来达到分类模型高适应度、高精准性、低错误率的目的；动态学习方法对于训练数据集中数量的要求相对于有监督机器学习而言要小得多，为了提高分类器的分类效果，也需要人工参与对实体类别的修正。倘若分类模型的构建过程缺失了训练数据集及人类专家的预先分类标签，那么有监督和动态学习技术将无法实现。

针对训练数据集与人工参与条件的缺失，一种有效的解决方案是为实体资源属性记录对之间定义其距离值，并进行距离的测度，通过这种方法，记录对之间的相似性度量问题便可脱离于训练数据集与人工参与条件了。距离测度方法主要依靠两条记录之间距离的测算及一个合适的匹配相似度阈值来确定，该方法使得不借助训练数据而实现对记录对之间相似度判断变为现实。

记录对之间距离计算的实现方式有很多，其中之一是把记录作为一个长属性值，然后利用向量空间模型进行封装，并选择余弦距离计算的方式进行记录对之间的距离计算，从而确定记录之间的相似度。Monge 和 Elkan 两位学者利用这种思想，通过利用单维度字符串间隙距离算法对完整的记录对进行距离计算，进而判断记录对之间的相关程度；学者 Cohen 则利用单维度字符串相似度匹配的常用方法 TF/IDF 模型进行记录中词语权重的确定，进而利用余弦值距离测度方法来测度记录对之间的相似度距离。

虽然通过引用面向单一维度字符串距离计算方法能够实现完整记录对的长属性表达，以及它们之间的语义相似度匹配判断，然而该方法的应用将忽视属性之间的众多重要特征，而这些重要特征项在重复性检测时显得尤为重要，因而，从本质上而言还是存在记录信息失真的缺陷。为了有效克服这种情况，一些专家、学者又提出了另一些面向记录特征的语义相似度计算方法。其中一种简单的实践机制是，首先，对记录的每一个属性维度进行距离的计算，当然所使用的方法可借助单一维度属性特征的相似度算法；其次，在此基础上再计算记录对之间的属性加权距离，很显然这种方法的核心就转变为属性权值的计算。当前的一般处理技术类似于概率匹配模型的应用。Guha 等（2004）依托这种距离计算的思想进行了一种改进方法的实验研究，他们利用排名列表合并机制实现对所有属性权值的综合计算。具体而言，算法实现的主要过程是如果只比较记录中的一个属性特征维度，那么可以通过相似度匹配算法完成针对选定属性特征维度的记录排名，在排名列表中相似度越大的记录排名越靠前，于是针对记录中的每一个属性的相似度计算，都可形成一个按照该属性测度的相似度排名序列，最终形成 n（n 代表属性的个数）个记录排名序列。接下来的主要任务就是要从所有的 n 个记录排名序列中创建记录的一个最终序列，使得该序列具有最小的聚集排序距离。Guha 等将该问题用可视化的方式予以呈现，并认为这是一个最小成本最佳匹配问题，并同时提出了高效识别与解决此问题的匹配算法，该算法称为 Top-k 匹配算法。当然，该问题解决算法的提出主要基于匈牙利算法，该算法是一个通过图论来解决最小成本与最佳匹配问题的典型代表（Ahuja et al.，1993）。

基于距离计算的实体对象属性记录对的相似度匹配问题通过对单一属性维度下字符串距离算法的引入实现了一种新方法的有效探索，但距离计算问题将数据库中的每一条记录作为一个平面实体来看待，而忽视了数据存储过程中的关联性表格及关系引用问题，造成大量语义信息的缺失。因而在该方法推出不久，又有学者对其进行了多方面的改进研究，其中最为典型的一种改进算法充分考虑到实体资源对象在关系型数据库存储过程中的关联性表格及关系的引用等问题。Ananthakrishna 等（2002）就对记录之间的语义相似度距离计算进行了改进研究，其主要核心思想是不仅从属性内容的层面来度量记录之间的相似度，更重要的是从数据存储的结构关联关系的角度考量记录之间的相关性特征，他们把这种语义相关关系称为"实体共指"相关性。在中文语境下，上述实体共指也是非常常见的现象。例如，从字符构成的语法匹配层面来衡量"闽"与"福建"这两个字符串，其相关程度很弱，但是如果从数据关联存储的结构维度来判断，一些城市实体，如"福州""厦门""泉州"等都会指向"闽"和"福建"这两个字符串。如此看来，从数据存储结构的角度或是从语义的角度来看，"闽"和"福建"两者之间就本质而言代表的是同一个地区。通过这种外部链接关系对文本字面相关性匹配的重要补充能够大大提升实体属性记录之间的语义相似度匹配的质量和效果。

5. 基于关联规则的语义相似度计算方法

现有的关联规则建立过程解决方案中，通常采用有监督的学习过程来完成。有监督的学习机制是一种通过现有的关联数据集实体对之间已人工标注过的关联关系进行参考性学习，从而进行新的数据对象实体对之间关联关系发现与建立的过程。很显然，通过参考现存数据对象实体记录对之间的链接关系能够大大降低关联规则创建的复杂性，提供规则创建的有效性。在上述基于距离的语义相似度计算实践中，有一类特殊的问题，可以利用规则定义的方式来判断实体属性记录之间是否存在相关关系。也就是当实体记录的匹配过程中，记录值是非"0"即"1"的情况下，基于距离的语义相似度问题便退化成为基于规则的语义相似度匹配问题。针对这种情况，相关的研究也日渐丰硕。Wang 和 Madnick（1989）利用基于规则的方法进行了实体记录对之间的重复性测试研究。在研究过程中他们认为，当前针对规则的语义相似度研究尚缺乏一个全球认可的术语语词认证机构，就目前的局面来看，尚需要借助各个领域的专家知识来进行先验性知识的定义与描述。例如，专家可给出下列规则。

规则 1：

IF age < 22

THEN status = undergraduate

ELSE status = graduate

规则 2：

IF distanceFromHome > 10

THEN transportation = car

ELSE transportation = bicycle

在 Wang 和 Madnick（1989）的研究中，他们希望通过这两条规则产生一个独立的关键字，并利用这个关键字对表达相同现实实体的多条数据记录进行聚类，从而实现这些记录之间相关性大小的评价。因而，基于规则的语义相似度评价过程的重点便转变成独立关键字如何确定的问题，或者说外部规则建立的准确性问题，这将直接影响到实体记录聚类分析进而判断其语义相关程度的最终成果。Hernández 和 Stolfo（1998）两位学者延续该思想做了进一步深入的研究，并提出了等价理论，用来揭示逻辑中的等价关系。这个等价理论提出了一种关于实体记录相似性的逻辑推断过程。例如，假设两个人的姓名完全相同，在此基础上如果两个人的家庭住址也完全相同，那么可以推导出这两个人代表同一个实体对象。同时，他们也提出在等价理论中也需要合理地利用统一标准的规则声明语句来描述规则的声明。例如，下面这个实例即利用规则声明语言描述的一条等价理论规则的具体应用：

FORALL (r₁, r₂) in EMPLOYEE
　IF r₁.name is similar to r₂.name AND
　　r₁.address = r₂.address
　THEN r₁ matches r₂

需要注意的是，上述规则描述过程中，"similar to"表示前后两个比较对象，是从字符串匹配的角度来进行相似度的比较。"matches"则表明，前后两个比较的记录实体完全匹配成功，意味着两条记录指的是同一个人。

通常，对于已有关联数据集中参考性链接的建立来自对某类主题数据集熟悉的主题领域专家。在基于规则的语义相似度匹配过程中，由于相似度聚类的效果与规则的质量紧密相关，因而该方法对规则的依赖程度也相当大，通常需要引入人类领域专家的知识为规则的精准提炼提供必要的支撑。然而，即便是对于领域专家而言，要制定出非常精准有效的规则也不是件简单的事情。针对这一关键性问题，当前一个可行的做法是先利用规则产生器系统对训练数据进行学习，产生一个初步规则，然后引入专家智慧进行规则的修正与完善，尽可能地提高规则的适应性。

同时，为了使有监督的学习算法能够更好地应用于新数据集，关联关系链接的建立需要从全方位的角度进行刻画和匹配。例如，多数城市可以通过定义标签的形式来确认是否属于同一个现实世界的城市，然而，在城市标签定义的过程中，有可能出现同一标签分属两个不同城市命名的情况，也即城市重名。有效解决这一问题的关键是进行实体资源的内容匹配，通过对实体内容的理解来达到降低标签匹配所造成的实体匹配缺陷。

此外，由于关联规则的建立是构成语义相似度匹配的核心和基础，因而，规则的创建者需要对关联数据集及实体对象的特征进行全面的捕捉和深度的提炼。但由于馆藏资源元数据的多维度描述特征，仅从单一维度来比较实体之间的距离关系往往会造成实体相关性匹配的偏差。例如，有两部名称相同但是上映时间不同的电影，假如从电影题名的单一维度来对其进行相似度匹配，很显然匹配结果将与从电影题名和上映时间两个维度进行综合匹配的结果不一致。显然，造成实体资源之间匹配结果出现偏差的主要原因也就是单一维度对实体特征描述的不完整性所造成的。因而在关联规则制定的过程中应该综合考虑实体资源的多维度、多属性描述特征，在此基础上生成相应的关联距离计算方式，并以此来进行新数据对象的相似度匹配。

与此同时，在对馆藏资源实体进行描述的过程中，由于描述对象编辑特征的类型多种多样，势必造成大量特征噪声的出现。实体描述过程中产生的大量噪声会大大增加关联规则制定的复杂程度。例如，异构数据源可能包含人名属性，然而人名描述的格式形态会有所区别，在英文语境下，典型的有姓名编辑过程中姓与名孰前孰后的描述问题，不同的描述方式会造成匹配过程中的噪声干扰，因而在关联规则制定的过程中需要综合权衡。

6. 基于无监督学习的语义相似度计算方法

如上所述，不管是基于向量空间的，还是基于距离的、基于规则的实体记录相似度匹配无外乎都要借助大量已经对其进行类别划分并为其定义匹配、不匹配或可能匹配等类别标签的训练数据集的学习，进而构建分类器来达到对实体属性记录之间相似度的评价。为了提高分类器的分类效果，不得不借助人工的智慧来辅助并加以优化。从本质来看，这些方法都属于分类思想的典型应用，也就是说在对实体属性记录进行分类之前应该要有一个明确的类别划分，尔后再将待判定记录作为分类器的输入端给予输入，最终以不同的类别作为输出，从匹配的实现角度看，是一个重复性检测的具体实施过程。由于整个过程的实施有了人工的参与，因而是一种有监督的学习机制。作为机器学习的另一种重要技术，无监督的学习机制能够完全避免人工的参与活动，无监督学习的典型应用就是聚类算法，通过聚类算法来进行的实体属性记录类别划分方式是基于无监督学习的语义相似度计算的主要形态。

基于无监督学习的重复性检测的本源来自统计模型，正如在上文中提到的，在没有训练数据进行相似度概率计算的前提条件下，可以利用最大期望算法对实体记录数据集进行合理的聚类分析，进而对记录的相似度进行判断。在该领域的众多研究成果中，值得一提的是 Verykios 等（2000）基于聚类学习匹配模型构建的一种类标签的自我生成技术，该技术的核心思想是利用非监督学习技术对无标签数据进行精准划分。首先，对于每一个输入的向量从每一个维度持续性地进行比较；其次，利用 AutoClass 聚类工具，对比较的向量进行聚类；其基本前提是，每个类均包含具有相似特征的比较向量，因而所有的实体记录对均将划分到与其具有相同特征（匹配、不匹配或可能匹配）的群体中，以此完成实体记录相似度的判断。

此外，Ravikumar 与 Cohen 两位学者根据与上述相似的方法构建了一个分层的图结构模型，以此来进行实体属性记录对的匹配学习。该方法的实现机制是利用这个图结构模型为待匹配的两个实体向量的每一个属性构建一个模型，并且用二进制数的 1 和 0 分别描述比较属性匹配成功和不成功的两种状态。再为经过上述模型已发现的比较变量定义两种概率分布。Ravikumar 和 Cohen（2004）两位学者还特意指出，利用层次模型进行参数的学习要比利用现实比较向量的直接分布模型更加简单。此外，还有一些学者根据无监督的学习机制进行了各种算法模型设计的实证研究，使得这种类型的实体属性记录对之间的相似度评价工作取得了巨大的成效。

5.3 馆藏资源关联数据语义关联的发现方法

在关联数据发布过程中，由于发布者所选择的语义建模理念与方法存在差异，其在资源语义描述过程中对于概念术语的选择与使用具有不同的倾向，进而造成数据集之间语义框架的不一致与理解交流障碍，同时也会进一步对资源实体间的语义关联发现造成障碍。基于此，馆藏资源描述术语词汇与外部通用概念间的语义关联发现就成为图书馆语义关联构建的重要内容。

在概念语义关联系统构建基础上，要实现资源对象的语义关联还必须开展语义关联识别与发现研究，目前国内外主要集中于语义关联的识别发现机制与算法研究两方面，其对象涉及数据、文本及多媒体信息等多种资源类型。

数据间的关联关系发现是构建数据聚合空间的重要研究方向，相关学者针对传统语义相似度计算方法缺乏语义揭示的问题，通过构建语义树与上下文权重描述改进了现有语义关联计算方法，还有研究者提出基于 Wendi 本体原型等知识模型的简单语义发现规则（Challa and Wild，2009；Ding et al.，2010）。在文本语义关联层面，非相关文献的隐性知识关联与知识发现已成为研究热点。1986年美国芝加哥大学情报学家 Swanson 首先创立了"非相关文献的知识发现"理论，此后国外研究者从文献挖掘对象、文本分析单元、挖掘结果评价等多个角度开展了一系列研究。有学者将语义关联中的文本挖掘对象从标题扩展到文摘，从语词扩大到短语，还有学者将关联规则挖掘引入文本知识关联发现之中，使用互信息方法、folksonomy 机制及文本挖掘推理假设等方法计算文本语义关联度（Lindsay，1999；Hristovski et al.，2001；Wren，2004）。国内也有研究者提出从发现和复现两方面定义文献间隐性关联及发现方法、模式和流程，然而也有文献认为非相关文献知识关联发现方法不能客观反映中间文献的主题关联度，从而提出文献内聚度加权的关联方法（张云秋和冷伏海，2009；曹志杰和冷伏海，2010）。多媒体信息间语义关联的识别机制同样值得关注，相关学者提出利用简单视频数据与概念间语义关联乃至更为复杂的模糊支持向量机（fuzzy support vector classification，FSVM）等方法揭示图像、视频的低层特征与高层语义关联（成洁和石跃祥，2007；蔡国炎和凌坚，2011）。

在语义关联发现算法方面，由于数据、文本乃至知识单元的语义关联中均存在非对称层次结构，因此层次聚类方法在语义关联算法中占据重要位置，其中最具代表性的有 MacQue 的 K-Means 算法、KaLlfinan 的 K-Medoids 算法及后续 K-prototypes、Biseeting K-Means 等改进算法（MacQueen，1967；Kallfinan and

Rousseeuw，1990；Huang，1998；Steinbach and Kary，2000）。由于馆藏资源对象往往具有很高的向量空间维度，因此一些擅长处理高维数据的算法也在语义关联发现中得到充分应用，其中 DBSCAN 是一种基于高密度链接区域的聚类算法，而 DENCLUE 则是基于一组密度分布函数的聚类算法，其关联速度要比 DBSCAN 方法更快（Ester et al.，2006；Hinneburg and Keim，2008）。此外相关研究中还出现了 LSA 隐含语义分析算法、HFTC 层次频度聚类算法等专门针对文本数据而开发的关联算法（Dumais et al.，1998；Beil and Ester，2002），以及基于语义词典、本体-语词相似度及语义网逻辑形式化体系的关联发现算法（荀恩东和颜伟，2006；Afzal et al.，2011）。

在语义关联发现算法的实践应用层面，Pernelle 等（2013）提出了 KD2R（Key Discovery Approach for Semantic Reference，语义关联核心发现算法），允许在不同模式的 RDF 数据源中自动发现复合关键字，该算法具有可扩展性，因为它不需要扫描所有的数据就能发现关键字，KD2R 已经被用在 2010 年国际竞赛 OAEI 的真实数据集上测试并且获得了较好的结果。Isele 和 Bizer（2013）认为识别不同数据源中表示同一个现实世界的实体是关联数据网络和信息整合的一个核心问题，现有的实体匹配方法依赖于明确的关联规则，而手工编写一个好的关联规则是一个很棘手的问题，为了减少和降低编写关联规则所需要付出的努力和专业知识要求，提出一种使用遗传编程主动学习表达关联规则算法（The ActiveGenLink Algorithm），该算法结合遗传编程和主动学习交互地生成关联规则表达式。ActiveGenLink 算法自动生成关联规则发现并建立关联，用户只需接受或拒绝生成的候选链接，并基于 Silk 平台实现了该算法，评估实验结果表明 ActiveGenLink 算法能够基于标签少量候选链接生成高质量的关联规则。在第九届国际语义网会议上，Anja 等（2010）指出现有的大部分数据源还没有充分地与相关数据源之间建立关联关系，而数据网络的核心思想就是采用 RDF 链接关联数据项，为了解决这个问题，Silk 关联发现框架应运而生，根据用户提供的关联规则在不同数据项之间自动发现并创建链接，并基于 Silk 关联发现框架实现了两个关于电影的数据集之间的关联。Isele 等（2010）着重研究了 Silk 关联发现框架的其中一个变种——Silk Server，深度剖析了 Silk Server 的架构及其原理，并用实例证明了 Silk Serve 能够发现丢失的链接并创建额外的 RDF 链接，充分地将所有相关数据关联起来。王忠义等（2014）采用推导传递法，利用第三方数据关联传递实现自动创建数据集内部各实体之间的关联并做了实证研究，结果表明采用这种方法不但可以发现等同关系，还可以发现更多的实体之间的关联，以此证明了此方法的科学性和可行性。贾丽梅等（2014）针对传统的关联数据语义相似度算法未考虑属性的重要性和取值类型导致计算精度较低的问题，提出基于动态权值的关联数据语义相似度算法，并用实验表明了这种方法相比于传统方法，实例相似度的计算精度得到了一定的提高。

5.3.1 基于 SPARQL 查询的语义关联发现

SPARQL 语言作为 W3C 面向 RDF 数据管理与查询的候选推荐标准，其典型应用是利用术语之间的术语模式图查询从目标数据集中寻找符合链接语义要求的 RDF 术语变量，用以作为数据集之间词汇型链接的关联对象（Euzenat and Shvaiko，2007），其中针对目标数据集中术语词汇的 SPARQL 简单查询语句结构可表达为：

SELECT variables
FROM dataset
WHERE {graph pattern}

1. SPARQL 查询的结构化定义

基于上述 SPARQL 语句结构的术语模式查询能够发现来源数据集与目标数据集之间基于特定语义结构关系的词汇关联关系，并支持数据集中各种属性词汇的深度查询。在此基础上可进一步利用 SPARQL 查询中的 CONSTRUCT 结构语句对数据集之间的数据匹配属性特征进一步约束，从而实现馆藏资源元数据集中的术语词汇与开放关联数据环境下的权威通用概念之间的映射关系，即将馆藏数据集的术语结构作为外部数据集 SPARQL 术语模式查询的约束条件，同时 CONSTRUCT 语句还支持与其他 SPARQL 查询条件的混合使用（Scharffe and Fensel，2008）。

基于 SPARQL 查询的概念间语义关联发现方法较之在不同 RDF 术语词汇间编写复杂的映射规则更为简单直接，同时也能够充分发挥关联数据支持 RDF 数据模型与 SPARQL 查询的优势，因而其应用广泛。在馆藏资源元数据与权威数据集进行融合、集成的过程中，可以利用 SPARQL 查询语言的 CONSTRUCT 语句实现类似于 Bibliography 等书目数据集中的单一属性概念与权威数据集中的相对属性概念之间的语义关联发现。例如，Bibliography 数据集中的作者属性概念 bib: author 与外部 FOAF 数据集中人物属性概念 foaf: person 之间的语义关联匹配，并在馆藏书目数据集中产生指向 FOAF 目标数据集中术语词汇的映射实例，CONSTRUCT 语句的具体描述方式如下：

CONSTRUCT { ?x rdf:type bib:author ?FN. }
WHERE { ?x rdf:type foaf:Person ?FN.
FILTER isLiteral(?FN) }

2. SPARQL 查询的概念类型异构解除

数据类型的多样性及各个异构数据集对数据类型定义的多样性，将导致不同数据集之间的术语概念类型异构问题。针对这类问题 SPARQL 查询也能够提供相应的解决方案。例如，馆藏书目数据集 Bibliography 中的作者联系方式 bib：phone 与公共权威数据集 vCARD 中的住址电话属性 vc：homeTel，在两个数据集中分别作为字符型数据和数值型数据，因而利用 SPARQL 查询语句实现两个数据集匹配的过程中就需要利用一个转换函数为 Bibliography 中的 bib：phone 概念术语创建一个新的属性 URI，其转换方式描述如下：

CONSTRUCT {?X bib:phone
xsd:anyURI(
fn:concat("tel:",fn:encode-for-uri(?T))).}
WHERE { ?X vc:tel ?T . }

虽然对于现有术语概念的 URI 扩展生成功能在现有的 SPARQL 查询语法规则中无法获得支持，但利用其扩展版本 SPARQL++ 是完全能够实现的（Polleres and Schindlauer，2007）。

3. SPARQL 查询的共指问题应对

如前文所述，由于关联数据倡导以一种去中心化的理念来实现海量数据集的开放发布，因此数据发布主体的多元化、分散性及 URI 查询机制的不健全最终可能造成同一资源对象在不同数据集中实际拥有不同的 URI 标识，或者一个 URI 标识有多个实体资源对象与其对应，从而导致数据的冲突与语义不一致等共指性现象。共指性现象的出现破坏了关联数据定义中实体对象与 URI 标识符一一对应的基本原则，使得开放式关联数据网络中资源的语义一致性被打破，最终会造成关联数据检索与利用的效率低下问题。面向关联数据集之间的共指现象而衍生出来的一类关联数据语义关联发现机制，对于馆藏资源元数据与外部开放关联数据集中的数据共享与融合而言皆具有重要的意义。

由于当前关联开放数据网络中的大部分数据集均能提供基于 Web 服务器及 SPARQL 端口的资源查询功能，因而图书馆可合理利用 SPARQL 查询语句在外部数据集中寻找与自身关联数据存在语义相似性的数据资源，并构建两者之间的语义关联关系。假设，若想对馆藏资源元数据集 D_1 与关联开放数据集 D_2 中相同或近似的实体资源之间构建同一性链接，消除共指性问题，利用 SPARQL 查询方案的具体实现过程可描述如下。

首先可以通过如下 SPARQL 语句针对特定资源文本属性 a_1 进行语义查询：
SELECT ?al
WHERE { <r> ?p ?al }
FILTER (isLiteral(?al))
如果能够在数据集 D_1 与 D_2 中查询到与属性 al 具有相同文本属性值的多个资

源 R_x, R_y, …, R_n, 那么就可利用 RDF 链接将来自不同数据集的资源 R_x, R_y, …, R_n 进行关联。

反之，倘若在不同数据集中没有找到与 a1 属性值相同的资源，那么就可认为馆藏资源元数据集与外部数据集中资源实体间面向属性 a1 不存在语义关联。

上述基于 SPARQL 简单查询的共指性关联发现方式适用于馆藏资源元数据集与外部数据集之间语义链接的初步构建。但是由于文本字符串查询方法在很多情况下实际返回的资源不止一个，因而无法为资源相似度与共指性关联提供足够的辨识度，从而制约了 SPARQL 简单查询在共指性关联发现过程中的适用范围与使用效果。为了解决这类问题，可以在面向语义关联发现的 SPARQL 查询过程中增加限制条件，包括限定链接目标资源的类型或者 URI 格式特征等。

例如，在馆藏资源书目数据集 Bibliography 与外部关联开放数据集 DBpedia 之间寻找共指性语义关联时，可以在 DBpedia 数据集中针对馆藏资源书目数据的特定字段查询时对其类型属性进行严格约束，SPARQL 查询的约束语句如下：

```
PREFIX p: <http://dbpedia.org/property/>
SELECT ?r
WHERE
{ ?r ?p "HarryPotter"@en.
  {
    {?r a <http://dbpedia.org/class/yago/Book107048000>}
     UNION
    {?r p:wikiPageUsesTemplate
     <http://dbpedia.org/resource/Template:single_infobox>}
  }
}
```

通过上述约束语句的定义，在馆藏资源与外部数据集实体资源间的共指性语义关联发现过程中，语义关联发现结果的指向性与辨识度将逐步提高。然而面对海量数据集中数以亿计的资源对象，基于 SPARQL 查询的语义关联发现方式虽然能够提供较强的可操作性与较小的实现难度，然而其关联查询结果仍然缺乏足够的精确度与执行效率，从而影响到语义链接大规模构建的质量与效率，并可能遗漏大量客观存在关联的资源对象，因此难以充分满足馆藏关联数据海量语义链接的构建要求。正因如此，还需要寻找能够自动发现分散异构数据集中实体资源间语义关联分析的其他可能途径。

5.3.2 基于本体映射的语义关联发现

本体映射是指利用本体之间语义级的概念关联来发现和揭示本体概念之间的映射关系或相似度的过程（Doan et al., 2002）。如前所述，关联数据中用以描述实体资源的异构术语词汇从本质上可视为不同类型的通用或领域本体，而语义 Web 环境下解决本体异构与互操作问题的核心思想便是本体映射方法，因此基于本体映射的术语相似度计算也成为馆藏资源元数据集与外部数据集中异构术语词汇之间实现语义关联发现的重要途径。本体映射中的术语相似度计算方法能够发现和揭示关联数据集中异构概念术语之间的语义关联，从而为馆藏资源元数据集与外部数据集之间的词汇型链接的构建奠定基础。具体而言，基于本体映射的语义关联发现方法可以在词汇语法、概念定义、概念实例与概念结构等多个层面予以实现。

1. 基于词汇语法相似度的语义关联发现

基于词汇语法相似度的语义关联发现通过从语法层面计算术语语词之间的编辑距离大小来判断两者之间是否存在语义关联关系，从而实现术语间的语义关联发现。如上文所述，编辑距离是指术语名称字符串之间实现完全的形式转换所需的最小编辑操作数目，具体编辑操作包括字符的插入、删除、调换、替换等，同时由于其相似度计算过程实际就是编辑操作的求解最优化问题，因此具体算法可能包括 Diogene 算法或本体比较算法等。应当说，基于语法的术语相似度计算具有最佳的适用性与有效性，同时文本检索与自然语言处理领域丰富的研究成果也为其提供了坚实的理论基础，但该方法更多地仍拘泥于语法层面的文本字符串匹配与转换，因而语义深度的欠缺使得其语义关联发现准确性难以尽如人意。

2. 基于概念定义相似度的语义关联发现

基于概念定义相似度的语义关联发现是在本体映射时依据数据集中概念术语的名称、语义描述、关联关系、约束条件等定义信息，将不同类型定义信息作为独立要素分别计算其各自的相似度，进而利用取最大值或加权平均方法对不同要素的相似度取值进行汇总，从而得到最终的语义相似度（Rodriguez, 2003），以此实现术语间的语义关联发现。客观来讲，基于概念定义的术语相似度计算能够通过比较概念术语多重属性名称的方式来寻找其语义相似度，因而在语义关联发现中具有更高的准确性，但单纯依靠概念定义的方法在术语缺乏丰富定义信息的情况下效果往往不尽如人意。

3. 基于概念实例相似度的语义关联发现

基于概念实例相似度的语义关联发现是从拥有相同实例的本体概念可能具有相似性这一假设出发，以概念术语实例的概率分布作为依据来计算其语义相似度，以此进行语义关联的发现。具体可通过机器学习等方式对实例进行自动统计，从而获得其在概念术语中的联合概率分布，进而利用相应函数来确定概念术语之间的相似度，其中实例完全相同的概念术语间相似度为 1，完全不同则取值为 0，具体的实例相似度则可依据 Jaccard 函数计算（Doan et al., 2002）。与语法层面和概念定义层面的术语相似度计算相比，基于概念实例的方法是基于概念术语的丰富实例信息来计算其相似度，因而能够深入语义层次，但同时也表现出对于概念术语实例完备性的过度依赖。

4. 基于概念结构相似度的语义关联发现

基于概念结构相似度的语义关联发现是基于术语词汇之间的语义层次结构，通过概念结构中所蕴含的潜在语义信息来发现和揭示术语词汇之间的语义关联。实际上，语义框架下的术语词汇之间在结构上存在多种关联关系，其中最为典型的便是上下位关系及整体局部关系等，而在相似度算法中此类结构关系均可定义在以某一核心概念为中心且半径为 r 的语义辐射范围之内，其中语义半径 r 的取值能够反映出语义范围内任意概念与核心概念之间的语义关联程度（Sekine et al., 1999）。然而，目前单纯依靠概念结构信息的术语相似度计算仍然相对缺乏精确性，同时具体算法也有待进一步成熟完善。

基于本体映射的多种术语相似度算法在拥有各自优势特点的同时也表现出自身的局限性，因此在基于术语相似度的语义关联发现中还需要将不同术语相似度取值作为影响术语词汇间最终关联关系确定的因素之一，进而通过影响因子的权重汇总来获得更高的关联发现准确性。

5.3.3 基于属性匹配的语义关联发现

在馆藏资源元数据与关联开放数据集中的概念术语进行相似度匹配的过程中，可借助相似度匹配算法从单一属性维度进行概念的相似度匹配，也即通过对属性和属性值的相似度计算识别共指的 URIs。通常，该方法的应用基于一个常规假设，即如果两个对象共享一些常见的属性和属性值，那么认为这两个 URIs 描述的是同一个对象。因而，在此假设的基础上，如果能够在依托于词汇型链接的一致性语义描述框架基础上，根据属性类型酌情选择相关的语义相似度匹配算法，并针对不同数据集中资源的同类文本属性进行字符串相似度匹配计算，就能够根据匹配值的大小来判断二者之间是否具有较强的语义关联抑或是共指资源对象，进而利用同一性链接、若同一性链接、相近链接等关系型链接标识资源实体之间的关联关系。利用这种方法实现实体对象语义相关性匹配的一项典型研究是 Hogan 等（2010）通过利用统计学的方法识别和融合共指的 URIs，最终达到实体对象之间语义相似性判断的目标。该方法的基本思路是如果两个实体资源共享一个属性，如主页、标题或作者等，那么这两个实体资源可能为相同实体资源的概率为 P，通过集成这些概率值得到一个总得分，将该分值与预先设定的阈值 θ 进行比较，超过阈值则说明这两个实体资源等价，否则不相关。

在对实体资源属性对进行相似度匹配的过程中无论采用何种面向共指性关联关系的文本字符串相似度算法都应当满足两方面的基本要求，即相似度匹配的可延展性与高精确度。可延展性是指相似度算法能够根据实体文本属性字符串的长度进行相应的延展，使之能够适应任意长度字符串之间的精确匹配；高精确度是指文本字符串匹配算法能够较为准确地判断数据集中两个资源属性之间是否具有语义关联，这既取决于相似度匹配算法自身的性能，也与相似度阈值设置有关（游毅和成全，2013）。

目前，语义网技术已尝试通过关联属性的标准化来聚合不同数据源，从而为资源间包括同一性链接在内的链接构建提供语义基础，具体需要借助属性匹配或相似度计算等方式发现实体间的共指性，而上述基于文本相似度匹配的相关算法能够从某种程度上为此提供可能的途径。此外，目前围绕属性相似度匹配的实例研究众多（Isaac et al., 2007；Jean-Mary et al., 2009；Noessner et al., 2010），相关的研究成果基于实例间属性值的相似度来识别实体对象之间的共指关系，为共指问题提供了可行的解决思路。然而，从匹配结果的精准度来看，基于属性和属性值相似度匹配的方法尚存在明显的缺陷（刘媛媛和李春旺，2012）。

5.3.4 基于可变规则的语义关联发现

如前所述，解决异构关联数据集之间数据资源共享与融合问题的关键是尽可能地降低异构数据之间的共指问题，通过前文对共指问题产生原因的分析，可以看出要想从根本上避免共指发生，必须保证两个不同的对象不共享相同的 URI 标识，同时，两个不同的 URIs 也不能描述同一个对象。然而，在开放的关联数据网络空间中，由于关联数据集的发布允许任何人以自己的方式来进行，因而真正要实现上述两点面临着严峻的困难。但目前解决此类问题的方法除了上述提到的基于 SPARQL 查询的共指问题应对方法以外，在语义 Web 环境下，还可通过一系列可变的推理规则等形式来进行馆藏资源元数据集与关联开放数据集中实体对象之间的语义关联发现。

1. 基于强同一性谓词的语义关联发现

在语义 Web 的关联数据实践中，最为严格的强同一性谓词是 owl：sameAs 谓词。通常在进行异构关联数据集的融合与共享过程中，利用 owl：sameAs 谓词链接相等的 URIs 是使用最广泛的解决方案。例如，DBpedia、Freebase、GeoNames、New York Times 等多数重要的关联数据集都使用 owl：sameAs 建立彼此间的链接。同一性谓词 owl：sameAs 的特点是，在不考虑上下文的情况下认为两个 URIs 是永久的、完全相等的，显然，其同一性匹配程度最强。然而，也正是 owl：sameAs 的强匹配要求导致其功能的有限，并且也产生了一系列新问题。因而，当前很多学者都对同一性谓词 owl：sameAs 在进行关联数据集之间实施术语的精准推理过程的正确性提出了质疑（Glaser et al., 2009；Halpin and Hayes, 2010；Sleeman and Finin, 2010）。尽管如此，基于强同一性谓词 owl：sameAs 的语义链接构建仍然不失为一种最重要的关联数据集之间语义关联发现的方法。

2. 基于弱同一性谓词的语义关联发现

强同一性谓词 owl：sameAs 对匹配对象的严格要求无法适应大多数实体对象之间的语义相似度匹配时虽然相关但不完全相同的现实情况。因而，需要借助其他相对于同一性谓词 owl：sameAs 而言，强度更弱一些的同一性谓词来实现术语间的语义关系判断。在这种情况下两个 URIs 可以指向同一个事物，但一个 URI 描述的所有属性，另一个 URI 不能完全吻合，如化学元素"钠"与"钠的同位素"，两者相关，但不完全相同。例如，在 OpenCyc 数据集中"钠"的定义是不包括其同位素的，而在 DBpedia 数据集中"钠"的定义则包含它的同位素。同位素与标准钠的中子数不同，因此对钠的中子数，可以使用 OpenCyc 数据集中钠的定义，而不能使用 DBpedia 中钠的定义。显然，在本例中如果要对 OpenCyc 数据集和 DBpedia 数据集中的对象建立语义关联，用 owl：sameAs 来揭示上述术语的语义关系是不准确的。因而，除了使用强同一性谓词 owl：sameAs 之外，还应该使用类似于 SKOS 中的弱同一性谓词，如 skos：exactMatch、skos：closeMatch 等，实现对实体属性对之间语义关联的匹配。

3. 基于相近谓词的语义关联发现

在现实的异构关联数据集内实体数据的语义相似性匹配过程中，某些实体对象虽然不同，但在某种程度上有很近似的关系。例如，同位素和元素本身的关系、图片和图片复制品之间的关系等。这些实体对象严格来说不属于同一实体，但是它们之间却十分接近，在关联数据中通常可通过在 OWL 数据集中添加一个新的谓词"similarWith"或引用 SKOS 数据集内合适的谓词来予以表示。SKOS 词汇表有大量的谓词表示相近的语义关系，从其匹配的精准程度来看 skos：broadMatch < skos：narrowMatch < skos：closeMatch。

4. 基于命名图的语义关联发现

异构关联数据集中共指现象的另一类表现形态是一个实体对象有两个或两个以上 URIs 来标识，当同一个事物处于不同语境或上下文关系，经常会出现这类问题。在这种情况中，尽管两个 URIs 指向的是同一个实体，且均包含有各自完整的属性特征，但是在不同的上下文语境中仍然无法重用这两个 URIs。例如，人的身份在不同语境下，其身份也会不一样，如张三这个人，在开家长会时其角色是家长，但在工作中是大学教授。在家长会的环境中教授的某些属性是不需要考虑的，即不同环境下同一个对象的属性不需要完全考虑。针对这一现象，一些学者将语境的概念引入关联数据中形成了命名图，以此来约束和判断实体对象的语境上下文特征，并规定两个 URIs 只有在特定的命名图中才能使用 sameAs 关系。

5. 基于替代关系的语义关联发现

在现实的实体对象揭示的过程中，经常会出现一类替代现象，也即用某一个属性特征去替代某个实体对象。例如，用个人主页或邮箱地址表示某一个人，或者用 Tim Berners-Lee 的图片来替代这个人。在这种情况下 URIs 用来表示一个实体而不是实体本身，表示的实体和被表示的实体对象之间没有明显的界线。解决这类问题的办法可以参考语境上下文中的命名图，即利用不同的命名图来区分这类实体对象的同一性问题。

由此看来，异构关联数据中数据的共指性问题表现出异常复杂的情况，远不是强同一性谓词 owl：sameAs 关系能够完全揭示和表达的。要让馆藏资源元数据与当前已发布的关联数据集进行数据的共享与融合，需要全面、精准地分析数据集的结构特征、词汇来源的语境上下文关系及术语相似度大小的判断等。只有对这些内容掌握得越充分，关联数据集的语义关联发现与建立才越精准、越有效。

第6章　馆藏资源关联数据的关联关系构建

随着数字化技术、互联网技术和语义 Web 技术的深入发展与广泛应用，数字化馆藏资源正在以前所未有的速度急剧增长。在图书馆数字资源迅速膨胀的进程中，图书馆用户的信息需求也正在从信息型服务向知识型服务延伸和拓展。其最主要区别表现在：一是资源对象由文献等大粒度资源向知识等细粒度资源转换，二是服务机制由纯粹的字面匹配向具有推理功能的语义匹配转移。从传统职能来看，图书馆的主要目的是利用馆藏书目管理系统、自建特色数据库、购买学术数据库等数字资源开展图书馆信息服务和知识服务（赵蓉英等，2014）。然而随着数字资源形态与知识服务需求的不断提升，图书馆的传统职能受到了严峻挑战，对现代知识型服务的响应也呈现出力不从心的态势。图书馆在现代语义 Web 环境下的主要劣势与面临的挑战主要体现在：①馆藏资源在局部范围得到有序组织但在整体上缺乏关联关系，形成了许多分散独立的信息孤岛；②无法通过网络平台对来源不同的图书馆服务系统实现统一的访问；③无法通过机器学习、数据挖掘、人工智能等相关技术实现对各类馆藏资源语义层面的操作，难以满足知识型服务的需求（欧石燕，2012）。正因如此，馆藏资源的组织、存储、服务等系列智能都将面临巨大的革新。针对当前馆藏数字资源的松散组织、异地分布、异构结构等现象，将数字资源进行有序组织，实现馆藏资源在各个层次维度的深度关联与聚合，是用户的现实需求，也是为用户提供更为全面、丰富的深度知识型服务的基本需要（崔瑞琴和孟连生，2007）。

馆藏资源元数据关联网络构建的目标是要利用关联数据技术揭示馆藏资源内部数据中及内部数据集与外部数据集之间数据资源的链接关系，并利用关联数据的 RDF 链接机制进行结构化表达与刻画。要实现馆藏资源元数据关联网络的建构，其关键是要从多个不同维度上发现关联、建立关联且有效地维护关联。从实现机制来看，馆藏资源中的客观实体与抽象概念之间存在着各种各样显性或隐性的关联关系，这些关系都需要通过实体或概念之间的 RDF 链接来予以揭示，因此关联数据中 RDF 链接的管理对于馆藏资源元数据的关联网络构建而言尤为重要。在馆藏资源关联网络构建的过程中链接发现、构建、维护是流程中最为核心的环节。本章即在第 5 章语义关联发现的基础上继续深入探讨馆藏资源元数据语义关联关系的建立与维护。语义关联的构建是要通过人工或自动方式在关联数据集内部与外部创建各类 RDF 链接，从而利用链接机制实现馆藏资源之间语义关联的揭示；RDF 链接的维护则是要针对馆藏资源关联数据的不断变化，基于动态维护机制不断对已构建的 RDF 链接进行新建、变更、删除等操作，从而保证馆藏资源关联网络构建过程中的精确性与有效性（游毅和成全，2013）。

6.1 馆藏资源关联关系的理论层次

馆藏资源的语义关联关系建立需要根据资源的相关特征，并依据相似度算法进行多维度、多视角的匹配计算，它是建立馆藏资源关联关系网络的重要基础。由于馆藏资源实体揭示的多维度特征，因而在语义关联建立的过程中也应考虑到从各个方面来进行综合的关联匹配。在当前混合形态数字图书馆环境下，语义关联关系的发现与建立既应考虑到传统纸质馆藏资源特征揭示的需求，也需要考虑到网络环境下数字馆藏资源特征的需要。因而馆藏资源的语义关联关系建立从理论上看可界定为结构特征关联、内部引用关联、内容特征关联、评论标签关联、超文本链接关联等五个紧密耦合的层级。

1. 馆藏资源文本结构特征关联层次

文本结构特征的关联层次是从文本的外部特征层面分析彼此之间的相关性，很显然主要侧重于从外部特征的视角探讨文本形态描述后的实体对象关系。从语义揭示的程度来看，属于浅层次的语义关联构建层次。从概念上理解，文本结构特征关联是对匹配对象的格式类型、流派特征及展示类型等方面进行关联关系的构建。相对于其他种类的特征关联类型而言，这种形态过于抽象，并且只是关注文档结构的外部特征，因而关联的有效程度极其有限。

具体而言，对于文本结构特征关联的建立，首先可以考虑文本的流派特征，流派通常是在一定的历史时期，由于一个群体在审美观点和创作风格中的一致性所产生的一类集团和派别。显然从流派的视角来捕捉馆藏资源之间的关联关系，适应于大粒度的文学作品，其类型划分的粒度也较粗，但也不失为一种有意义的关联关系构建视角；其次，从馆藏资源的格式类型和展示类型两个维度上进行关联关系的揭示和展现，由于并未深入内容层面揭示文本特征，而只是通过外部类型特征对文本对象实施分类，因而，其分类结果可供知识型服务的利用程度相当弱，只能成为其他关联关系建立的有益补充。

上述分析可以看出，从语义揭示程度来看，文本结构特征关联层次重点关注文本对象的流派特征，要实现对流派特征的揭示，需要构建关于文学作品流派与模式的本体，以此构建流派或模式之间的概念及之间的层级关系。在对馆藏资源进行文本结构特征关联构建的实际应用中，由于任何一部作品都融合了流派特征、格式类型和展示类型特征，因而一般应用现有的馆藏资源组织叙词表来作为本体参考实现其关联关系的构建。

2. 馆藏资源文本内部引用关联层次

文本内部的引用关联是对文本内的引证关系进行挖掘，从而揭示出施引文本与被施引文本之间的关联关系。现实中，由于馆藏资源，尤其是学术型馆藏资源往往都会直接或间接地引用历史性文献资源，以此来体现学术观点的继承与发展。因而在文献关系构建的过程中，这类关联关系是最为直接和显著的，体现在文本之间的语义关联构建层面。在大多数馆藏资源文本内部引用关联往往通过文本内的"[ ]"等表示引证关系的显性特殊标记符来识别。在一些特殊的学科领域，如历史、古文献等，引证关系往往通过历史段落的直接引用来达到引经据典的目的。除了这些显性的引证关系之外，在文本内容的描述过程中还存在一些有意识或无意识的、隐性的、随机的、标记或无标记的内部引用关系。

3. 馆藏资源文本内容特征关联层次

文本内容特征的关联主要刻画当文本之间缺乏明确的直接引证关系时，需要借助文本特征之间的内容特征来判断它们之间的关联关系。这些内容特征来自文本内容揭示的各个方面，如标题、副标题、章节标题、前言、后记、主题词、插图、导语、封面特征及其他的各类次要特征信号。这些特征包括文本作者已经构建的，同时也包括非作者构建而是由提取者自主构建的文本特征。这类由文献特征提取者提取的特征典型地以文献元数据文本形态体现，元数据与原始文本之间存在着一种高度相关性，从信息组织的角度看，它是原始文本的最直接替代物。馆藏资源元数据之间的关联关系构建主要依托于该层次特征，也即从元数据对原始文本特征揭示的有效维度来对文本与文本之间的语义关联关系进行匹配。从语义关联的程度来考量，该层级的语义关联关系比文本结构特征关联层次中的关联关系要更加深刻。但与此同时，相对于文本内部引用关联关系层次而言，文本内容特征关联层次对语义的揭示方式更加间接。

4. 馆藏资源文本评论标签关联层次

文本评论的特征关联主要通过阅读文本评论者对于该文本的评论标签将原始文本划分为语义相关或不相关的类型。文本评论特征关联主要体现在网络环境中，用户对原始的电子文本进行相关的言语评论，以标签形态予以刻画，并以用户所赋予的不同标签对原始的文本进行聚类或分类。由此可见，用户赋予了相同标签的文本资源很显然被归为一类，意味着它们之间具有某种程度的语义相近性，而标签不一致的文本资源之间则被认为缺乏语义相关性。这种语义特征关联建立的方式能够极大激发评论者的热情，增加了用户参与文本资源语义特征揭示与关联关系构建的互动性，但是，由于非专业性用户的大量参与，用户标签的建立本身缺乏严谨的评价指标，其文本语义揭示的质量必然受到严峻的挑战。因而，该方法往往需要知识领域专家的共同参与才能提高其关联揭示的精准性和高效性。

5. 馆藏资源超文本链接关联层次

超文本链接关联关系的建立与文本内部引证关系相似，主要是对网页之间的相互引证关系通过文本中的超链接关系来建立。也即一篇网页文献 A 与另一篇网页文献 B 存在关联，则通过在网页文献 A 中增加一个指向网页文献 B 的超文本链接来实现。这是传统纸质形态馆藏资源引证关系向网络环境下延伸和发展的结果。通常可通过点击链接的方式进入存在有相关关系的被引用页面。显然超文本链接关联的建立即可立足于施引文本内容的某个知识节点，也可立足于与施引文本内容相近的主题特征。从实践形态来看是当前网络环境下建议数字资源语义相关关系的最佳实现途径。借助关联数据技术构建馆藏资源元数据之间的语义链接关系即可用超链接的形态来实现一个资源实体与另一个资源实体之间的关联关系，从宏观形态上实体与链接关系之间呈现出 RDF 的三元组结构特征。

当然，由于当前的图书馆是典型的传统纸质馆藏与数字化馆藏并存的混合形态，因而，在实际的馆藏资源语义关联关系构建的过程中，上述关联关系构建的层次划分没有绝对的边界。因为任何一个馆藏资源都可能包含有上述的结构、内容、内部引证、评论标签、超链接等语义关联特征，因而馆藏资源关联关系的语义关联构建本质上是一个多角度、多层次的多维度匹配过程。只有从更加全面的视角来发现馆藏资源之间的关联关系，才能够达到精准刻画语义关系、构建稳健语义关联网络的目的。

6.2 馆藏资源关联数据的关联关系构建基础

馆藏资源客观实体与抽象概念之间存在着各种各样显性或隐性的关联关

系,这些关系的识别、构建与维护是实现馆藏资源关联网络的基础。馆藏资源元数据之间的各种关系都需要通过实体或概念之间的 RDF 链接来予以揭示,因此关联数据中 RDF 链接的管理对于馆藏资源的关联网络构建而言尤为重要。馆藏资源元数据的关联关系管理具体包括 RDF 链接的构建与维护两部分。RDF 链接的构建就是要通过人工或自动方式在馆藏资源关联数据集内部与外部创建各类 RDF 链接,从而利用链接机制实现馆藏资源的语义关联关系建立;RDF 链接的维护则是要针对图书馆关联数据的不断变化,基于动态维护机制不断对已构建的 RDF 链接进行新建、变更、删除等操作,从而保证馆藏资源关联关系的精确性与有效性。馆藏资源元数据关联关系的建立与维护是关联网络建立的核心和基础,而关联关系的查找、建立与维护又依赖于构建词汇集、建立完善的术语复用机制、数据集链接桥构建机制等基本要素,这些要素成为馆藏资源元数据关联关系构建的前提条件。

6.2.1 关联开放词汇集共享机制

构建 RDF 链接首先必须选择合适的链接对象,目前关联数据网络中已有许多著名的开放数据集,可以作为图书馆关联数据集潜在的链接对象。由于这些数据集内部与外部已经建立了大量 RDF 链接,因此能够帮助图书馆发布的关联数据集快速融入关联数据网络之中。具体而言,图书馆在选择链接对象时可以参考 SKAN 数据集列表所包含所有在关联开放数据注册发布的关联数据集,此外还应考虑链接对象的自身价值及对于图书馆关联数据的增值效应、链接对象的稳定性及其链接情况等因素。除了选择目标数据集之外,图书馆在构建链接时还应当考虑合适的谓语作为 RDF 链接的属性。实际上,RDF 链接较之 Web 网络中超链接最大的不同在于其具有具体的属性特征,从而赋予关联数据以强大的语义功能与聚合能力。一般而言,图书馆为了保证资源聚合的通用性与广泛性,应当优先复用 FOAF 等已被广泛使用的权威词汇集所提供的各类链接属性,而如果选择图书馆自行创建的词汇集,则首先必须保证其已经与关联开放数据中权威词汇集之间存在充分的词汇性链接,从而为 RDF 链接的构建提供通用的语义框架。

目前,语义网社区中已开放了大量的公共权威词汇集,在定义任何一个新术语词汇之前都应该在这些现有词汇集中进行认真匹配,避免为同一概念建立不同的描述词汇。目前关联开放数据中收录了很多知名的数据集,如 DBpedia、DBLP Bibliography、GeoNames、Revyu、Riese、UMBEL、Sensorpedia、FOAF、DOAP、OpenPSI、MusicBrainz 等,这些数据集涉及地理、生命科学、医药、出版、媒体、社会网络等众多领域。并且越来越多的数据拥有者将他们的数据以 Linked Data 的形式发布到 Web 上,截至 2020 年 5 月,关联开放数据已收录 1 255 个数据集,250 亿条 RDF 三元组,以及 3.95 亿条 RDF 链接。

表 6-1 列出了一些常见的关联开放数据数据集。

表 6-1 关联开放数据常用数据集列表

数据集名称	数据内容	元数据格式	网址
Bio2RDF	生物、基因与医疗数据集	BinPAX ChEBIOntology EnsemblOntology KEGG Ontology UniProt	http://bio2rdfwikisourceforge.net
DBLP Berlin	计算机科学论文与作者编目	Dublin Core FOAF Vocabulary	http://www4.wiwissfu-berlin.de/dblp/
DBpedia	Linked Data 化的 Wikipedia		http://dbpedia.org
DrugBank	小分子和生物技术药物数据集	DrugBank Vocabulary	http://www4.wiwissfu-berlin.de/drugbank/
FOAF	人名数据集	FOAF Vocabulary	http://www.foaf-project.org/
GeoNames	地名数据集	GeoNames Ontology	http://www.geonames.org/
LinkedMDB	电影数据集		http://www.linkedmdh.org/
MusicBrainz	艺术家相册	FOAF Vocabulary	http://dbtune.org/musicbrainz/
OpenCye	Linked Data 化的 OpenCye	OpenCye Ontology	http://sw.opencye.org
RDF Book Mashup	来源于 Amazon、Google、Yahoo!的图书编目数据	Dublin Core GoodRelations Ontology	http://www4.wiwissfu-berlin.de/bizer/bookmashup/
UMBEL	来源于 Wikipedia 的主题概念数据集	UMBEL Ontology	http://www.umbel.org
YAGO	人员、组织、城市等实体	YAGO Ontology	http://www.mpi-infmpgde/yago-naga/yago/

实际上,Linked Data 并不仅仅适用于开放数据。除关联开放数据之外,由 Zepheira Team 主导的连接企业数据(Linking Enterprise Data,LED)则重点关注企业的数据。与开放数据相比,企业数据更关注一些额外的限制条件,如法律法规遵从情况及企业优势等(沈志宏和张晓林,2010)。这些公开的权威数据集都将成为馆藏资源描述过程中词汇选择的重要来源。

6.2.2 词汇与术语复用机制

馆藏资源的语义揭示与表达需借助 RDF 三元组数据模型,然而模型中的实体(主语)、属性名(谓词)、属性值(宾语)所用词汇的选择应该遵循一定的规则,以此来满足迅速访问与增强共享能力的要求。具体而言,词汇选择的基本原则是重复利用现有词汇。为了让用户的应用程序方便快捷地访问数据,在描述馆藏资源的过程中，应该尽可能地从已被公众认可的权威词汇集中选择词汇重复使用，只有在权威词汇集中找不到能够精确描述资源词汇的情况下才有必要创建自己的新词汇。

术语的复用要求从不同来源的数据集中选择词汇实现术语的交叉利用，在此过程中，rdfs：label 与 foaf：depiction 等属性标签能够被广泛使用。例如，用户需要为地理位置、研究领域、一般主题、创作者、图书或 CD 等实体创建 URI，那么可以考虑从 W3C 的 SWEO 关联开放数据社区项目中选取术语所对应的 URI，如 Geonames、DBpedia、Musicbrainz、dbtune 或者 RDF Book Mashup。从权威数据集中选择现有 URI 的优势主要体现在以下方面。

（1）任何一个权威数据集中的 URI 都是一个概念的引领标识位，即通过 Web 的 URI 检索能够查找到某一个概念的详细描述信息。例如，利用数据集 DBpedia 中的 URI：http://dbpedia.org/page/Doom 标识了 Doom 电脑游戏中的众多相关信息，包括十种不同语言的游戏描述与各种分类信息等，而 URI 则是作为 Doom 电脑游戏内容信息的引领标识。

（2）一个 URI 已经链接到来自其他数据集的 URI。例如，用户可以通过数据集 DBpedia 中的 URI：http://dbpedia.org/resource/Berlin 建立与数据集 Geonames 和 EuroStat 中提供的 Berlin 的 URI 的关联关系。因而，利用概念 URI 所形成的这些数据集，用户能够构建与其他数据来源之间富裕的及快速增长的数据网络。

在馆藏资源关联数据创建过程中，对于权威公认词汇集的调用及复用还需要对这些权威公认词汇集的域名空间进行声明，其目的是保证关联数据应用程序能够直接定位和参引这些词汇集中复用的术语对象，并利用 URI 解析机制获得该术语词汇的自解释信息，从而直接了解该术语对象的概念内涵及关联关系，进而帮助应用程序理解整个资源 RDF 描述。例如，在关联数据词汇集复用中最为常见的词汇集声明包括：

@prefix vocab: < http://example.com /vocab/example#>.
@prefix foaf: <http://xmlns.com/foaf/0.1/> .
@prefix rdf: <http://www.w3.org/1999/02/22-rdf-syntax-ns#> .
@prefix rdfs: <http://www.w3.org/2000/01/rdf-schema#> .
@prefix dcterms: <http://purl.org/dc/terms/> .
@prefix dc: <http://purl.org/dc/elements/1.1/> .
@prefix owl: <http://www.w3.org/2002/07/owl#> .
@prefix skos: <http://www.w3.org/2004/02/skos/core#> .
@prefix xsd: <http://www.w3.org/2001/XMLSchema#>.

6.2.3 数据集链接桥机制

在关联数据实现过程中，不同数据集间关联关系的建立主要依靠数据集的 RDF 链接桥来实现，链接桥的构成主要来自权威词表中表达关系的公共谓词，如 owl：sameAs、foaf：homepage、foaf：topic、foaf：based_near、foaf：maker/foaf：made、foaf：depiction、foaf：page、foaf：primaryTopic、rdfs：seeAlso 等，这些链接桥揭示了两种资源之间有固定类型的链接关系。通常，RDF 链接桥由三个 URI 引用构成，主体中的 URI 和表达客体的 RDF 文件中的链接标识了具有链接关系的资源，而处于谓词位置的 URI 定义了链接的类型。例如，一个 RDF 链接桥表示某个组织雇用某个人，而另一个 RDF 链接桥表示某人认识另一些人。

RDF 链接桥是数据 Web 生成的基础，参引一个 URI 的链接，将指向一个资源的描述，这个描述中通常包含更多的 RDF 链接，指向更多的 URI，这些 URI 同样是可以被参引的，于是个体资源就这样被"网罗"进了数据 Web，数据 Web 也因此可以被"巡航"，搜索引擎也可以根据这些 RDF 链接桥进行资源"爬取"。

如果利用访问 RDF 资源的 Disco 或 Tabulator 浏览器，用户可以通过 FOAF 查询人名为 Richard 的个人信息，当然，前提是 Richard 已经用 URI 在数据集 FOAF 中对自己进行了标识，其 URI 为：http://richard.cyganiak.de/foaf.rdf#cygri。当用户在导航栏输入这个 URI 时，浏览器通过万维网参引该 URI，寻求内容类型为 application/rdf+xml 的信息，并显示检索结果。在其个人资料里，Richard 表示他在柏林附近，正在使用 DBpedia 的 URI 为：

http://www4.wiwiss.fu-berlin.de/rdf_browser/?browse_uri=http%3A//dbpedia.org/resource/Berlin。

作为非信息资源柏林的 URI 别名。只要用户对柏林有兴趣，就指示浏览器通过点击 URI 链接进行参引，如图 6-1 所示。

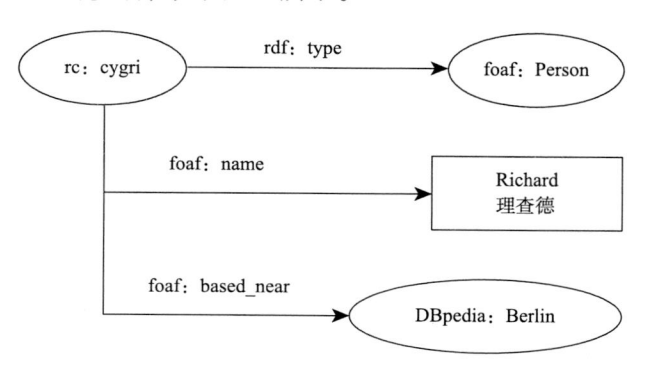

图 6-1　FOAF 与 DBpedia 数据集的 RDF 链接桥

浏览器在被 HTTP303 响应码重定向后，检索更详细地描述柏林的 RDF 示图。该 RDF 示图的一部分如图 6-2 所示，图 6-2 包含一个表明柏林有 3 405.259 居民的字面三元组和一个列有德国城市名单信息的 RDF 链接。

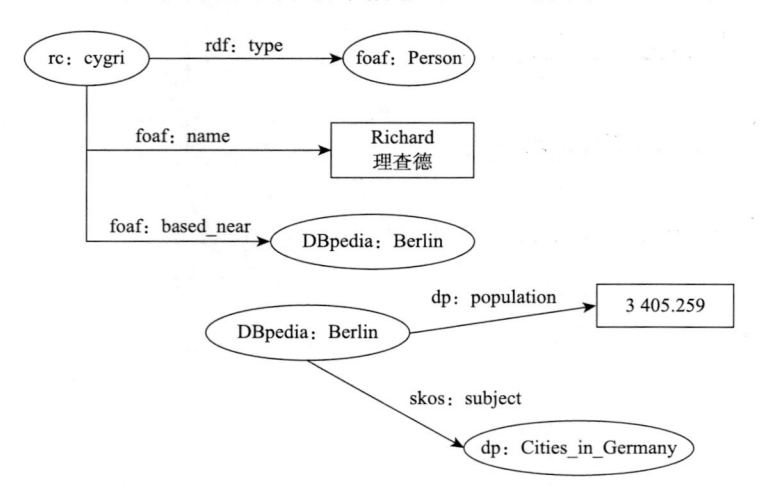

图 6-2　DBpedia 与 DP 数据集的 RDF 链接桥

因为图 6-2 中两个 RDF 示图共用一个 URI：http://dbpedia.org/resource/Berlin，因而可以自然融合，如图 6-3 所示。

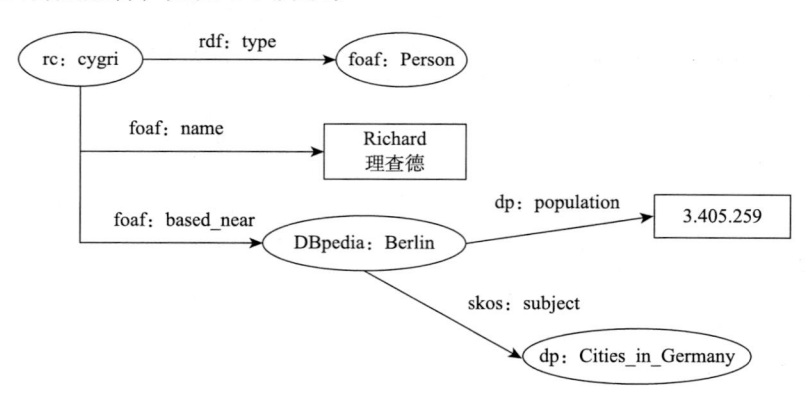

图 6-3　FOAF、DBpedia 与 DP 数据集的 RDF 链接桥

用户或许对德国的其他城市也感兴趣，因此可以让浏览器参引 URI 来标识这份名单。这样，被检索到的 RDF 图就包含了更多的指向德国城市（如汉堡、慕尼黑）的 RDF 链接，如图 6-4 所示。

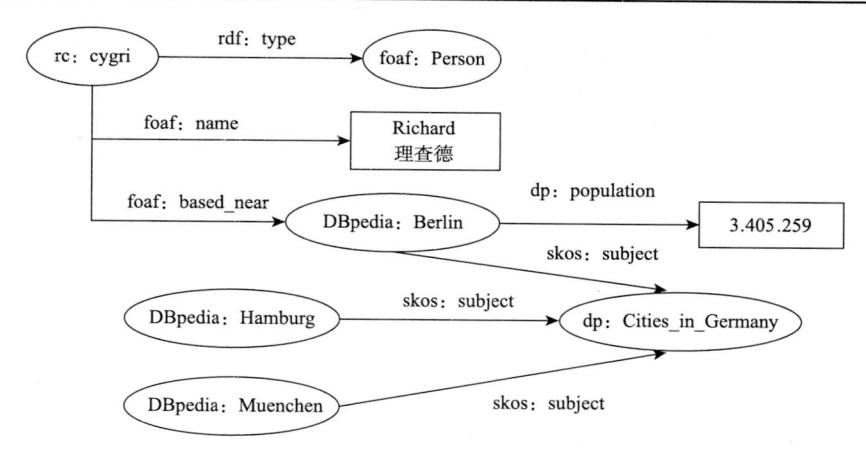

图 6-4 FOAF、DBpedia 与 DP 数据集的 RDF 链接桥扩展

从万维网的角度来看，能将某种资源链接到由其他数据源发布的 RDF 数据链接是最有价值的，因为它们将不同的数据孤岛连接成一个网络。从技术上讲，这种 RDF 外链是一个主体和客体分别来自不同数据源的 RDF 三元组。下例中包含了来自万维网上不同数据源的各种 RDF 外链。

#两个来自 DBpedia 的 RDF 链接：
<http://dbpedia.org/resource/Berlin>
　　owl:sameAs <http://sws.geonames.org/2950159/> .
　　　　　　<http://dbpedia.org/resource/Tim_Berners-Lee>
　　owl:sameAs <http://www4.wiwiss.fu-berlin.de/dblp/resource/person/100007> .

#来自 Tim Berners-Lee's 的 FOAF 主页的 RDF 链接：
<http://www.w3.org/People/Berners-Lee/card#i>
　　owl:sameAs <http://dbpedia.org/resource/Tim_Berners-Lee> ;
　　foaf:knows <http://www.w3.org/People/Connolly/#me> .

#来自 Richard Cyganiaks' 的 FOAF 主页的 RDF 链接：
<http://richard.cyganiak.de/foaf.rdf#cygri>
　　　foaf:knows <http://www.w3.org/People/Berners-Lee/card#i> ;
　　　foaf:topic_interest <http://dbpedia.org/resource/Semantic_Web> .

6.3 馆藏资源关联数据的关联关系构建类型

馆藏资源的语义关联构建是一个复杂的系统工程。从语义关联的对象来看，既有馆藏内部资源的语义特征揭示与关联关系的建立，从而形成本地馆藏关联数据集，也有与其他馆藏资源关联数据集、互联网关联数据集之间的语义关联对接；从语义关联资源的类型来看，包括结构化数据、半结构化数据或非结构化数据之间的意义关联；从馆藏资源关联关系的语义揭示层次来看，既有对于馆藏资源元数据层面的浅层次语义关联关系构建，也包括对于馆藏资源内容特征揭示的深层次语义关联关系构建。本节将从馆藏资源内部语义关联和外部语义关联，以及馆藏资源的浅层次语义关联与深层次语义关联两个方面分别论述馆藏资源语义关联的类型划分（仝召娟等，2014）。

6.3.1 面向资源来源的关联关系构建

在馆藏资源的关联网络构建过程中，数据集内部和外部的 RDF 链接对于数据的关联关系的建立而言至关重要。因而实现馆藏资源间的语义关联关系构建，必须积极构建馆藏资源关联数据集内部及指向其他馆藏或网络关联数据集的 RDF 链接。构建 RDF 链接首先必须选择合适的链接对象。

从宏观层面来看，馆藏资源的外部语义关联可借助目前互联网环境下的关联开放数据集来实现，而这些已经发布关联数据的数据集内部存在大量的语义链接关系，这些链接关系即可作为馆藏资源关联数据集潜在的链接对象。由于这些数据集内部与外部已经建立了大量的 RDF 链接，因此能够帮助馆藏资源发布的关联数据集快速融入关联开放数据网络中（游毅和成全，2013）。

从微观层面来看，对于馆藏资源关联数据的内部关联关系构建问题，基于元数据的馆藏资源描述通常能够从多维的角度实现对馆藏信息资源特征的揭示，因而，对馆藏信息资源实现语义关联自然也能够从多维的角度来进行。根据元数据对馆藏资源揭示的字段构成情况，通常可用于语义关联过程中的元数据字段包括标题、主题、摘要、描述说明、作者、出版社、学科分类等项。在此基础上，将元数据字段分为内容、主题、作者、出版社、分类等多个分面，分别用于对馆藏资源不同语义维度的揭示，其中"内容"方面包括标题、摘要、描述说明、目录等文本描述字段（黄文碧，2015）。

从馆藏资源关联关系构建的实现形态上来看，利用关联数据可将馆藏资源的各维度特征作为一个独立个体对象看待并且使用一个独立的 URI 来标识事物，使其成为资源之间语义关联关系建立的节点，节点间的相互链接则借助 RDF 三元组来实现。假如利用网络图对馆藏资源之间的语义关联关系构建形态进行描述，即网络图中的节点代表各个层次的资源对象（可以是数据库、图书、期刊等大粒度资源对象，也可以是知识单元、术语等细粒度资源对象），而有向弧则代表资源对象之间的相互关系，理论上看，节点和有向弧无限延伸下去便形成了语义网状的知识体系。从某一节点出发顺着链接发现下一个或多个互联的节点，继续扩展，将会发现更多的资源，这个过程既可将馆藏资源内部的数据集建立关联，也可将不同的数据集之间的数据构建关联，从现实意义上真正解决了网络环境中异构资源难以集成、整合的困境。利用关联数据技术在馆藏资源之间所形成的网络结构则体现出复杂的层次关系，如图 6-5 所示（牟冬梅等，2015）。

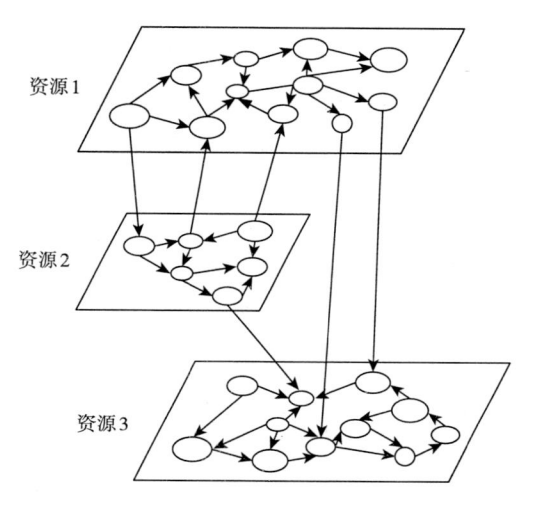

图 6-5　资源关联的层级关系

如图 6-5 所示，宏观上看，语义关联后的馆藏资源呈现出复杂的多维网络结构特征。在馆藏资源数据集内部的资源层面，由于资源之间在不同的属性维度存在各类关联关系，因而资源节点彼此关联，形成在平面意义上的第一层级语义关联关系；从不同的馆藏资源数据集角度探查，不同数据集内的资源节点之间在不同的属性维度也存在各类关联关系，将这些关联关系加以表达就形成数据集外部的语义关联关系。图 6-5 中只是对少数关联节点和关联层次的抽象描述，现实情况是馆藏资源之间的语义关联关系是一个异常复杂的动态网络结构。

1. 内部关联关系建立

馆藏资源内部语义关联的建立面向图书馆的内部资源，包括数字文献资源、特色资源库、专题 Web 站点、各类数据库系统等。资源的类型则包括书籍、档案、照片、地图、绘画、电影和音乐等（仝召娟等，2014）。由此可见，馆藏资源内部的语义关联类型将随着关联对象的类型、粒度的不同而有所区分。根据关联对象的粒度类别特征，我们可将馆藏资源内部的语义关联关系划分为五类不同的层次类型。按资源粒度从大到小的顺序，语义关联的层次可划分为数据库层、资源层、描述层、知识层及概念层语义关联，以下分别对各个层次语义关联形态进行说明（牟冬梅等，2015）。

（1）基于数据库层的馆藏资源语义关联建立。从数据库的层次来看，图书馆的馆藏数据库资源包括馆藏数据库、机构数据库、商业数据库及网络开放获取资源。倘若将每一种数据库作为一个关联的对象进行关联操作，那么利用关联数据技术实现的语义关联操作即数据库层馆藏资源语义关联。各个数据库利用 URI 标识符统一标识，并利用 RDF 三元组将不同的数据库 URI 进行语义链接构造。

（2）基于资源层的馆藏资源语义关联建立。在数据库内存储的资源类型包括图书、期刊、学位论文、专利、标准等文献形态，因而这些资源构成了基于资源层面的语义关联构建问题。此时，各类型信息资源成为需要关联的对象，并以 URI 加以标识。

（3）基于描述层的馆藏资源语义关联建立。描述层则是对各类资源进行揭示，形成其资源替代物，用以标识资源的外部特征和内容特征。一般而言，处于这个层次的语义关联关系的建立需要依托各类资源的元数据加以实现。元数据是关于数据的数据，是对资源内外特征的有效揭示途径，如资源外部特征可以使用机读目录数据 MARC 及 SKOS 数据加以描述，而主题、章节目录等资源的内容特征深入资源的更小层面，因而需要从知识层面实现其语义的关联。由此看来，描述层相对于资源层而言，关联对象的粒度进一步细化。

（4）基于知识层的馆藏资源语义关联建立。知识层的语义关联主要针对资源的内容层面的知识单元，实现了对资源内容特征从数据链接到组织语义化再到内容语义化的细粒度转化。这个层级的语义关联对象以资源内容中的知识节点为代表，包括资源的标题、摘要、目录等能够揭示资源语义内容的信息。

（5）基于概念层的馆藏资源语义关联建立。该层次的语义关联是在知识层语义关联的基础上进一步抽取知识节点内部的概念术语或知识单元，并借助本体或叙词表实现对概念术语或知识单元的概念映射，实现概念层次上的语义关联建立。显然，该层次的语义关联对象进入术语和概念层面，粒度更加细化。

由上述馆藏资源语义关联建立的层级关系我们可以看出，在构建馆藏资源内部语义关联关系的过程中，关联粒度的大小显然与信息服务的需求相关。通常，依托大粒度的信息资源关联，所能够实现的往往是语法层面的字面匹配，显然是一种信息服务形态。依托细粒度的信息资源关联，所能够实现的往往是语义层面的语义相似度匹配，这与当前的知识型服务要求是非常契合的。因而，随着馆藏资源关联对象粒度的不断细化，能够为信息用户提供的检索反馈结果相似度会逐渐提升，这是实现知识型服务的必经之路。

2. 外部关联关系建立

与馆藏资源的内部语义关联建立不同，外部语义关联的建立则是将包括互联网关联开放数据集、其他图书馆、博物馆、档案馆、文化机构等在内的关联数据产生客体所发布的关联数据资源与本地馆藏资源关联数据进行语义关联的对接。当然，基于关联数据的馆藏资源语义关联构建的基础是各个数据集内的数据均以关联数据的 RDF 规范结构加以形式化描述和表达，因而可以忽略来源不同的各个数据资源产生实体所产生资源的格式与标准异构问题。不同文化机构对资源进行数字化时各有侧重，所以对其进行数字资源聚合更具意义。基于关联数据的数据集之间外部语义关联建立是实现网络环境下异地、异构数据资源集成与整合的有效途径（仝召娟等，2014）。具体而言，基于关联数据的馆藏资源与外部数据集语义关联建立的实现过程主要包括以下几个重要阶段（丁楠和潘有能，2011）。

（1）外部数据集的访问。馆藏资源要实现与外部数据集之间关联关系的建立，第一项任务便是对外部数据集中的数据实施访问。由于采用关联数据技术实现对不同数据集之间数据的对接，数据访问的关键即解析关联数据集对资源对象所提供的 URI 标识符信息，通过资源标识符 URI 信息的获取，能够得到以 RDF 三维框架模型所描述的资源对象。在应用实践过程中，通常有些数据集提供了 RDF 封装数据包供下载，或支持 SPARQL 远程查询。此外，Sindice、Falcons 等关联数据搜索引擎也提供了相应的接口来实现对其获取到数据资源的访问。

（2）数据集之间的本体映射。馆藏资源关联网络构建的本质是要利用关联数据技术将来自多个关联数据集的资源对象建立关联。这就要求对不同数据集的资源进行语义相似度匹配，但由于不同的数据集通常会使用不同的通用本体结构（如 FOAF、SKOS、Dublin Core 等）或自行设计领域本体，甚至是一个局部范围使用的词表来描述同一领域的信息，资源之间语义相似度的匹配问题便转化成为描述资源的异构本体之间或本体与局部数据框架之间的本体映射问题。在本体映射过程中，通用本体之间的映射远比领域本体之间的映射要容易，只需比较用于表示本体概念的字符串是否相同即可。领域本体或应用本体之间的映射是当前本体与语义网领域的研究热点之一，主要方法包括基于名称的技术、基于结构的技术和基于语义的技术等。此外，通过引入外部成熟公共知识库（如 Wordnet 或 UMLS 等知识库）的知识来实现关联数据集之间的匹配关系也是一种值得关注的方法，这些知识库一般将其所有概念组织为树状结构，可通过计算一个概念到另一个概念的距离，结合概念所处层次和概念的疏密程度来计算概念间的相似度。对于没有使用本体的数据集，可考虑对其实例数据进行前期处理，如通过统计分析方法找出可能指向同一实体的数据记录并聚类，从而将其隐含的语义信息显性化，实现数据集之间的映射。

（3）实体对象的识别与关联建立。关联数据集之间的本体映射是数据集之间的语义关联的重要基础。但是馆藏资源数据集之间语义关联的建立重在对馆藏资源实体对象之间语义关联的建立，因而，其核心问题是要识别出馆藏资源实体对象与本体中概念的对应关系，在此基础上利用异构本体之间的映射关系对馆藏资源的实体对象进行语义相似度计算，建立实体与实体之间的语义关联。通常，在实体对象关联关系建立的过程中，不同数据集内指向同一概念的实体对象之间显然存在紧密关联关系，因而语义关联的构建需要以此为基础。但问题在于，馆藏资源实体对象的标识符 URI 信息如何才能体现与之相关的概念，这个转换过程是一个重点需要克服的障碍。现有的解决方案中，可以通过为每个实体产生一个已经存在的唯一标识符来体现，如图书的 ISBN、期刊的 ISSN（International Standard Serial Number，标准国际连续出版物号）等；也可以将该实例的多个属性值相结合以生成唯一标识，如姓名+籍贯+出生日期，论文题名+作者+期刊名等；在无法生成唯一标识的情况下，则可通过属性值之间相似度的计算在实例之间建立关联。在馆藏资源语义关联的过程中，本体映射和实体对象的识别之间存在着紧密的关联关系，本体映射是实体对象之间识别关联的基础，而实体对象的识别和关联的建立对于本体映射而言又能够起到评价与改进的作用。

6.3.2 面向语义层次的关联关系构建

馆藏资源关联关系建立的过程中，根据其关系揭示的深度不同可以采用不同的关联关系构建方法。一种方式是对两个资源对象的替代物进行直接的字面匹配，而另一种则是在资源对象之间通过替代物的相似度计算方法实现对其关联关系的判断和构建。本质上看，馆藏资源的关联关系建立是对不同类型、不同来源、不同语种的资源，依据其内容特征进行资源整合（浅层次语义关联）和语义融合（深层次语义关联）操作（赵蓉英等，2014），前者旨在开放空间里资源的链接，后者注重资源之间的语义关联（欧石燕等，2014）。资源整合是馆藏资源的浅层次语义关联，而语义融合更强调资源之间的深层语义关联。在馆藏资源关联关系构建的过程中，可通过从语义、学科、资源对象等多个角度，采用不同的方法揭示资源内容中的概念及概念关系、文献结构的引证关系和科研实体及关系等，这些手段是揭示馆藏数字资源之间内在关联的基本方式，以此为基础可在馆藏资源关联的基础上进一步构建关联网络（黄文碧，2015）。在此过程中，语义层面的链接则是通过在同一本体的类之间、不同本体的类之间及本体与概念体系之间寻找它们的链接关系而实现的。形式上即可将 Bibliographic 书目本体、元数据本体、Event 本体、FOAF 本体、GeoNames 本体和 SKOS 概念体系间建立 RDF 语义链接，以此来实现图书馆中的文献资源、个人/组织机构/团体、地点和知识组织资源的相互关联，最终实现馆藏资源的关联网络构建（欧石燕，2012）。以下我们将从馆藏资源语义关联关系建立的层次关系上分别对浅层语义关联建立和深层语义关联建立过程及方法进行阐述和分析。

1. 浅层语义关联建立

馆藏资源之间的浅层语义关联关系主要通过资源对象替代物之间取值的匹配来实现，通过馆藏资源元数据的值匹配来建立资源对象之间的语义关联是一种常见的方法。馆藏资源元数据值的匹配关联是指对不同馆藏资源对象的对应元数据属性项（维度）的取值进行匹配。若不同馆藏资源对象之间的元数据属性项具有相同的取值，则在这些馆藏资源之间可建立起在某一维度上的"共同属性名"的一种语义关联关系。例如，若在主题属性维度上馆藏资源的取值相同则可对匹配的资源对象之间标记"共同主题"语义关联关系，与之类似的，还包括共同作者、共同出版社、共同分类号等各类型的馆藏资源关联关系。但在现实匹配过程中，部分馆藏资源元数据的属性项可能属于多值元数据项，即某一资源在元数据的某一个属性维度上可以有多个取值。针对这种元数据属性的多值问题，可在任何一个元数据取值的基础上进行馆藏资源之间的元数据值匹配，也即对多值元数据项的任意一个值均可用于建立元数据值匹配关系（黄文碧，2015）。

具体而言，在元数据值匹配的过程中，可借助 RDF 三元组的建立来实现馆藏资源之间语义关联的构建，也即在不同数据集元数据的对应属性项之间获取 RDF 三元组之间的等同关系（sameAa 关系）。其基本的实现思路是：在种子数据集合 S_1 中取某一实体的某一属性名称，以该实体的属性名称为主键在数据集 S_2 中匹配查找是否具有相同属性名称的实体对象，如果查询成功，则说明两个实体对象之间存在 sameAs 关系。例如，三元组<关联数据，创建方法，"×××">与三元组<关联数据，发布方法，"***">通过实体名称匹配发现具有相同的属性名称，便可以在这两个三元组之间建立 sameAs 的映射关系（王忠义等，2013）。

与此同时，馆藏资源关联关系的建立也可由 RDF 三元组自身的链接特性来实现，即主语通过谓词与宾语之间建立关联关系。由于在关联数据情境下，往往利用 URI 来对馆藏资源中的每一个实体对象和抽象概念进行标识，如上文所述，这些实体对象和抽象概念可以是期刊、期刊中的学术论文等粗粒度实体资源，亦可是文章中的题名、主题、关键词、概念等细粒度资源。因而，可利用

RDF 的链接机制，将 RDF 三元组中的主语 URI 和宾语 URI 进行链接。在构建 RDF 三元组的过程中，如果 RDF 三元组中的宾语 URI 是一个简单的值，即某一数据项，或者是同一数据集中已经作为主语被描述了的 URI，那么这个 RDF 形成一个知识说明、知识构成或知识链接，实现馆藏资源之间由点（知识单元、知识对象）到线（知识说明、知识链接）的转化过程；如果三元组宾语中的 URI 是另外一个数据集中的某一个三元组中的 URI，则通过这种简单的主谓宾链接机制，就可以把原来的同一数据集内的知识链接扩展到两个数据集之间的知识关联，实现由线（知识链接）及面（知识关联）的多维扩展。显然，通过 RDF 三元组自身的链接特性，能够从浅层语义层面在馆藏资源之间完成由点（知识单元、知识对象）到线（知识链接）、由线到面（知识关联）、由面到体的立体化知识网络（牟冬梅等，2015）。

2. 深层语义关联建立

对于馆藏资源的深层次语义关联关系的建立显然不可能通过元数据属性值的字面匹配或 RDF 三元组的自身链接特性来实现。一般而言，需要通过元数据项的文本内容进行语义相似性计算从而建立起元数据项之间的语义相似性联系。由于这些元数据能够揭示资源的内容特征，因此元数据的语义相似性也反映出资源对象的语义相似性。利用文本计算语义相似性的方法有多种，但大多数都是将元数据的内容特征利用向量空间模型来予以形式化表达，进而利用余弦相似度计算方法来衡量匹配对象之间的语义相似性。相对于浅层次语义关联关系的发现与建立而言，克服了将单个元数据属性项视为一个语义维度进行语义相似度匹配的缺陷，能够完整地保留馆藏资源元数据项的结构特征及语义特性，因而深层次的语义关联关系发现与建立从本质上说更符合馆藏资源语义关联发现并实现知识型服务的基本需求（黄文碧，2015）。

6.4 馆藏资源关联数据的关联关系构建方法

在确定了馆藏资源 RDF 链接的目标数据集与类型属性之后，就需要选择合适的构建方式构建馆藏资源实体之间的关联关系。通常关联关系的建立可通过手工添加与自动化构建两种方法实现。针对规模较小且相对静态的数据集，RDF 链接构建可由数据创建者、发布者或维护者手工添加；对于数量庞大、持续增长且变动频繁的关联数据集，利用语义网技术实现 RDF 链接的半自动化或自动化构建则显得更为现实。

从关联关系构建的实现机制上讲，实体识别、属性匹配、本体映射、社会网络等许多数据库和语义网环境下的匹配机制都能够用于关联数据的链接构建中。

从关联关系构建实现的算法角度看，链接构建可采用基于标识符匹配的算法与基于相似度计算的构建算法。关联数据的核心在于为每个实体赋予唯一的 URI 标识，而馆藏关联数据集与其他数据集之间本身可能就存在相同的命名结构，如标识图书的 ISBN、用于地理位置的经纬度等相关属性，因而可利用其所包含的共同标识符片段并基于特定模式算法在数据集之间创建 RDF 链接。当数据集之间不存在共同标识符片段时，馆藏关联数据集之间则可采用更为复杂的基于相似度计算的链接构建方式。这种方法是将链接主体与其他相关实体的多重属性进行比较，并基于不同属性的相似度利用特定的算法进行汇总，从而得到一个最终的相似性系数。如果两个实体之间的相似性系数超过特定的阈值，则在实体之间建立 RDF Links。需要指出的是，单纯的基于共同标识符片段的方法容易产生较多的误匹配，因此需要图书馆对所构建的链接进行严格审查，而相似度匹配方法也需要一定的容错机制以适应实体描述的不完整性，同时图书馆也可采用 Silk 等半自动工具及 RiMOM、idMash、ObjectCoref 等自学习软件来提高关联关系构建效率。

6.4.1 关联关系的手动构建

用户在对关联数据集之间实现手动 RDF 链接建立之前，有必要对待关联的数据集进行了解和认识。为了对不同的关联数据集有全面的了解，可以参考关联开放数据项目中的数据集列表进行选取。一旦选择到特定数据集作为合适的关联对象，用户便可以通过人工的方式在数据集中查找所希望关联的 URI 相关信息。如果一个数据源并未提供一个诸如 SPARQL 终端或 HTML Web 形式的检索界面，用户还可利用 Tabulator 或 Disco 等类型的关联数据浏览器去检索数据集并查询合适的 URI。同时，用户也可利用 Uriqr 或 Sindice 等应用服务实现对现存 URI 的检索，并且从若干候选 URI 集中选择一个最受公众认可的 URI 作为链接建立的对象。Uriqr 应用服务可通过姓名属性查找到所认识人的 URI，而反馈的相关人员的 URI 则按照在万维网的 RDF 文档中所参引的频繁程度作为权重来进行排序，当然用户在选择 URI 时，通常则需要借助用户自身的判断去挑选出最合适的 URI 去建立关联。Sindice 应用服务则对语义网内的 URI 构建了一个索引，通过索引能够告诉用户每一个资源所对应的特定 URI 信息。通过这种方式来帮助用户为每一个概念选择最流行或最被公众认可的 URI。

6.4.2 关联关系的自动构建

关联关系的手动构建方法不适合大规模数据集关联关系的构建。例如，要将 DBpedia 数据集中的 70 000 个地点所对应的实体与数据集 Geonames 里的数据建立关联，依托手工方式是难以实现的。在这种情况下自动记录关联算法的利用在不同数据源之间建立 RDF 链接则变得尤其重要。记录的关联在数据库领域一直以来都是一个非常重要的问题，关联开放数据项目在实施的过程中利用记录关联算法解决了许多实体之间关联关系建立的问题。然而，当前却依然缺少较好的、易于使用的自动化创建 RDF 链接的工具。因而，在不同数据集之间实现 RDF 链接的自动化建立算法在关联关系的构建过程中具有重要的意义。通常，根据算法的操作对象，可将现有的关联数据集自动化关联关系构建方法分为基于模式匹配与基于属性匹配这两种基本类型。

1. 基于模式匹配的算法

在各个不同的应用领域都存在广为接受的通用命名模式。例如，在图书出版领域存在通用的 ISBN，在金融领域存在通用的 ISIN（The International Securities Identification，国际证券识别编码）。如果这些标识符能够成为 HTTP URIs 标识符中的一部分，那么利用这种简单的基于模式匹配算法实现不同资源之间的 RDF 链接自动构建将成为可能。

利用 ISBN 作为数字资源 URI 标识符的一部分的应用实例有 RDF Book Mashup 项目，在该项目中，ISBN 为 URI 标识符中的重要组成部分。例如，在 RDF Book Mashup 系统中用 URI 标识符：

http://www4.wiwiss.fu-berlin.de/bookMashup/books/0747581088

表示 "Harry Potter and the Half-blood Prince" 这部图书，那么利用标识符中的 ISBN 0747581088 则可以在数据集 DBpedia 中通过产生一个 owl:sameAs 类型属性，即可在数据集 DBpedia 与 RDF Book Mashup 之间轻易实现信息资源之间的关联关系。此时，DBpedia 利用了下列这些基于模式匹配的算法。

（1）遍历 DBpedia 数据集中的所有图书，并保证每部都有对应的 ISBN；

（2）通过利用 Book Mashup 中的 URI 模式：http://www4.wiwiss.fu-berlin.de/bookmashup/books/{ISBN number}增加 ISBN 信息，并通过创建一个 owl：sameAs 类型属性实现 DBpedia 数据集中每部图书资源 URI 与 Book Mashup 数据集中所对应 ISBN 图书 URI 之间的关联关系。

例如，运用该模式匹配的算法可实现数据集 DBpedia 与数据集 Book Mashup 中两部图书之间的关联：

<http://dbpedia.org/resource/Harry_Potter_and_the_Half-Blood_Prince>

owl:sameAs

<http://www4.wiwiss.fu-berlin.de/bookmashup/books/0747581088>

除了利用通用命名模式作为数据集之间关联关系建立的链接点以外，还可通过简单的字面匹配模式实现不同数据集资源的关联建立。例如，用 r1 表示 DBpedia 数据集中的书目资源 "Life of Palo Picasso"，可对其用 RDF 三元组<主语、谓词、对象>将其表达为< r1, dc: title, "Life of Palo Picasso" >，以 Life of Palo Picasso 为值，查询 Book Mashup 数据集，命中资源 r2，< r2, name, "Life of Palo Picasso">。从而可自动建立 r1 与 r2 之间的映射关系，< r1, owl: sameAs, r2>。数据集 DBpedia 可通过这种映射关联，获得数据集 Book Mashup 中关于该书目的一些书评、销售信息等，同时，数据集 Book Mashup 也可通过此映射关联，得到数据集 DBpedia 中更为专业的信息描述，两个数据集通过映射得到了扩展（白海燕和朱礼军，2010）。

2. 基于属性匹配的算法

倘若不同数据集之间完全不存在共同的标识符，那么就有必要利用一种更加复杂的，基于属性的 RDF 链接算法来实现不同数据集之间数据的关联关系。以下通过一个实例说明基于属性的 RDF 链接算法的实现途径。DBpedia 数据集与 Geonames 数据集之间的链接建立。在数据集 Geonames 与 DBpedia 中都会出现地理位置相关的信息。为了区分在两个数据集中所出现的位置信息，在 Geonames 数据集内的术语利用了一个基于属性的启发式算法，该算法基于文章的标题或是经纬度、国家、行政区划、功能类型、人口与类别等语义信息来实现。运用该启发式算法，在 Geonames 与 DBpedia 数据集之间建立了 70 500 条地理位置数据间的关联关系，这些关系可通过 owl：sameAs 类型属性进行表达与揭示。

下面以图书馆书目数据为例，来具体说明基于属性关系规则来自动构建关联关系的方法（Volz et al., 2009）。以瑞典联合目录 LIBRIS 系统为例，该系统通过关联数据发布了其 170 多个成员馆的 600 多万条书目数据。书目数据集的数据类型为书目，URI 为 http://libris.kb.se/resource/bib/< number >，规范文档数据集的类型为人名或组织机构名称，其 URI 为 http://libris.db.se/resource/auth/<number>。"The Differrence Engine" 一书的 URI 为 http://libris.kb.se/re2source/bib/5059476，该书的作者为 William Gibson，用 RDF 图表示如图 6-6（a）所示（Malmsten, 2008；曾蕾，2009）。

http://libris.kb.se/resource/bib/5059476 —— dc：creator ——> William Gibson 威廉·吉普森

(a)

```
          http://libris.kb.se/resource/bib/5059467
                                          dc: creator
                          name                      DBpedia: Berlin
                William Gibson
                 威廉·吉普森
```

（b）

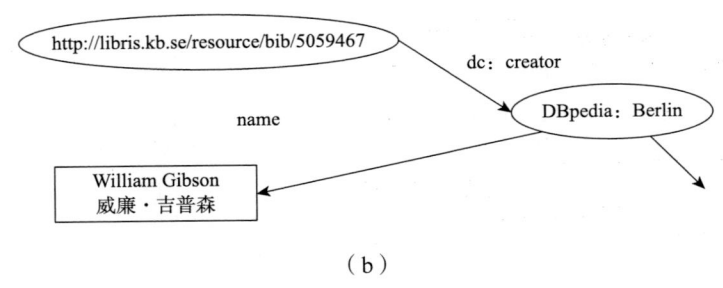

图 6-6　基于 RDF 的匿名节点建立

为了构建关联关系，对作者文本字符串进行扩展。扩展后，作者的取值类型从原来的文本字符串变成了一个结构化实体，也就可以表示为一个资源。这个资源暂时是匿名的，用一个无标识的空白节点来表示（宋炜和张铭，2004）。对这个匿名资源，只知道它的类型是人名（foaf:Person），有一个属性，即名称为"William Gibson"，如图 6-6（b）所示。在人名规范文档数据集 D2 中进行查找，类型为 foaf:Person，且名称为"William Gibson"的资源。查询命中资源 URI 为 http://libris.kb.se/resource/auth/220040，由此，可以作为资源标识符分配给匿名资源，并建立起两个资源之间的关联，即<r1,dc:creator,r2>。

这种关联关系的构建是基于已有的关系属性 dc：creator，扩展建立匿名资源，通过查找命中后，继承原有关系而生成的。采用这样的方法，还可以在书目资源与主题词表、地名、人名规范文档之间建立 dc：subject 等关系。

6.5　馆藏资源关联数据的关联关系构建实例：基于 Silk Workbench 平台的应用

随着互联网应用的智能化发展，网络这个承载着无限海量资源的虚拟空间也随之从信息网络时代步入数据网络时代，其本质是构建一个计算机能理解的具有结构化和富含语义的数据网络，而不仅仅是人能理解的文档网络，以便在此基础之上构建更为智能的应用（黄永文，2010）。"关联数据"是采用 RDF 来描述信息资源，使用 URIs 命名数据实体，在语义网上公开、共享和连接数据、信息和知识的片段的一组最佳实践。自 2006 年，关联数据的倡导者 Berners-Lee 提出在网上发布关联数据的四大基本原则（Bizer et al.，2009）：使用 URIs 作为事物的标识；使用 HTTP URIs 以便人们能找到这些标识；当有人查找某个 URI 时，提供有用的信息；包含指向其他相关 URIs 的链接，以便人们发现更多的事物以来，关联数据的理论及行业应用研究便层出不穷，随着关联开放数据运动的兴起，关联数据已经成为当前语义网研究领域最热门的领域之一。根据 Berners-Lee 提出的四大基本原则，在关联数据的语境下，数据之间关联关系的建立需通过在数据源之间设置 RDF 链接来实现，这些链接可以手工建立，但是由于网络上数据量巨大，因而完全依托手工创建数据源之间的链接是不切实际的。因此，在大力促进机构信息资源关联数据化并发布于互联网空间之后的要务即如何动态地发现关联数据内部与外部的语义关联关系，如何通过自动化或半自动化手段实现关联关系的建构。尽管当前学术界已经开发了一些关联发现工具，通过 RDF 链接来实现不同数据集内关联的发现与建立，但是完全的自动关联发现及构建工具精确度不尽如人意。因而，目前关联数据的语义发现及关联建立工具还主要采用半自动化方式实现，如 Silk 和 Limes 等。本次研究的初衷也基于此，在全面回顾关联数据语义发现及关联构建现有研究成果的基础上，依托 Silk Workbench 平台环境，对关联数据语义动态发现机制的全流程进行深入研究，以期对关联数据网络的自动化构建提供有力的支撑。

6.5.1　Silk Workbench 平台介绍

Silk Workbench 是一个网络应用程序，作为 Silk 关联发现框架的一部分，通过声明性语言 Silk-Link Specification Language（Silk-LSL）来指定在数据源之间应该发现何种类型的 RDF 链接及为了互联实体必须要满足的条件。本章基于 Silk Workbench 使用户能通过图形化的界面在线完成 Silk-LSL 配置，大大降低了用户操作的难度。Silk Workbench 通过 SPARQL 协议访问要建立关联的数据源，因此数据源可以是本地数据集或远程 SPARQL 端口。Silk Workbench 提供了以下功能组件：WorkspaceBrowser，允许用户浏览工作空间中的项目，关联任务可以从项目中加载；Linkage Rule Editor，一个图形用户界面的关联规则编辑器，使得用户更加容易地创建和编辑关联规则，左侧功能面板中的小部件可以直接被拖入和删除，使用这些小部件绘制的关联规则以树的形式展现在视图窗口中；Evaluation，评估生成的结果链接，允许用户执行现有的关联规则，生成的链接是即时显示的，参考链接集并不能确定生成的链接的正确性。用户可以选择接受或拒绝其正确性，也可以请求特定链接的相似性得分组成的详细信息。

6.5.2　基于 Silk Workbench 平台的语义关联流程

关联数据的主要目标是通过语义 Web 的最佳实现方法，利用数据源之间设定的 RDF 链接来实现全球共享的数据空间。尽管近几年，关联数据化的数据集规模不断扩大，但是数据集彼此之间依然缺乏足够和必要的关联链接。为了解决关联数据的有效链接问题，围绕关联数据集的语义关联发现工具研究引起了广泛关注，这些工具大都以在不同数据集之间创建实体之间的 RDF 链接为主要目标。然而，目前为止，所有的自动关联发现工具都没能满足设计时预期的精准发现与建立关联关系的初衷。正因如此，一些半自动化的关联发现与建立工具开始设计并出现，典型的半自动化关联发现与建立工具有 Silk、Limes 等。这些工具通过利用用户根据不同数据集特征而提供的关联规则来比较不同数据集之间的实体资源，从而为两个不同实体构建关联关系。

通过对馆藏资源关联数据中实体语义相似度计算方法与关联关系的发现方法等问题进行探讨，我们可以认识到，任何符合关联数据框架体系的馆藏资源元数据，无论从实体属性的单一维度理解层面，还是从多维度的理解层面都需要采用合适的相似度计算方法进行彼此之间的相似度的匹配，并以此为基础支撑实体对象间关联关系的发现和构建。馆藏资源元数据描述过程中数据类型的多样性导致了匹配算法和方式会有所区别，但是从其语义关联发现的主体流程来看，主要遵循下列步骤：关联数据源的选取—关联数据的预处理—语义相似度计算—聚类及关联关系识别这四个核心环节。

1. 关联数据源的选取

关联数据源的选取作为语义动态发现及关联构建的第一步，起着至关重要的作用。若要在两个不同数据源之间建立关联，那么首先这两个数据源的数据之间是存在着某种关系的，否则无论后续操作多么完美，也不能达到预期的效果。例如，从网上公开数据集中下载一个内部只是关于地区的数据集和一个内部描述的只是人名并不包含任何有关地区的数据描述，那么可想而知，无论如何这两个数据集之间也无法建立关联。由此可见，数据源的选取是语义动态发现及关联构建的先决条件。本章研究的是一种半自动关联构建机制，因此在设置 RDF 链接之前，必须要了解想要链接到的关联数据集的相关信息。为了得到能被用作链接目标的不同数据集的概述，可以参阅关联开放数据集列表（Linking Open Data Dataset List）。

2. 关联数据的预处理

当今现实世界的数据库极易受噪声、缺失值和不一致数据的侵扰，因为数据量巨大，并且多半来自多个异种数据源。低质量的数据将会大大提高语义动态发现的难度并降低关联构建的效率。因此在数据源建立关联之前，对数据进行预处理非常有必要。在关联数据语境下，目前已有大量数据预处理技术，如数据的特征属性选择和数据变换。当我们选择了某个数据集作为链接目标时，这个数据集可能非常大，对海量数据进行复杂的数据分析和匹配将需要很长时间，使得这种分析不现实或不可行。因此关联数据源之间的匹配都建立在一个或多个特征属性的相似度比较之上。对此，选取某些特征属性进行比较，较为常用的做法是直接对要做比较的实体的属性路径进行限定，大幅度缩短扫描数据花费的时间。

数据预处理阶段的预处理类型主要有以下几种。

（1）数据清理。数据清理即删除空值和纠正数据中的不一致。对于数据集中存在空值的情况，可以使用 Remove empty values 算法删除空值；对于存在数据不一致的数据集，常见的例子就是数据源中包含不一致的大小写字母，如"iPod"和"IPOD"。这时可以采用 Lower/Upper case 算法将字符串全部转换成小写或大写字母来解决大小写不一致的问题。

（2）数据集成。数据集成即有效减少数据冗余，检测与处理数值冲突，提高其后续比较过程的准确性和速度。例如，有时对于数据的描述会在括号内进行补充说明，括号及一些特殊符号的使用均会给比较带来一定的困难和障碍，因此通常使用 Remove Parentheses、Remove blanks、Remove special chars 等算法删除所有括号及括号里的内容、删除字符串中的空格、删除字符串中的特殊字符及标点符号。数值冲突也是非常常见的问题，对于现实世界的同一实体，来自不同数据源的属性值可能不同，这可能是因为表示、尺度或编码不同。例如，一个数据集中的日期以当前日期进行表述，另一个数据集中的日期则以 Unix 时间戳的形式表述，格式不一致的数据大大增加了比较的难度，这时可以采用 Date to timestamp（将当前日期转换成 Unix 时间戳）或 Timestamp to date（将 Unix 时间戳转换为当前日期）对数据集进行处理。

（3）数据变换。数据变换是将数据转换或统一成适合于后续用来比较的形式，这可以提高涉及距离度量的语义相似度算法的准确率和效率。数据变换策略主要包括聚集、规范化。聚集是对数据进行汇总或聚集、常用的算法有 Aggregate Numbers；规范化，将属性数据按比例缩放，使之落入特定的小区间，如[0,1]或[-1,1]。

在关联数据语义动态发现及关联构建问题中，实现不同数据模式或数据格式的数据集之间的匹配也是非常重要的一个分支。例如，一个采用 FOAF 词汇表的数据源描述人名可能使用 foaf：firstName 和 foaf：lastName 属性，而另一个数据源采用 DBpedia 本体技术描述相同的人名可能仅仅使用 DBpedia：name 属性。为了比较使用不同模式或数据格式表述的实体，实体的属性值必须先要统一化才能比较它们的相似度。在这个例子中，有两种处理方法：可以通过 concatenate 连接算法将 foaf：firstName 和 foaf：lastName 连接成为单个的人名，然后再通过使用基于字符的距离算法，如 Levenshtein 距离与 DBpedia 中的人名进行比较；或者，使用分词器将 DBpedia 中的人名切分，然后再使用基于语句的距离算法，如 Jaccard coefficient 进行相似度计算。

3. 语义相似度计算

语义相似度的计算主要是将经过上述预处理的数据作为输入，通过用户定义的距离算法计算实体之间的相似度并与给定的阈值进行比较判断，得出置信度。此阶段采用的相似度算法主要如下。

（1）基于字符的距离计算算法，如 Jarodistance，多用于比较人名；Normalized Levenshtein 距离，将结果标准化处理至区间[0,1]内；Q-Grams，基于 Q-Grams 计算字符串的相似性，默认 $q=2$；equality，字符串相同返回 1，否则返回 0。其中，字符串 s_1 和字符串 s_2 通过 Jaro 算法计算的相似度 d_j 值为

$$d_j = \begin{cases} 0, m > 0 \\ \dfrac{1}{3}\left(\dfrac{m}{s_1} + \dfrac{m}{s_2} + \dfrac{m-t}{m}\right), m > 0 \end{cases}$$

其中，$|s_1|$和$|s_2|$分别为 s_1 和 s_2 的字符串长度；m 为匹配的字符数；t 为换位的数目。

（2）基于语句的距离计算算法，如 Cosine 距离计算、Dice 相似系数计算、Jaccard 相似系数计算等。

其中，Cosine 相似度被广泛应用于计算文档数据的相似度和词汇之间的相似度，计算公式如下：

$$T(x,y) = \frac{x \cdot y}{\|x\|^2 \times \|y\|^2} = \frac{\sum x_i y_i}{\sqrt{\sum x_i^2}\sqrt{\sum y_i^2}}$$

（3）针对数值类型的距离算法，常用算法有：Date，计算两个 YYYY-MM-DD 日期类型日期之间的距离并以天为单位；DateTime，计算两个日期之间的距离并以秒为单位；Geographic 距离，计算两点之间的地理距离并以千米为单位；Numeric 相似度，计算两个数字之间的数值距离；等等。

4. 聚类及关联关系识别

事实上，在大多数情况下，通过一个属性的相似度来比较实体描述的是否是同一现实世界的对象或是否存在关联，往往不足以判断，必须要使用合适的聚合函数，通过聚合多个属性比较的相似度，将不同的多个置信值处理为一个单值。常用的聚合函数有：Average，计算（加权）平均置信值；Euclidian 距离，用欧式距离进行（加权）聚合；Geometric mean，计算（加权）一组置信值的几何平均数；Maximum/Minimum，取（加权）最大/小的置信值。为了创

建非线性的层次结构,以上的聚合函数可以嵌套使用。通过最后获得的置信度构建关联,而置信值低于用户给定的阈值的所有链接会被移除,来自相同数据项的链接会进行聚类,并根据用户设定的链接限制返回指定数量的置信度较高的链接。

6.5.3 基于 Silk Workbench 平台的语义关联构建

Silk Workbench 主要是基于给定数据集中实体或概念的属性相似度来计算语义相似度并以此构建关联关系。Silk Workbench 提供的图形化用户界面–关联规则编辑器,就可以轻松实现数据的清洗、变换和聚合。Silk 关联发现框架作为半自动的关联发现框架,主要依赖于其内置的关联发现算法和用户定义的关联规则。因此关联规则的定义显得尤为重要。基于 Silk 平台创建一个新的特定的连接任务的经典工作流程如图 6-7 所示。

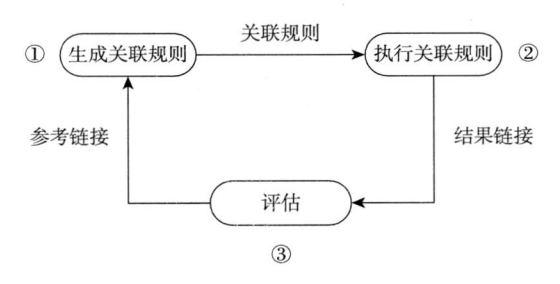

图 6-7 Silk Workbench 经典工作流程

第一步在执行实际的匹配之前,首先需要创建一个关联规则,用来规定两个实体之间的语义相似度是如何对比计算的,关联规则可以由专家基于要匹配的数据源来创建;第二步是运行用户给定的关联规则,得到结果链接的集合;第三步是评估,评估的目的是测量实体匹配任务的成功率,并在生成的结果链接中发现潜在的错误。实体匹配任务的成功与否可以通过将生成的结果链接与包含参考链接集合标准的黄金法则进行对比决定。一组参考链接包括标识已知配对实体的积极参考链接和标识已知不匹配的消极参考链接。如果没有参考链接是已知的,黄金标准可以由专家确认或由拒绝的链接数来生成。依据 Silk Workbench 的工作机制,利用 Silk Workbench 实现同等语义关系关联发现及构建步骤如下。

1. 数据准备

为了便于数据源之间建立关联,本章使用 Silk Workbench 在包含于受控词汇的概念之间自动发现关联，使用的两个数据片段（countries.rdf，countries-skos.rdf）是直接在网上下载的包含国家信息的 RDF 数据集，其中一个数据集是以 RDF 三元组的形式描述的，包含 308 条记录，另一个数据集是以 SKOS 的形式描述的，包含 333 条记录。这两个数据集均使用 URIs 标识国家名称。部分数据片段如下所示。

```
<rdf:RDF xmlns:rdf="http://www.w3.org/1999/02/22-rdf-syntax-ns#">
<madsrdf:MADSScheme rdf:about="http://id.loc.gov/vocabulary/countries"
xmlns:madsrdf="http://www.loc.gov/mads/rdf/v1#">
<madsrdf:hasTopMemberOfMADSScheme>
<madsrdf:Geographic rdf:about="http://id.loc.gov/vocabulary/countries/af">
    <rdf:type rdf:resource="http://www.loc.gov/mads/rdf/v1#Authority"/>
    <rdf:type rdf:resource="http://id.loc.gov/vocabulary/countries/MARC_Country"/>
    <madsrdf:authoritativeLabel xml:lang="en">Afghanistan</madsrdf:authoritativeLabel>
    <rdfs:label xml:lang="en" xmlns:rdfs="http://www.w3.org/2000/01/rdf-schema#">Afghanistan</rdfs:label>
    <madsrdf:code rdf:datatype="http://www.w3.org/2001/XMLSchema#string">af</madsrdf:code>
</madsrdf:Geographic>
</madsrdf:hasTopMemberOfMADSScheme>
```

```
<?xml version="1.0" encoding="UTF-8"?>
<rdf:RDF xmlns:atold="http://publications.europa.eu/resource/authority/"
xmlns:fn="http://www.w3.org/2005/xpath-functions"
xmlns:rdf="http://www.w3.org/1999/02/22-rdf-syntax-ns#"
xmlns:rdfs="http://www.w3.org/2000/01/rdf-schema#"
xmlns:skos="http://www.w3.org/2004/02/skos/core#"
xmlns:dc="http://purl.org/dc/elements/1.1/"
xmlns:at="http://publications.europa.eu/ontology/authority/">
<skos:ConceptScheme rdf:about="http://publications.europa.eu/resource/authority/country"
at:table.id="country"
at:table.version.number="20151118-0">
<rdfs:label xml:lang="en">Countries Authority Table</rdfs:label>
```

```
<at:prefLabelxml:lang="en">Countries Authority Table</at:prefLabel>
</skos:ConceptScheme>
<skos:Concept rdf:about="http://publications.europa.eu/resource/authority/country/AND"
at:deprecated="false">
<skos:inScheme rdf:resource="http://publications.europa.eu/resource/authority/country"/>
<at:authority-code>AND</at:authority-code>
<at:op-code>AND</at:op-code>
<atold:op-code>AND</atold:op-code>
<dc:identifier>AND</dc:identifier>
<at:start.use>1950-05-09</at:start.use>
<skos:prefLabelxml:lang="be">Андора</skos:prefLabel>
<skos:prefLabelxml:lang="bs">Andora</skos:prefLabel>
<skos:prefLabelxml:lang="bg">Андора</skos:prefLabel>
<skos:prefLabelxml:lang="ca">Andorra</skos:prefLabel>
<skos:prefLabelxml:lang="cs">Andorra</skos:prefLabel>
<skos:prefLabelxml:lang="da">Andorra</skos:prefLabel>
<skos:prefLabelxml:lang="de">Andorra</skos:prefLabel>
<skos:prefLabelxml:lang="el">Ανδόρα</skos:prefLabel>
<skos:prefLabelxml:lang="en">Andorra</skos:prefLabel>
```

2. 数据转存

下载 SilkWorkbench 压缩包，包含 Silk Workbench 的 Silk 关联发现框架可以从项目主页中下载。本实例中使用的是 Windows 操作系统，使用的版本是 Silk Workbench-2.6.1。解压后运行 bin 目录下的 silk-workbench.bat 文件，前提是电脑上安装了 java 的运行环境，然后在浏览器地址栏输入"localhost:9000"进入工作空间。接着新建一个项目，并设置好项目中要使用数据集的 URI 前缀，具体过程如下所示。

rdf: http://www.w3.org/1999/02/22-rdf-syntax-ns#
madsrdf: http://www.loc.gov/mads/rdf/v1#
owl: http://www.w3.org/2002/07/owl#
skos: http://www.w3.org/2004/02/skos/core#
rdfs: http://www.w3.org/2000/01/rdf-schema#
xml: http://www.w3.org/XML/1998/namespace

将要使用到的数据源上传到资源面板，分别配置两个数据集，并以 RDF/XML 文件格式转存在工作空间中，这样我们要建立关联的数据集便存储在 Silk Workbench 的资源目录中，如图 6-8 所示。

图 6-8　关联数据源选取

3. 关联规则编辑

点击 Linking，添加关联任务，设置源数据集和目标数据集及关联任务的名称。打开 Silk Workbench 的图形界面编辑器，拖动左边的控件，绘制和编辑关联规则，如图 6-9 所示。此编辑器使用户能够试验和看到关联规则的改变如何影响生成链接的准确性。其中属性路径用来设置抽取实体的哪些属性值进行比较。在属性路径中，可以通过在数据集中已经定义好的变量名加路径来获取不同的属性值，例如，本例中使用的目标数据集路径是 madsrdf:authoritativeLabel，这个路径包含英文国家名字

<madsrdf:authoritativeLabelxml:lang="en">Afghanistan</madsrdf:authoritativeLabel>

使用源数据集的路径是 skos:prefLabel，这个路径包含多种语言国家名字，因此我们要人为地在这条路径后面添加筛选符[@lang='en']进一步限定属性路径，使仅仅返回英文版本的国家名字，所以最终源数据集的路径为 skos：prefLabel[@lang='en']。Silk Workbench 的功能组件能够对数据源实施变换、比较和聚合操作，每一个功能组件都是可用的。如我们通过数据变换去除路径中的空格和空值，然后将字符串进行大写转换。对于本章中要实现的关联，做以上操作已经足够用来比较这种类型数据的字符串。最后使用等同功能来比较字符串，从而将具有同等关系的 URIs 连接起来。

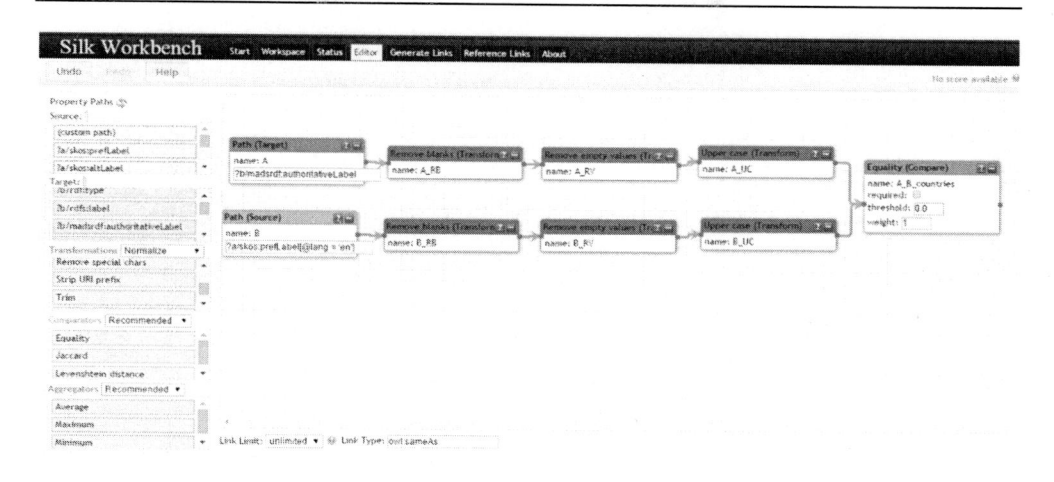

第 6 章 馆藏资源关联数据的关联关系构建 ·213·

图 6-9 Silk Workbench 关联任务编辑

为了发现馆藏资源与外部开放关联数据集中数据对象之间基于某一个或一组特征属性的语义关联，Silk Workbench 提供了大量内置的逻辑算法与汇总方法，其中针对同一性链接的相似度匹配与汇总算法如表 6-2 所示。具体来看，表 6-2 中相似度算法的匹配对象包括字符串、数值、数据、URI 对多种属性类型，并设定了多个属性相似度计算结果的加权汇总方法，同时 Silk 工具还在语义框架层面提供了资源描述中不同概念术语间语义距离的分类匹配算法以便异构语义环境下的语义链接构建。在此基础上，Silk Workbench 中面向同一性链接的所有相似度计算结果均在 0 和 1 之间取值，取值越高表明资源对象之间的相似性越强，因而也就越有必要在二者之间构建同一性链接。除此以外，还需要在单一特征属性的相似度计算基础上对同一资源对象的多个特征属性进行统计汇总，从而获得资源之间完整的语义相似度。此外，还应考虑资源不同特征属性在重要性上的客观差异，因此 Silk 工具在属性关联汇总算法中针对 AVG、EUCLID 和 PRODUCT 等不同算法也分别赋予了不同的权重，权重越高对于汇总结果的影响越大。

表 6-2 Silk 中内置的实体相似度匹配与汇总算法

算法	功能描述
相似度匹配算法	
jaroSimilarity	基于 jaro 距离度量的字符串相似度算法
jaroWinklerSimilarity	基于 jaroWinkler 距离度量的字符串相似度算法
qGramSimilarity	基于 q-gram 思想的字符串相似度算法
StringEquality	若字符串相同时取值为 1，反之取值为 0

续表

算法	功能描述
相似度匹配算法	
numSimilarity	基于相似百分比的数值相似度算法
dateSimilarity	针对数据取值的数据相似度算法
uriEquality	若 URI 相同时取值为 1，反之取值为 0
taxonomicSimilarity	基于概念之间分类距离的抽象概念相似度算法
maxSimilarityInSet	将数据集中某一数据项与其他所有数据项进行相似度比较并返回最高值
setSimilarity	针对两个数据集的相似度算法
相似度汇总算法	
AVG	加权平均算法
MAX	取最大值算法
MIN	取最小值算法
EUCLID	欧氏距离算法
PRODUCT	加权乘积算法

4. 关联构建

设置好关联规则后，就可以运行关联规则进行语义相似度的计算并自动生成结果链接。一旦发现关联，用户界面会被刷新并且该网络应用程序提供了所生成的关联的详细概要。此外，对于生成的每一对链接，都有一个关于置信度的得分使用户能够评估这个结果。运行上述关联规则编辑器中生成的关联规则，产生的链接结果如图 6-10 所示。从图 6-10 中可以看到，每一对链接后面有三种状态：第一种是正确的符号，表示确认这对链接是正确的，并且将会成为积极参考链接集合的一部分；第二种是问号，表示这对链接的关联正确与否不确定，这种类型的链接就不会被包含在参考链接集合中；第三种就是错误的符号，表示和确认这对链接的关联是不正确的，并且这种类型的链接将会成为消极参考链接集合的一部分。此时用户可对这三种状态进行选择表示接受、不确定或拒绝生成的结果链接。例如，展开关联任务生成的结果其中一项如图 6-10 所示，可以看到以上关联规则中每一步处理后的结果，即图中圆角矩形框中的内容，依次是数据输入、删除字符串中的空格、删除空值、将字符串全部进行大写转换，然后使用 equality 函数比较两个数据集中的字符串，最后置信度得分为 100%。由于所生成的关联链接是正确的，符合我们的预期，所以这里选择接受生成的所有链接，并将映射结果导出。

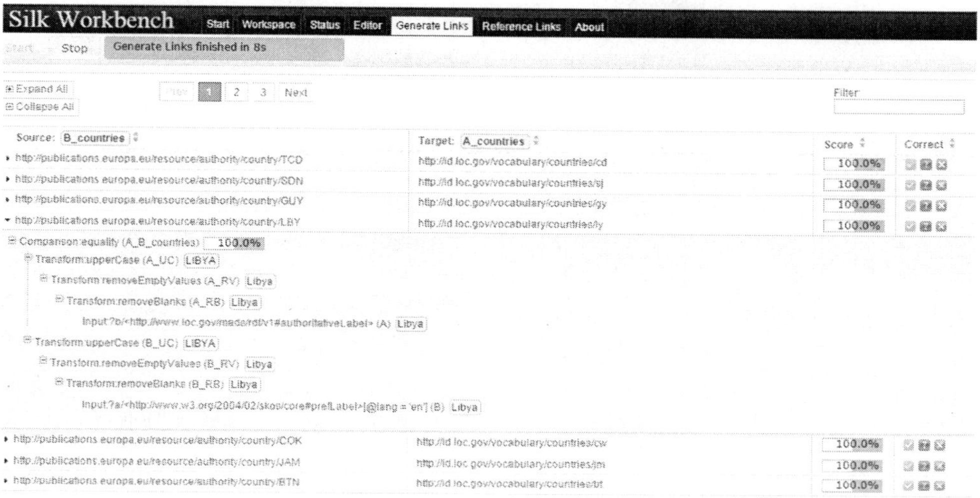

图 6-10 关联构建结果展示

以上基于 Silk Workbench 的关联数据语义发现与关联构建过程基于 Silk 关联发现引擎，其提供了以下功能：灵活的声明性语言用于指定关联规则；支持 RDF 链接的生成（owl：sameAs 链接及其他类型的链接）；作业在分布式环境中（通过访问本地和远程 SPARQL 端点）；可伸缩性和高性能数据处理。综上，Silk Workbench 的优势主要有：①使得用户能够管理不同数据源的数据集和建立各种类型的关联任务；②提供图形界面编辑器使得用户更加容易创建和编辑关联规则；③因为找到一个好的连接启发式通常是一个反复的过程，Silk Workbench 可以使用户快速评估其通过当前关联规则生成的结果链接，以此返回去修改关联规则；④允许用户创建和编辑用于评估当前关联规则的参考链接集合。

6.5.4 Silk Workbench 平台语义关联构建的性能分析

通过对现有的关联数据关联发现工具性能与特性的比较，我们发现关联数据间语义的动态发现及关联关系的构建大致都遵循数据源选取—数据预处理—相似度计算—聚类与关联构建这四个核心环节，通过对异构数据源的规范化数据处理及格式化表达，以及选择合适的相似度匹配算法进行数据实体的语义相关性计算，进而通过聚类等方式，实现相关数据条目的聚集与关联的构建。其核心环节是实体之间语义的相似度计算，现有的关联发现工具中集成了众多相似度匹配算法，而针对不同数据类型的实体相似度计算方法也各有区别。对于本章实证研究的 Silk Workbench 平台，在进行关联数据语义动态发现与关联关系构建的过程中体现出诸多优点：

（1）Silk Workbench 运行环境使用简单，没有任何编程经验的人员可以通过帮助文档，轻松掌握，而不用花费大量的时间和精力去学习如何使用，关联数据的发布者和消费者都可以使用 Silk Workbench 设置 RDF 链接，能够直接在 Windows 操作系统下运行，不同于其他一些开源关联数据软件，由于这些较为成熟的软件大多是国外开发的，很多都不能直接在 Windows 操作系统中运行或者配置的环境很复杂。

（2）Silk Workbench 运行环境自带图形化关联规则编辑器和可视化的结果评估窗口，方便用户即时调整关联规则和修正关联结果，大大降低了操作的复杂程度。

（3）数据集成工作流的主要部分是建立数据源间的互联，有时来源于不同数据源的数据集在建立关联之前需要转换成统一模式和数据格式，Silk Workbench 使用户能够创建和执行轻量级变换规则，如数据清理，删除不需要的值，不同数据格式之间的转换，数据可以是从 RDF、CSV 或者 XML 格式的数据源中读取，通常的输出被写入 RDF 存储，可通过 SPARQL 进行查询，数据也可以写为 CSV，可以导入关系数据库或用 Excel 打开。

第 7 章　馆藏资源元数据的关联网络构建与案例分析

　　馆藏资源元数据的关联数据发布目标是将符合关联数据发布原则的本地数据集通过 HTTP 内容协商机制予以开放式发布，是构建馆藏资源知识关联网络的基础。知识网络是由知识节点和知识的关联关系构成的网络化知识结构体系，可以看成是知识的时空结构的集合（赵蓉英，2007a）。长久以来，依托海量馆藏资源的图书馆信息服务都停留在以"文献"为核心的大粒度层面，因而，馆藏资源的实际应用效果由于难以深入文献内部的知识单元而往往流于字面匹配的物理形式，而无法向语义和语用的纵深层面发展，这已经成为制约人类有效利用馆藏资源的巨大瓶颈。知识单元的细粒度发展并以此构建基于知识单元层面的知识网络业已引起学术界的广泛关注。情报学家马费成教授曾提出情报学取得突破的两个关键问题：①知识信息的表达和组织必须从物理层次的文献单元向认识层次的知识单元或情报单元转换；②知识信息的计量必须从语法层次向语义和语用层次发展（马费成，1996）。人类已经意识到，一旦知识的控制单位由文献层面深化到知识单元层面，那么大量包含在文献中的知识单元及其之间的链接关系便产生出极大的知识增值，这将大大推进人类对知识的利用，促进知识创新的效率，也将极大推动知识产业的重大发展（徐如镜，2002）。

　　长期以来，图书馆以其丰富的馆藏资源在信息与知识服务行业中充当着知识领域的"航空母舰"的重要角色，是各类型信息资源整合与服务的集大成者。在语义网络雏形初现、各类型语义技术频繁更迭，并有大势智慧网络即将到来的今天，图书馆所面临的数字化、网络化、语义化、智能化、移动化、个性化、缩微化改造的需求从未像现在般强烈。要实现上层如此绚丽般图书馆知识型服务，构造这艘坚不可摧、无可替代的知识服务航母的核心即要有效解决图书馆的内容组织、描述、序化等根本性问题。自语义 Web 概念一经提出，如何利用语义 Web 相关技术解决馆藏资源的描述、序化、组织等问题便一直吸引了来自计算机科学界、情报学界、信息学界、图书馆学界专家学者的高度关注，学术成果层出不穷。本章也即通过前述章节对大量现有成果的消化吸收，拟从元数据范畴的馆藏资源中重要的两类数据：规范词表及馆藏 MARC 书目数据两方面进行元数据的语义化改造，并以 SKOS 及 RDF 语义描述框架体系分别予以表达，同时尝试对其语义化的结果实施关联网络的构建，并给予视图展现。

7.1 馆藏资源元数据的关联网络结构

语义 Web 时代的到来及关联数据技术的发展为人类构造数字环境下的网络型知识组织结构体系的实践提供了新的契机，大量关联开放数据集在网络环境下的公开发布使知识的关联网络已经初显雏形，情报学家布鲁克斯（Brookes，1974，1980）的理想即将成为现实。

馆藏资源元数据的关联网络从网络构成来看属于知识网络的范畴，知识网络的研究始于 20 世纪中期，其概念最早是由瑞典工业界的 Bechmann（1995）提出的。目前，关于知识网络的研究已得到信息科学、管理科学、计算机科学、社会科学、复杂系统科学等领域学者的广泛关注。1999 年，美国国家科学基金会（National Science Foundation，NSF）曾就知识网络的概念给出了明确的定义，认为知识网络是一个社会网络，该网络提供知识、信息的利用等，即知识网络是这样一个概念，由学术专家、信息、知识组成的复合集聚集而成的"凝聚集体"，用来分析一些特定问题（姜晓虹，2009）。在此基础上，武汉大学赵蓉英（2007b）教授对知识网络的概念进行了系统梳理，并根据知识网络构成性质将其分为广义知识网络（包括个人知识网络、组织知识网络和社会知识网络）和狭义知识网络（知识节点和知识关联构成的网络）两大类。显然，NSF 所提出的知识网络在赵蓉英的分类体系中属于广义层面的知识网络，而由馆藏资源元数据所抽取的知识单元构建的知识关联网络则是从狭义层面对知识网络的理解。从狭义的视角来看，知识网络就是由知识节点和知识关联构成的网络化知识体系。在以馆藏资源元数据所构建的知识网络中，网络知识的节点是细粒度的知识单元，如元数据中的主题、文献标识、ISBN/ISSN、著者、机构等实体对象所构成的知识"节点"，以知识节点间的关联作为"链"，从而构成知识网络。

图书馆等信息机构通过构建知识单元层面细粒度的知识网络、形成知识地图、实现知识链接，有助于揭示馆藏资源内部的知识结构，对扩展知识检索的范围、推荐关联知识、辅助知识发现等均有重要的意义（洪娜等，2012）。馆藏资源元数据的关联网络是在对元数据进行实体概念的抽取进而对其实施语义化描述基础上而构建的富含语义功能的知识网络。网络的知识节点是提取自元数据记录内部的知识单元，并以 URI 标识符的形式予以呈现，而节点之间的关联关系则表现为元数据的属性名抑或元数据集内的标准术语。从知识关联网络的结构上看，由馆藏资源关联数据发布后所形成的关联网络也表现出元数据内部、数据集内部与数据集之间的三级网络层次特征。随着开放数据集的不断增多，知识关联网络的规模也将通过术语的复用机制不断增大，其中词汇之间关联关系的发现、构建与维护方法是核心。

7.1.1　馆藏资源元数据的关联网络构成要素

知识组织的演进历程告诉我们，人类在探索对知识的网络化组织与管理的进程中，经历了由表（文献网络）及里（知识概念网络）的螺旋式上升发展过程，而知识网络的实现，也标志着人类对知识文明的保藏和传播方式将从平面化向立体化、空间化、虚拟化方式迈进（姜永常，2011）。艾莉（1998）曾指出："我们可以把自己的个人知识看成是一张认识的'网'，许多想法、感觉、概念、思想和信仰都在这里交织在一起。"据此，我们可以认为知识网络就是知识的空间结构的集合，即知识网络是由众多的知识节点与关联关系构成的集合（赵蓉英，2007a）。

知识节点及其关联关系就像人脑神经系统中的神经元及其传导神经一样，在知识网络的构建和功能发挥中起着独特的主导作用。而且，知识节点之间关联关系揭示的是知识内容之间存在的内在逻辑关联（也即语义关联关系），在众多的关联关系中，只有语义关联关系才能更加准确地维系知识单元之间的内部关联和外部关联。由此构建的知识网络是描述馆藏资源之间内容交互的逻辑知识网络和语义网络，而网络中依靠知识单元内部语义关联形成知识单元描述的实体，揭示知识单元的内涵关系，而依靠知识单元的外部语义关联链接起知识单元之间的外延关系，从而构成知识网络的各种外部语义链接，这充分还原了知识之间存在复杂关联关系的本来面目。

根据 FRBR 书目记录功能需求概念模式的分析框架，结合馆藏资源元数据关联网络的构建内容和目标可以提炼出关联网络的构成要素，如图 7-1 所示。

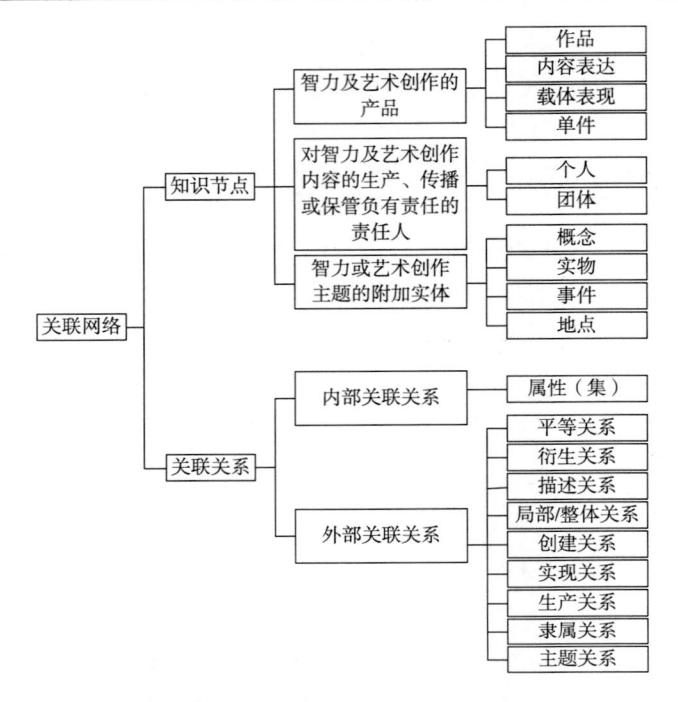

图 7-1 基于 FRBR 的馆藏资源元数据关联网络要素构成

由图 7-1 可知，知识关联网络的主要构成要素是网络中的知识节点（点）和关联关系（边），而关联网络则是由节点和关系所构成的网络拓扑结构，网络图中的边虽没有明确的矢量关系，但其上应该包含链接两节点之间的关系类型。具体而言，关联网络的构成要素说明如下。

1. 知识节点

在知识网络结构中，知识节点一般是由在认识上可以相对独立存在的各种知识单体形态，即在认识上具有独立性的知识元素、知识单元构成。从定性的角度也可将知识节点称为"概念""事物""规律""规则""学科"等（赵蓉英，2007b）。具体到由馆藏资源元数据所构造的知识关联网络中，知识节点的构成则可依托 FRBR 概念模式中所抽象出的书目数据的实体单元。因而，可以把关联网络中的知识节点理解为元数据中"智力及艺术创作的产品"、"责任人"和"主题"三大类型，可进一步细分为作品、内容表达、载体表现、单件、个人、团体、概念、实物、事件和地点这十种不同的具体实体对象。

2. 关联关系

知识节点之间的关联关系是指构成知识网络的知识节点与节点之间的联系，

即使各相关节点间形成意义系统的联系。这种联系表现为以一种拓扑结构形式存在的网络结构。知识关联的网络性即知识本身因某种关联（如因果关系、逻辑关系）而相互聚集形成网络。因此，知识关联是各个知识单元形态按照需要的因素、层次、结构和功能等组成有序知识系统的关系或联系。这种知识的序化是建立在知识节点的继承性和变异性基础上，即在知识节点发生变异后，通过关联关系将具有不同关系类型的单元知识，按照一定的需要有序地联系在一起，形成序列化或结构化的知识集合或知识集成的单体形态。可见，关联关系实际上是对知识节点的进一步激活。

根据 FRBR 书目功能需求分析概念模式的功能结构，馆藏资源元数据关联网络中关联关系的构成情况可根据关系揭示对象的要求进一步区分为内部关联关系和外部关联关系两种类型，具体而言：

内部关联关系是对单一实体某种属性的揭示，表现形式是对实体的全方位描述和揭示。这种关联关系体现在"实体—属性名—属性值"这个描述实体内部特征的三元组结构框架范围内。此时，属性名称充当着关联关系类型的角色。

外部关联关系则是对实体与实体之间所存在的各种类型关联关系的揭示，根据图 7-1 中所表现的外部关联关系的构成情况，可将关系类型划分为三大类，分别对应于三大类资源实体，而关联关系则是有效揭示资源实体之间所存在的各种潜在关系。具体而言，揭示第一类资源实体"智力及艺术创作的产品"之间的关联关系包括"平等关系""衍生关系""描述关系""局部/整体关系"；揭示第二类资源实体"对智力及艺术创作内容的生产、传播或保管负有责任的责任人"与第一类资源实体之间的关联关系则包括"创建关系""实现关系""生产关系""隶属关系"；第三类资源实体"智力或艺术创作主题的附加实体"与其他两类资源实体之间的关联关系则主要表现为"主题关系"。

知识网络通过这些关联关系对实体对象之间的有效关联与揭示实现了馆藏资源之间在纵向与横向的不同层级上的广泛的统一性及互相联系的整体性。关联关系的建立表明了知识单元之间的借鉴、移植、引进、消化、吸收、同化、顺应及动态调整的过程。

7.1.2 馆藏资源元数据的关联网络层次结构

知识单元之间关联关系的建立，实现了对知识最小节点的语义链接。基于上述关联关系所表现的内部关联关系与外部关联关系的划分，知识单元之间的语义链接也体现出不同层次的功能特征，而由此构建的关联网络也表现出鲜明的宏观网络与微观网络的层次结构特征（姜永常，2010；姜永常，2011）。

1. 馆藏资源元数据的微观关联网络结构

微观层面的关联网络主要是由内部关联关系所建立的实体属性的描述网络，其功能在于全面刻画待描述的资源实体。由于在 FRBR 概念模式框架中每类实体的对应属性繁多，因而每类实体自身及其属性集便构成关联网络的知识节点（点）及其关联关系（边），而属性值则成为宏观关联网络构建过程的关键节点，是不同实体之间建立关联关系的重要纽带。下面以英国儿童文学作家 J. K. 罗琳所著的《哈利·波特与阿兹卡班囚徒》为例，表现其微观层面的关联网络，如图 7-2 所示。

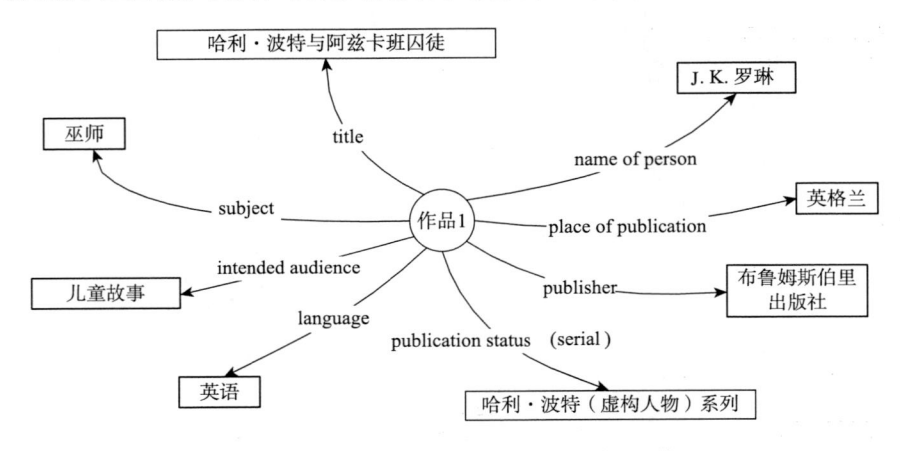

图 7-2　微观层面馆藏资源元数据的关联网络

由图 7-2 可以看出，微观层面的馆藏资源元数据关联网络模型是依托 RDF 三元组结构对馆藏资源实体及其属性与属性值的相关关系的有效揭示与图形化展示，其关注的重点在于 FRBR 模型中实体的内部关联关系（集），利用此方法，馆藏资源元数据记录中每个实体项及其属性关系均可以 RDF 视图模式进行呈现。然而，不同的元数据记录之间仍然彼此独立，缺乏必要的关联关系揭示的手段，这就造成在传统书目记录体系中记录内部的关联网络无法与其他记录建立关联的平面描述结构，造成数据孤岛情况的出现。但是在实际情况中，实体与实体之间往往是存在多种关联关系的。例如，两部系列作品有相同的作者、相同的出版商、相同的读者群体、相同的主题概念等，为了利用知识的关联网络将两者之间所存在的关联关系揭示出来，就要借助馆藏资源元数据关联网络中的宏观网络结构。

2. 馆藏资源元数据的宏观关联网络结构

宏观层面的关联网络主要借助关联要素中的外部关联关系建立实体对象之间

的关联关系，这表现为元数据记录与其他记录之间的关联、记录中不同实体之间的关联、属性或属性值在其他权威词汇集中对应词汇的关联等。由此，通过外部关联关系的揭示与建立，展示出来的是一个在更广阔范围的、共享网络环境下的知识关联网络。在这个开放互联的关联网络结构中，知识单元借助语义关联关系聚合成为一个知识的网络体系结构，揭示出了现实世界知识之间错综复杂关联关系的本质特征。下面还是以英国儿童文学作家 J. K. 罗琳所著的儿童系列作品哈利·波特之《哈利·波特与密室》与《哈利·波特与阿兹卡班囚徒》为例表现其宏观层面的关联网络，如图 7-3 所示。

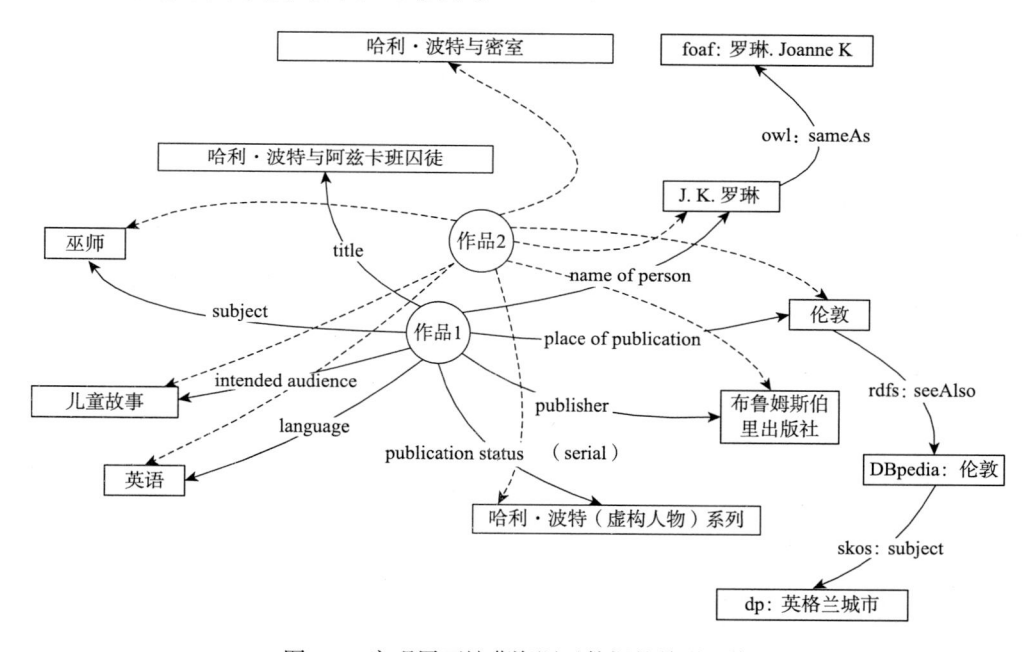

图 7-3 宏观层面馆藏资源元数据的关联网络

通过图 7-3 可以看出，通过外部关联关系的利用可以实现宏观层面的馆藏资源元数据关联网络的构建。宏观层面的关联网络实现了元数据记录之间的关联，如图 7-3 中所示，由于《哈利·波特与密室》和《哈利·波特与阿兹卡班囚徒》两部作品在众多属性上的相似性，进而利用属性值的同一性实现了这两部作品的关联关系建立；同时实现了不同数据集之间相同术语之间的关联，如图 7-3 中作品的作者 J. K. Rowling 通过利用 RDF 链接桥 owl：sameAs 而实现了其与 FOAF 数据集中 Rowling. Joanne K 的关联，与此同时城市 London 通过 RDF 链接桥 rdfs：seeAlso 实现了与 DBpedia 数据集中 London 城市的关联，进而通过 skos：subjcet 实现了与 DP 数据集中更多的英格兰城市之间的关联。

7.2 规范词表的语义描述及关联网络构建案例分析

SKOS 是 W3C 发布的为知识组织系统的语义化描述提供基本框架的标准,主要对应的是叙词表标准,因此,叙词表(主题词表)与 SKOS 对应是相当直接的。目前国内外已有不少对叙词表进行 SKOS 转化的成功应用,如 UKAT、LCSH、AGROVOV 等词表的 SKOS 化。通常,利用 SKOS 中属性与类别的核心词汇能够实现对序词表等规范词表的语义转化。当然,SKOS 核心词汇集(SKOS Core)的设计也并非仅仅适用于叙词表的转化领域,它还可以广泛应用于类别模式、主题词表系统、控制词表系统、控制词表、词汇表、分类表等其他各类型概念模式的描述领域。

7.2.1 规范词表的 SKOS 化及概念关系图

下例是对《中国图书馆分类主题词表》中的概念"植物蛋白"片段,根据词表中的替代词、属概念、分概念等构成其概念体系如下所示:

概　念：植物蛋白
同义词：Vegetable protein
　　　　zhi wu dan bai
　　　　芝麻蛋白
　　　　zhi ma dan bai
　　　　植物性蛋白
　　　　zhi wu xing dan bai
　　　　植物\蛋白质
　　　　zhi wu ^dan bai zhi
属概念：蛋白质
分概念：大豆浓缩蛋白
　　　　谷蛋白
　　　　叶蛋白

中分表中对"植物蛋白"概念体系片段进行 SKOS 化的语义描述,如下列代码所示(下列代码片段均以 Turtle 格式表示)。

@base <http://example.com/potter.rdf> .
@prefix xsd: <http://www.w3.org/2001/XMLSchema#> .
@prefix rdf: <http://www.w3.org/1999/02/22-rdf-syntax-ns#> .

@prefix rdfs: <http://www.w3.org/2000/01/rdf-schema#> .
@prefix skos: <http://www.w3.org/2004/02/skos/core#> .
< http://192.168.180.243:8080/cct2/concept/S095560#concept> rdf:type skos:Concept;
skos:inScheme <http://192.168.180.243:8080/cct2/concept#conceptScheme>;
<skos:prefLabel> "植物蛋白" @zh;
<skos:altLabel> "Vegetable protein" @en;
<skos:altLabel> "zhi wu dan bai" @ zh-pinyin;
<skos:altLabel> "芝麻蛋白" @zh;
<skos:altLabel> "zhi ma dan bai" @ zh-pinyin;
<skos:altLabel> "植物性蛋白" @zh;
<skos:altLabel> "zhi wu xing dan bai" @ zh-pinyin;
<skos:altLabel> "植物\蛋白质" @zh;
<skos:altLabel> "zhi wu ^dan bai zhi" @ zh-pinyin;
<skos:broader> <http://192.168.180.243:8080/cct2/concept/S012046#concept>;
<skos:narrower> <http://192.168.180.243:8080/cct2/concept/S104014#concept>;
<skos:narrower> <http://192.168.180.243:8080/cct2/concept/S026993#concept>;
<skos:narrower> <http://192.168.180.243:8080/cct2/concept/S120042#concept>.

上述概念关系在中国国家图书馆"汉语主题概念揭示系统"中的可视化展示效果如图 7-4 所示。

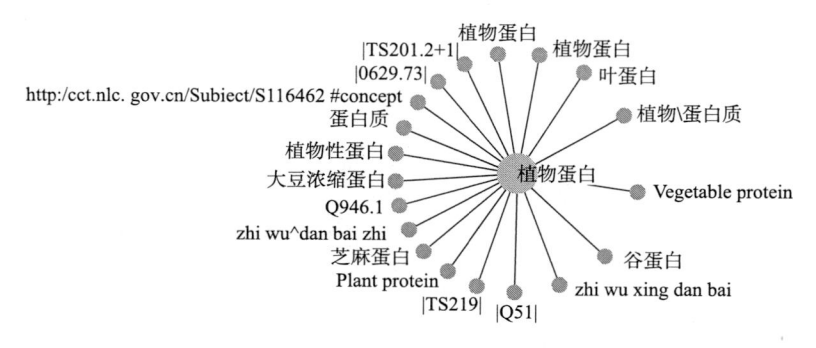

图 7-4 "植物蛋白"概念关系视图

图 7-4 中，主要概念"植物蛋白质"与其核心概念、替代概念、上位类概念、下位类概念、核心概念标识符等建立关联。概念关系图中的每一个概念节点系统都为其分配了唯一的 URI 标识符以表明概念的唯一性。概念的 URI 标识也成为概念关系网络构建的核心元素之一。

上述《中国图书馆分类主题词表》中的概念"植物蛋白"在 LCSH 中对应的

概念为"Textured soy proteins"，根据词表中的替代词、属概念等构成其概念体系如下所示：

  概 念：Textured soy proteins（植物大豆蛋白）
  同义词：Hydrolized vegetable proteins（水解植物蛋白）
      Proteins，Textured soy（蛋白质，大豆组织）
      Textured vegetable proteins（植物蛋白）
      Texturized vegetable proteins（组织化植物蛋白）
      TVP（Soy proteins）（大豆蛋白）
  属概念：Meat substitutes（肉类替代品）
      Soy proteins（大豆蛋白）
      Soyfoods（大豆食品）

对此概念体系片段进行 SKOS 化的语义描述，如下列代码所示：

@base <http://example.com/potter.rdf> .
@prefix xsd: <http://www.w3.org/2001/XMLSchema#> .
@prefix rdf: <http://www.w3.org/1999/02/22-rdf-syntax-ns#> .
@prefix rdfs: <http://www.w3.org/2000/01/rdf-schema#> .
@prefix skos: <http://www.w3.org/2004/02/skos/core#> .
< http://id.loc.gov/authorities/subjects/sh91003351> rdf:type skos:Concept;
skos:inScheme < http://id.loc.gov/authorities#conceptscheme>;
<skos:prefLabel> "Textured soy proteins" @en;
<skos:altLabel> "Hydrolized vegetable proteins" @en;
<skos:altLabel> "Proteins,Textured soy" @en;
<skos:altLabel> "Textured vegetable proteins" @en;
<skos:altLabel> "Texturized vegetable proteins" @en;
<skos:altLabel> "TVP Soy proteins" @en;
<skos:broader> <http://id.loc.gov/authorities/subjects/sh85082747>;
<skos:broader> <http://id.loc.gov/authorities/subjects/sh91003350>;
<skos:broader> <http://id.loc.gov/authorities/subjects/sh85125887>;
<skos:exactMatch> <http://stitch.cs.vu.nl/vocabularies/rameau/ark:/12148/cb11965479p>.

  上述 SKOS 所描述的概念关系在美国国会图书馆权威主题词检索系统中的可视化展示效果如图 7-5 所示。

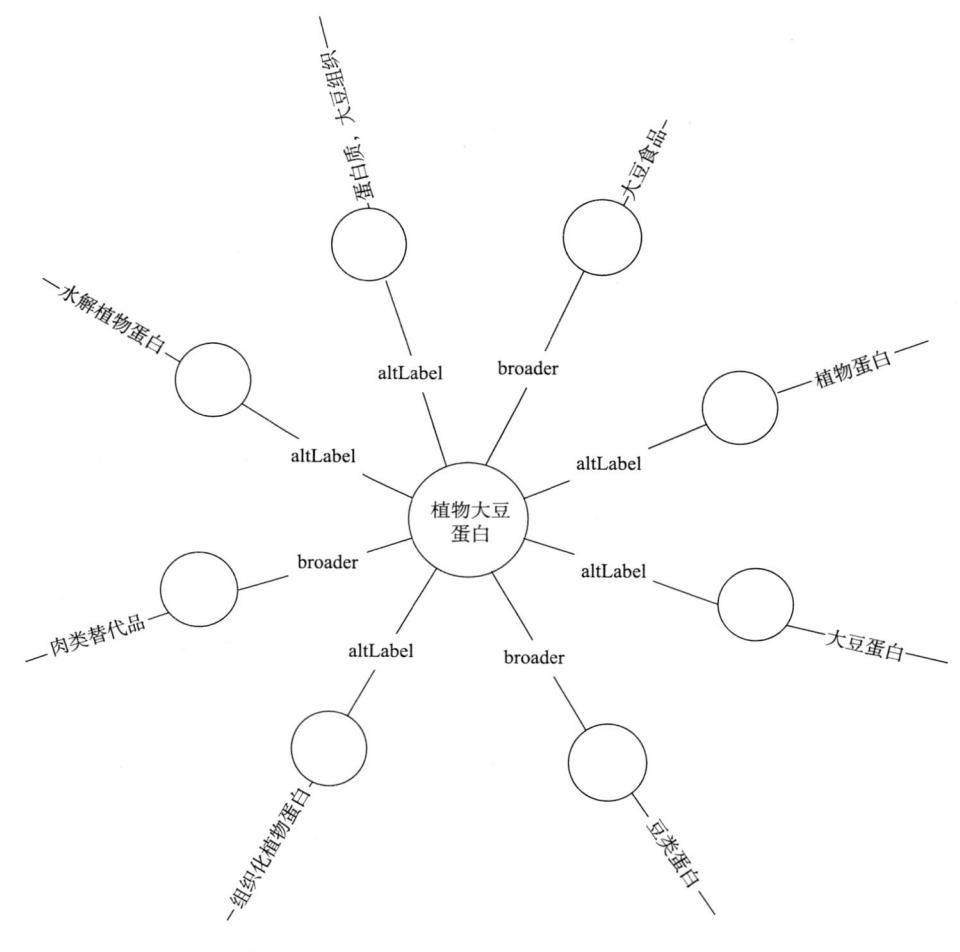

图 7-5 "Textured soy proteins" 概念关系视图

美国国会图书馆权威主题词检索系统中对于概念关系视图的展示是一种静态可视化的表现形式，核心概念节点在概念关系视图中居于中心位置，而其他的类属概念、替代概念节点分别在视图周边予以呈现，并通过带有关联关系类型的边与核心节点进行连接，所形成的图示结构能够清晰表明核心概念与相关概念之间的关联关系，从而达到揭示语义的目的。

7.2.2 SKOS 文档的外部链接桥与关联网络构建

由上述规范词表概念关系的揭示情况来看，虽然《中国图书馆分类主题词表》和《美国国会图书馆标题表》都有对"植物蛋白"这一概念进行语义关系的描述，但是不同词汇集之间彼此是孤立不连通的。这必然造成规范词表不能够有效共享情况的出现，从用户信息检索需求的观点来看，如果需要检索不同数据来源的资源需求，现行的检索系统就要求检索人员必须熟练不同数据集所形成的知识概念体系结构，通过在不同检索系统内的重复检索活动来达到获取不同来源资源需求的目的。为了实现不同数据集中数据的有效共享，关联数据技术为规范数据集内数据的有效集成提供了一条切实可行的途径。通过资源节点 URI 的唯一性与外部链接的灵活使用能够对不同数据集内相关数据建立潜在的关联关系，并由此实现不同数据集内数据的集成与共享，构建关联网络。

上述《中国图书馆分类主题词表》例子中的概念"植物蛋白"与《美国国会图书馆标题表》中的概念"Textured soy proteins"属于相同的概念，为了建立这两个不同词汇集中概念之间的同等关系，可利用 SKOS 核心术语 skos：exactMatch 实现两者之间的精确匹配，从而达到数据集之间概念映射的关系。具体而言，外部链接的建立可通过下列代码实现：

< http://192.168.180.243:8080/cct2/concept/S095560#concept>
<skos:exactMatch> < http://id.loc.gov/authorities/subjects/sh91003351>

此外，在原词汇集内各自所揭示的类属、替代等内部关联关系也可通过 SKOS 核心词表所提供的外部链接予以显性表达。根据 SKOS 核心词汇集中定义的常用映射关系，如映射关系：skos：mappingRelation；准确匹配：skos：exactMatch；相似匹配：skos：closeMatch；上位匹配：skos：broadMatch；下位匹配：skos：narrowMatch；相关匹配：skos：relatedMatch，实现不同词汇集之间概念的映射。上述实例中不同词表的概念之间存在下列映射关系：

<http://192.168.180.243:8080/cct2/concept/S095560#concept>
<skos:broadMatch> <http://id.loc.gov/authorities/subjects/sh85082747>;
<skos:broadMatch> <http://id.loc.gov/authorities/subjects/sh91003350>;
<skos:broadMatch> <http://id.loc.gov/authorities/subjects/sh85125887>;
<skos:exactMatch> <http://stitch.cs.vu.nl/vocabularies/rameau/ark:/12148/cb11965479p>.

<http://192.168.180.243:8080/cct2/concept/S012046#concept>
<skos:exactMatch> <http://id.loc.gov/authorities/subjects/sh85082747>;
<skos:exactMatch> <http://id.loc.gov/authorities/subjects/sh91003350>;
<skos:exactMatch> <http://id.loc.gov/authorities/subjects/sh85125887>.

< http://id.loc.gov/authorities/subjects/sh91003351>

<skos:narrowMatch> <http://192.168.180.243:8080/cct2/concept/S104014#concept>;
　　<skos:narrowMatch> <http://192.168.180.243:8080/cct2/concept/S026993#concept>;
　　<skos:narrowMatch> <http://192.168.180.243:8080/cct2/concept/S120042#concept>;
　　<skos:broaderMatch> <http://192.168.180.243:8080/cct2/concept/S012046#concept>.
……
由此形成的跨越数据集的概念关联网络如图 7-6 所示。

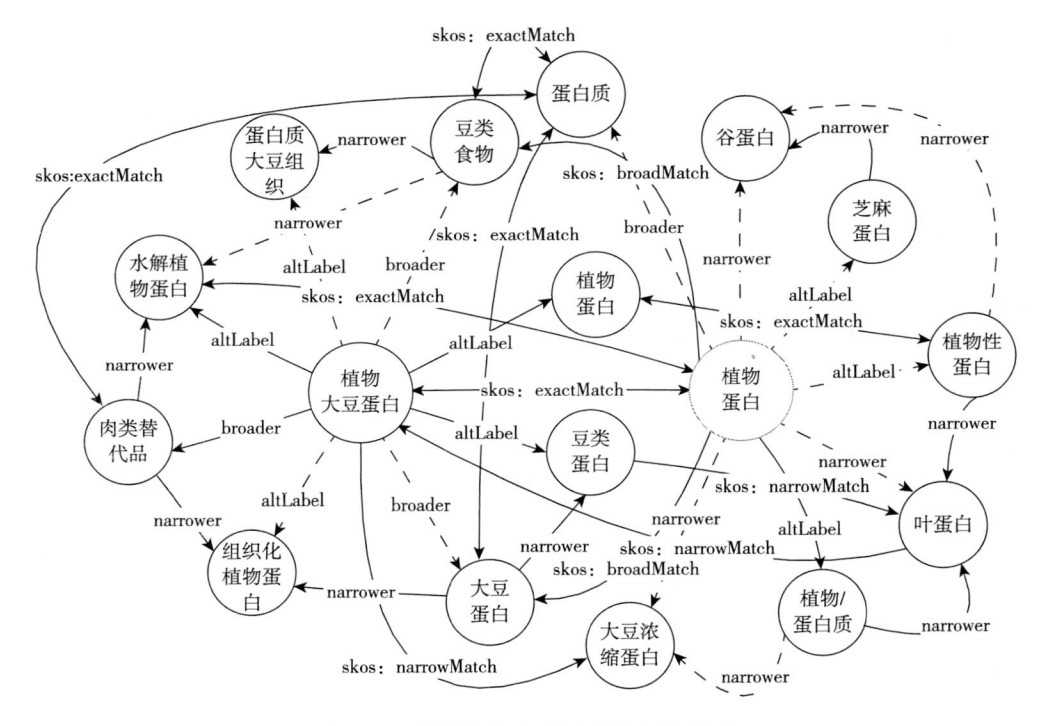

图 7-6　跨越数据集的概念关联网络视图

如图 7-6 所示，通过外部链接桥的建立，不同数据集之间的相关数据能够实现彼此间的关联关系揭示与表达，图 7-6 中实线边表示跨越数据集的概念关联关系的建立，虚线边表示数据集内部概念之间关联关系的建立。两个数据集中对等概念通过 SKOS 核心数据集中的 skos：exactMatch 映射关系实现了彼此之间对等关系的建立，如 "植物蛋白" skos：exactMatch "Textured soy proteins"，当然为了表现网络中概念的唯一性，概念词有其对应的唯一 URI 表达。同理，利用 SKOS 映射关系词而实现的外部链接关系还包括："Textured soy proteins" 与 "大豆浓缩蛋白" "叶蛋白" "谷蛋白" 等概念之间的下位匹配 skos：narrowMatch 关系；"植物蛋白" 与 "Meat substitutes" "Soy proteins"

"Soyfoods"等概念之间的上位匹配 skos：broadMatch 关系；等等。

7.3 馆藏 MARC 书目数据的语义描述及关联网络构建案例分析

　　MARC 作为图书馆实体馆藏资源的重要描述标准自 20 世纪 60 年代诞生起，就一直受到以美国国会图书馆、大英图书馆为代表的世界各国国家级图书馆的广泛推崇，并在相当长的历史时期充当着实体馆藏资源网络化描述的主流工具，同时 MARC 也作为书目记录数据的核心格式标准应用于图书馆数据的交换共享与互操作任务中。MARC 记录通过结构化的字符平面书目格式来描述和揭示馆藏资源各个方面的内容特征，增加了计算机对书目记录的识别效率，是当前图书馆信息资源组织与管理的重要工具，同时也是图书馆描述性元数据中最为核心的数据类型。随着 MARC 书目格式在全球范围的推广普及，各大图书馆均已通过馆藏编目工作积累了大量 MARC 书目记录资源，如美国国会图书馆、大英图书馆等国家级图书馆所拥有的 MARC 书目数量均超千万，而 OCLC 的 WorldCat 在线编目联合目录作为世界上最大的联合目录数据库，更是拥有超过 9 000 家图书馆编制的数千万 MARC 数据，已经成为图书馆最为重要的元数据之一。如何对其进行有效的语义揭示并进而依托 FRBR 模式的多维形式化表达，深度揭示隐含于其中的重要关联信息，已经成为当前知识组织领域亟须解决的重要问题。

　　然而，传统 MARC 书目数据往往具有复杂的内容格式，虽包含高度结构化数据，但其结构呈现出二进制平面结构特征，极不利于人类阅读，只能通过遵循 Z39.50 和 SRU/W 信息检索协议的客户端应用程序才能为用户所获取和使用。因而，丰富的书目数据资源难以被馆外的组织或个人发现，这与互联网所倡导的开放式资源共享与重用精神是背道而驰的，大大制约了图书馆在开放共享的互联网时代进一步发挥其信息核心枢纽的作用。因而，对馆藏资源书目记录尤其是以 MARC 格式存在的海量书目数据资源进行语义化改造，使其成为关联数据环境下富含语义信息的 RDF 三元组形式，并积极构建书目记录内部资源之间的关联关系，成为当前语义 Web 环境下全球数据网络空间中的重要组成部分，已是势不可挡的重要趋势。其目的是显著提高图书馆书目元数据对于海量 Web 用户的可获取性，并帮助图书馆尽快融入全球数据空间之中。与此同时，由于 MARC 书目是基于图书馆长期以来科学严谨的编目工作创建而来，因而对于馆藏内容特征具有系统全面深入的描述揭示，因此将 MARC 书目数据发布成为富含语义关系的关联数据形式，也能够为馆藏资源的深度共享及广泛利用提供新的可能。

随着MARC机读目录在世界各语种国家的广泛应用，MARC记录格式也逐渐衍生出UKMARC、CNMARC等符合不同国家信息资源描述需求的不同版本，然而由国际标准化组织制定的ISO2709《文献工作—文献目录信息交换用磁带格式》标准的主体仍然依托以USMARC格式颁布的MARC21，并以此作为国际MARC书目记录格式的最新版本，且被广泛应用于图书馆各种类型馆藏资源的内容描述工作中。目前，几乎所有支持英语语种国家的馆藏资源管理系统均以MARC21书目格式输入或输出数据（Tennant，2002）。同时由于MARC21是依托USMARC而制定的ISO2709国际标准，因而在图书馆书目记录的交换与共享过程中MARC21扮演了现实的中介标准的角色。由此看来，MARC21可视为全球图书馆通用的MARC书目格式，同时它也支持世界范围内海量书目数据的自由获取与关联共享。在本例中，我们也以MARC21书目数据作为原始数据，进而实现对其进行RDF三元组转化、FRBR概念模式分析及关联数据的发布的操作。

7.3.1　MARC书目记录内容结构分析

MARC作为计算机技术应用于图书馆编目工作，在定义其自身结构时充分考虑到了图书馆书目数据在文献资源形式描述、内容描述、检索入口等方面的需求，表现出著录详尽、灵活实用、字段数量多、可检索字段多、定长与不定长字段相结合、保留主要款目及传统编目法的优势、扩充修改功能强等特点。

MARC21书目记录的基本结构主要包括头标区、目次区和可变长字段三部分，并通过内容标识符来识别和描述记录中的各个数据元素，完成对MARC21书目数据的各种功能操作。其中，MARC21的内容标识符由字段标识符、字段指示符和子字段代码三部分构成。

（1）字段标识符。也称字段号，是各字段开头前3位的数字代码，不同字段标识符在书目记录中的基本功能正是通过其首字符来定义的。

（2）字段指示符。是用来解释和补充说明字段的数据内容，可以是小写字母或数字。

（3）子字段代码。是在需要对MARC记录中某一字段进行拆分处理时添加在该字段数据元素之前的两个字符，其中每个子字段代码含有一个用"$"符号表示的分隔符，分隔符后则是以小写字母或数字表示的数据元素标识符。

根据上述功能结构，MARC21书目记录既能够通过定长字段反映书目记录的入档时间、作品类型、出版日期、语种代码、图表信息、内容特征、读者对象等基本信息，也能够通过题名与责任者项、版本项、出版发行项、载体形态项、附注项、相关题名项、主题附加款目等不定长字段及其子字段来更为深入地揭示作品的题名、版本、出版者、载体形态及相关说明等详细信息。

下面以英国儿童文学作家 J. K. 罗琳所著的《哈利·波特与阿兹卡班囚徒》为例来说明 MARC21 书目记录的构成，其原始书目记录如下列编码所示：

00673nam a2200217 a 4504 00100330000003000900033005001700042008004100059015001900100020001700011903500170013604000310015308200160018410000190020245006200219260003300281300002000314650006000334650003100394655003000425

9cbbe7fc3a7346d99c281979d45b679c UK-BiTAL 20050705133033.0990831s1999   enk   j   000 ||eng|d aGB99Y57412bnb   a0747542155 : a()0747542155 aStDuBDScStDuBDSdUK-BiTAL 04a823.

9142211 aRowling, J. K.00aHarry Potter and the prisoner of Azkaban /cJ.K. Rowling. aLondon   :bBloomsbury,c1999.   a317p. ;c21 cm. 0aPotter, Harry (Fictitious character) vJuvenile

fiction. 0aWizardsvJuvenile fiction. 7aChildren's stories.2lcsh

可以看出，标准 MARC21 书目记录的原始格式是一串无法由人工识别的字符串，但字符串因其包含的高度结构化编码格式适合于被机器阅读和解析，因而，在将计算机引入图书馆编目工作的早期，MARC 确实能够大大提高馆藏资源描述及管理的效率。然而 MARC 书目记录纷繁复杂甚至杂乱无章的字符流平面结构却很难被编目人员或用户人工阅读和理解，因此，要实现对 MRAC21 的原始数目记录格式进行 RDF 转换，进而实现书目关联数据的发布工作的首要任务即对其实施规范化初始操作，如下列编码所示：

```
=LDR   00673nam a2200217 a 4504
=001   9cbbe7fc3a7346d99c281979d45b679c
=003   UK-BiTAL
=005   20050705133033.0
=008   990831s1999\\\\enk    j\\\\\\000\||eng|d
=015   \\$aGB99Y5741$2bnb
=020   \\$a0747542155 :
=035   \\$a()0747542155
=040   \\$aStDuBDS$cStDuBDS$dUK-BiTAL
```

```
=082  04$a823.914$221
=100  1\$aRowling, J. K.
=245  00$aHarry Potter and the prisoner of Azkaban /$cJ.K. Rowling.
=260  \\$aLondon :$bBloomsbury,$c1999.
=300  \\$a317p. ;$c21 cm.
=650  \0$aPotter, Harry (Fictitious character)$vJuvenile fiction.
=650  \0$aWizards$vJuvenile fiction.
=655  \7$aChildren's stories.$2lcsh
```

从上述 MARC21 书目规范格式能够清晰揭示出《哈利·波特与阿兹卡班囚徒》作品的基本形式特征与内容特征。具体而言，每一行记录最左边的字段标识符均由三位数字组成，用于标识描述该馆藏出版物特定外部与内容特征的字段。由于书目记录描述的馆藏对象即使是针对同一资源属性也可能具有多个不同的属性值，因此每一个字段标识符在整条 MARC21 书目记录中可能不是唯一的。此外，自 015 字段之后的每个字段均被进一步切分为若干个子字段，用于进一步解释出版物某一属性之下的具体细部特征，同时子字段开头均附有标识符"$"及由字母或数字构成的数据元素标识符，如子字段 100 $a 和 245 $c 分别标识作者，245 $a 标识出版物题名，650 $a 标识主题词，260 $b 标识出版者，260 $c 标识出版年，等等。需要说明的是，001 字段在 MARC21 记录中属于特殊字段，专门用来表征该 MARC 记录的书目控制号，因此在整个书目记录中既是强制赋予又是不可重复的。

可以看出 MARC21 书目记录格式几乎能够完美适应计算机环境下图书馆的编目需求，其严谨的书目记录结构与强大的资源描述能力甚至使得图书馆员称其为编目的艺术，从而成为图书馆领域稳定且应用广泛的馆藏书目描述标准。然而，尽管 MARC21 从形式和内容上统一了图书馆目录格式并为文献机构间书目数据的交换共享创造了条件，但是其过于复杂的字段结构与细致入微的描述深度也使得其应用范围实际局限于图书馆领域，进而极大制约了图书馆馆藏与外部资源尤其是 Web 资源的开放交换与共享。尤其是 MARC21 记录虽然能够提供基于字段或子字段的检索点，但无法深入书目记录中的资源实体呈现及其语义关联的揭示，而书目记录中设置的关联字段在实际编目过程中应用效果也收效甚微，这就说明基于 MARC21 书目标准的馆藏书目描述从总体而言依然是相对独立与表象化的，而语义性与关联性的缺失也导致 MARC21 书目格式在语义网中难以适应数据开放共享的要求。由此看来，在关联数据背景下实现 MARC21 书目记录的 RDF 化与关联构建便成为大势所趋，同时这一过程也是图书馆关联数据发布的重要内容。

7.3.2 MARC 书目记录的 RDF 格式转换

馆藏 MARC 书目记录数据的关联数据发布就是要将 MARC 中的字段与字段值映射成为 RDF 模型中的语义三元组形式，并利用 URI 标识符对 MARC 记录所涉及的所有资源命名并初步构建资源间的 RDF 链接。其中最为核心的便是 MARC 书目记录格式的 RDF 转换，从而使得经过格式转化的馆藏书目记录无论从形式还是内容上均符合关联数据发布的基本要求。

要实现 MARC21 书目记录的 RDF 格式转换，第一步便是将原有书目格式转录成为在形式上接近 RDF 三元组的初级形态。实际上，这一转录过程只不过是利用字段拆分机制与简单映射规则将 MARC21 记录格式中的字段与子字段直接对照翻译成为形式上的主-谓-宾三元组形态，其中各字段虽然在形式上发生了变化，但仍然保持其原有的字段及标识符形态，因此只能称得上初级的 RDF 转录过程。具体而言，可以利用 Davis 提供的 RDF 转录工具将《哈利·波特与阿兹卡班囚徒》的 MARC21 书目数据转录成为 RDF 文件形式，其转录片段如下列代码所示。

```
@base <http://example.com/a_marc_record> .
@prefix marc21: <http://example.com/marc21#> .
[]
marc21:LDR "00673nam a2200217 a 4504";
marc21:001 "9cbbe7fc3a7346d99c281979d45b679c";
marc21:005 "20050705133033.0";
marc21:008 "990831s1999 enk j 000 ||eng|d";
marc21:020 [
marc21:a "0747542155 :"
];
marc21:100 [
marc21:ind1 "1";
marc21:a "Rowling, J. K."
];
marc21:245 [
marc21:ind1 "0";
marc21:ind2 "0";
marc21:a "Harry Potter and the prisoner of Azkaban /";
marc21:c "J.K. Rowling."
];
marc21:650 [
```

marc21:ind2 "0";
marc21:a "Potter, Harry (Fictitious character)";
marc21:v "Juvenile fiction."], [
marc21:ind2 "0";
marc21:a "Wizards";
marc21:v "Juvenile fiction."
];
marc21:655 [
marc21:ind2 "7";
marc21:a "Children's stories.";
marc21:2 "lcsh"
]

尽管经过转录的MARC21书目记录数据具备了初步的RDF样式，然而其中语义三元组中的谓语仍然是以MARC字符代码形式存在的，也就是说书目记录中资源之间的语义关联揭示仍然无法满足关联数据的基本要求，同时也难以被不熟悉MARC书目格式的非图书馆专业人员阅读和理解，更无法实现关联数据中基于属性匹配的语义链接自动构建。除此以外，经简单转录后的RDF文件虽然具有语义三元组形式，但其字段代码所表达的关联属性在很多情况下仍然需要通过字段与子字段之间代码的前后参照才能够获得揭示，如655字段所包含的主题词子字段"Children's Stories"与子字段"lcsh"之间谓语仅通过代码"2"予以标识，而只有通过参照上文655字段中邻近标识符"ind2"的值"7"，才能判断代码"2"表明该主题词来源于LCSH。然而这种嵌套结构使得三元组中字段的属性内涵在很大程度上需要依赖邻近的子字段数据，同时也增加了书目数据文件的结构复杂性，因此需要进一步简化和明晰。最后，上述MARC转录文件中还存在部分子字段拆分不完全与三元组表达不清晰的现象。基于此，针对上述MARC21书目记录向RDF格式简单转录后的问题，还要将转录得到的书目数据文件进行进一步语义转换，如将其中以MARC21字段代码形式表述的关联谓语进行语义化表达，并对书目结构按照RDF语法要求进行进一步规范完善。

通过将MARC21书目记录的字段代码映射为描述资源关联属性的概念术语，就能够在书目记录之间创建更具互操作性与可理解性的通用属性词汇，从而充分发挥RDF强大的数据聚合能力。具体而言，图书馆可以参考DERI（Digital Enterprise Research Institute，数字企业研究所）制定的MARC本体MarcOnt（Synak and Kruk，2005），并利用美国国会图书馆提供的MARC字段代码与RDF属性名称标签映射工具，将书目文件中谓语位置的字段代码及整个书目记录格式进行进一步的深度RDF转换，并对一些固定格式数据（如头标和 008 字段）进行深入解析，从而获得更为简单易读、富含语义且遵循 RDF 格式的书目记录，其转录文件片段如下列编码所示。经过该 RDF 深度转换过程，MARC21 书目记录中原本以代码形式表述并只能被机器读取的各类字段术语均转化成为人类能够直接阅读理解的关联数据属性词汇形式。更为重要的是，MARC21 书目记录中字段间存在语义关联的数据已经被完全提取出来，同时之前需要借助邻近数据才能确定的谓语也已具有了独立而明晰的属性，此外原本复杂的嵌套结构也得以进一步简化。

@base <http://example.com/a_marc_record> .
@prefix marc21: <http://example.com/marc21#> .
[]
marc21:controlNumber "9cbbe7fc3a7346d99c281979d45b679c";

#Following data comes from fixed positions in the Leader
marc21:recordStatus "New";
marc21:recordType "Language material";
marc21:bibliographicLevel "Monograph/item";
marc21:encodingLevel "Full";

#Following data comes from fixed positions in 008
marc21:recordCreated "1999-08-31"^^xsd:dateTime;
marc21:publicationStatus "Published";
marc21:placeOfPublication "England";
marc21:language "English";
marc21:targetAudience "Juvenile";
marc21:festschrift "No";

#Following data comes from other control fields
marc21:controlNumberIdentifier "UK-BiTAL";
marc21:recordUpdated "2005-07-05T13:30:33Z"^^xsd:dateTime;
marc21:nationalBibliographyNumber [
marc21:number "GB99Y5741";
marc21:sourceOfNumber "bnb";
];
marc21:isbn "0747542155";
marc21:deweyDecimalClassification "823.914";
marc21:associatedPersonalName "Rowling, J. K.";

marc21:title "Harry Potter and the prisoner of Azkaban";
marc21:statementOfResponsibility "J.K. Rowling.";
marc21:placeOfPublication "London";
marc21:dateOfPublication "1999"^^xsd:dateTime;
marc21:publisher "Bloomsbury";
marc21:physicalExtent "317p.";
marc21:physicalDimensions "21 cm";
marc21:topicalTerm [
marc21:sourceOfTerm "LCSH";
marc21:term "Potter, Harry (Fictitious character)";
marc21:formSubdivision "Juvenile fiction.";
], [
marc21:sourceOfTerm "LCSH";
marc21:term "Wizards";
marc21:formSubdivision "Juvenile fiction."
];
marc21:genre [
marc21:sourceOfTerm "LCSH";
marc21:term "Children's stories.";
] .

7.3.3　MARC 书目记录的 FRBR 概念模式分析

由上述 MARC21 书目记录的 RDF 结构描述，我们可以利用 FRBR 书目功能需求分析的概念模式对《哈利·波特与阿兹卡班囚徒》这部作品"Work"进行概念模式分析。根据 FRBR 所定义的图书馆书目数据所涉及的三组不同类别实体分别予以抽象，并建立不同实体之间的关联关系。从而实现 MARC 书目记录内部字段之间实体与关联关系的有效揭示，如图 7-7 所示。

（1）智力及艺术创作的产品。

作品（Work）为：小说名称"Harry Potter and the Prisoner of Azkaban"；内容表达（Expression）为：英语语种，语言物品；载体表现（Manifestation）为：ISBN 0747542155，317 页，21 厘米长；单件（Item）：由 LCSH 馆藏，藏书号（　）0747542155。

（2）对智力及艺术创作内容的生产、传播或保管负有责任的责任人。

责任个人（Person）：小说作者；责任团体（Corporate Body）：出版商"Bloomsburg"，出版时间"1999"，出版地"London"。

（3）一系列作为智力或艺术创作主题的附加实体。

包括概念（Concept）：Potter Harry，Wizards，Juvenile fiction，Children's storied，DDC 号：823.914；事件（Event）：Juvenile fiction；地点（Place）：England。

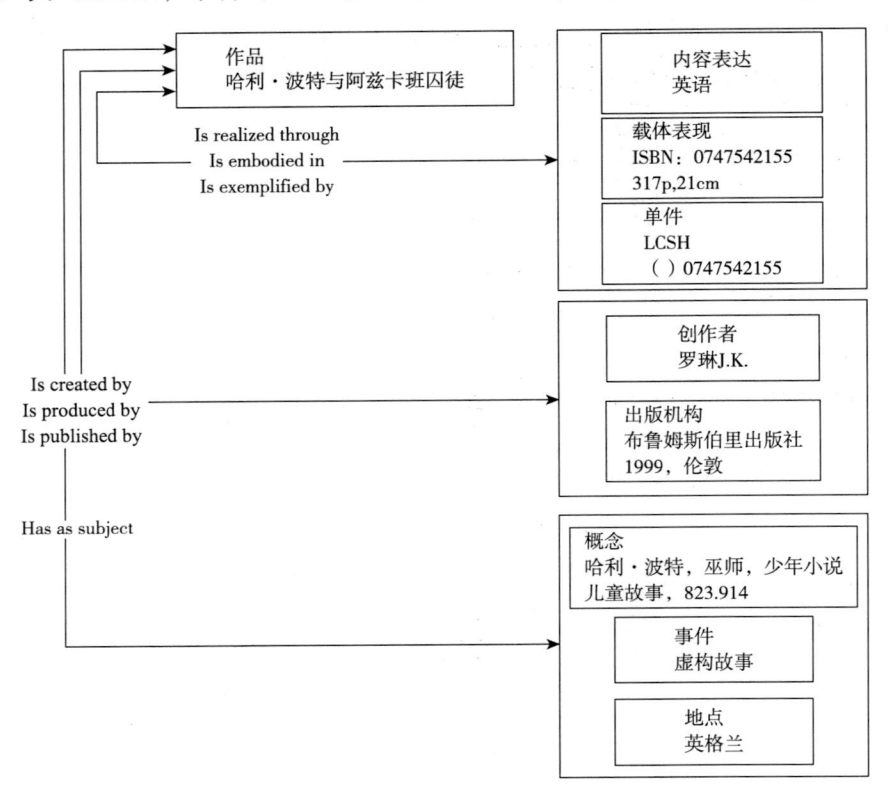

```
                        ┌─────────────────────┐         ┌─────────────────────┐
              ┌────────>│  作品               │         │  内容表达           │
              │    ┌───>│  哈利·波特与阿兹卡班囚徒│        │  英语               │
              │    │    └─────────────────────┘         ├─────────────────────┤
              │    │         Is realized through        │  载体表现           │
              │    │         Is embodied in  ──────────>│  ISBN：0747542155   │
              │    │         Is exemplified by          │  317p,21cm          │
              │    │                                    ├─────────────────────┤
              │    │                                    │  单件               │
              │    │                                    │  LCSH               │
              │    │                                    │  （ ）0747542155    │
              │    │                                    └─────────────────────┘
              │    │                                    ┌─────────────────────┐
              │    │                                    │  创作者             │
              │    │                                    │  罗琳J.K.           │
    Is created by  │                                    ├─────────────────────┤
    Is produced by ─────────────────────────────────────│  出版机构           │
    Is published by│                                    │  布鲁姆斯伯里出版社 │
              │    │                                    │  1999，伦敦         │
              │    │                                    └─────────────────────┘
              │    │                                    ┌─────────────────────┐
              │    │                                    │  概念               │
              │    │                                    │  哈利·波特，巫师，少年小说│
    Has as subject │                                    │  儿童故事，823.914  │
              │    └────────────────────────────────────├─────────────────────┤
              │                                         │  事件               │
              │                                         │  虚构故事           │
              │                                         ├─────────────────────┤
              │                                         │  地点               │
              │                                         │  英格兰             │
              │                                         └─────────────────────┘
```

图 7-7　MARC 书目记录的 FRBR 分析

通过对 MARC 书目记录的 FRBR 分析，我们可以看到，尽管借助 MARC21 书目记录的 RDF 深度转换过程，馆藏 MARC 书目记录已经基本遵循了 RDF 语义三元组的语法规则，揭示出实体之间明确的语义内涵，已能够将 MARC 记录内部所包含的实体及其之间的语义关系予以表达。然而，此时 RDF 形式化后的 MARC 记录中的各类实体对象仍然是以文本字符值的形式存在，因而并未与其他资源实体对象建立关联，而是自身构成孤立的数据体。这主要是由于在 RDF 化之后的 MARC 记录中，各种概念和实体尚缺乏标准的 URI 标识，从而导致了实体之间的关联关系无法建立，最终造成 MARC 记录中的各种概念和实体无法与网络上的其他数据集之间建立关联。同理，由于 MARC 自身的实体对象缺乏标准的 URI 标识也难以被数据网络中的其他发布者复用与链接。这必然造成缺乏术语的有效复用和链接而导致的馆藏语义描述性元数据在关联数据环境下仍然只是相对独立的数据孤岛。

如何解决 MARC 书目记录之间数据孤岛的现象，其中一个重要的基础即探索不同 MARC 记录中具有相关关系的实体取值，并利用相同的 URI 实施不同记录之间在某个实体属性单元上的对接。为了说明该问题，我们可将 J. K. 罗琳的系列作品——哈利·波特中的两部《哈利·波特与阿兹卡班囚徒》（*Harry Potter and the Prisoner of Azkaban*）与《哈利·波特与密室》（*Harry Potter and the Chamber of Secret*）的 MARC21 书目记录分别进行上述 RDF 格式的深度转换，并以 RDF 视图形式直观展现，如图 7-8 所示。尽管两部作品在语种、作者、作品类别、主题等多个字段上均存在同一性关联关系，但由于 MARC 记录中实体的取值均是以文本字符串形式存在的，因此两个馆藏 MARC 记录中能够共享的属性概念并未能通过共同的 URI 标识真正关联在一起，因而也就无法在馆藏资源记录之间构建语义关联关系，或者在 RDF 语义描述中无法参引外部数据集的概念术语。

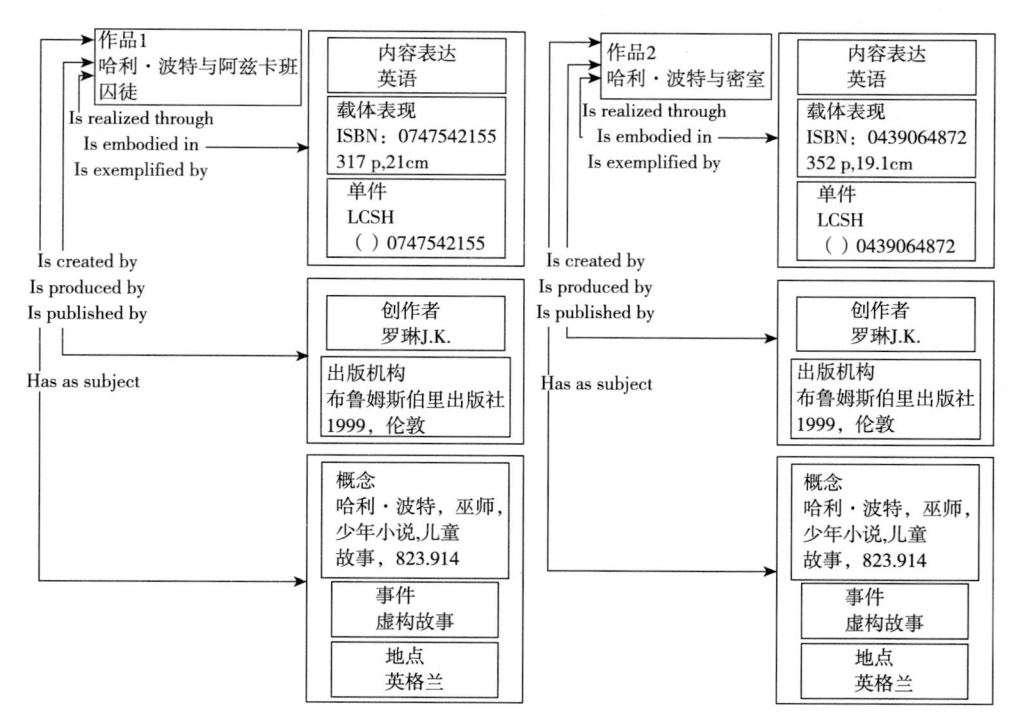

图 7-8　基于 FRBR 的 MARC 书目记录 RDF 视图

7.3.4　MARC 书目记录的关联网络结构分析

为了解决上述问题，需要将 MARC21 书目记录转换所得到的 RDF 文件中的字段取值字符串替换成为标识客观实体或抽象概念的 URI 标识符。根据馆藏资源实体对象 URI 标识命名原则与策略，并结合 DERI 在开发 MarcOnt 书目本体时提供的 URI 自动生成算法（Synak and Kruk，2005），能够对 MARC21 书目转换所得 RDF 文件中以字符串形式存在的各类资源赋予适当的 URI 标识，并参考 FRBR 模型在馆藏 URI 命名中进一步指定馆藏资源实体所属类别，如馆藏资源《哈利·波特与阿兹卡班囚徒》这部作品"Work"可标识为：

http://example.com/resources/works/rowlingjkharrypotterandthechamberofsecrets#self

其中的"Work"标识片段表明该资源属于 FRBR 模型中的"作品"实体类别，同时 URI 间的关联关系也可以由 FRBR 功能需求概念模型中实体之间的相关规则推理得到。在此基础上还可以利用 MD5 Hashing 算法对 URI 进一步编码。例如，可以对：

http://example.com/resources/works/rowlingjkharrypotterandthechamberofsecrets#self

进一步编码为：

http://example.com/resources/works/7317d9412ec8b84e0bfe9989d1521#self

标识符中的字符串"7317d9412ec8b84e0bfe 9989d1521"即由 MD5 Hashing 函数计算产生，能够较好地体现实体对象的唯一性。通过对原始 RDF 描述文件中人名、地点、组织、主题及其他字段字符串取值均赋以适当 URI 标识，便能够将图 7-8 中两个存在客观联系却在 MARC 书目中彼此孤立的作品关联在一起，如图 7-9 所示。

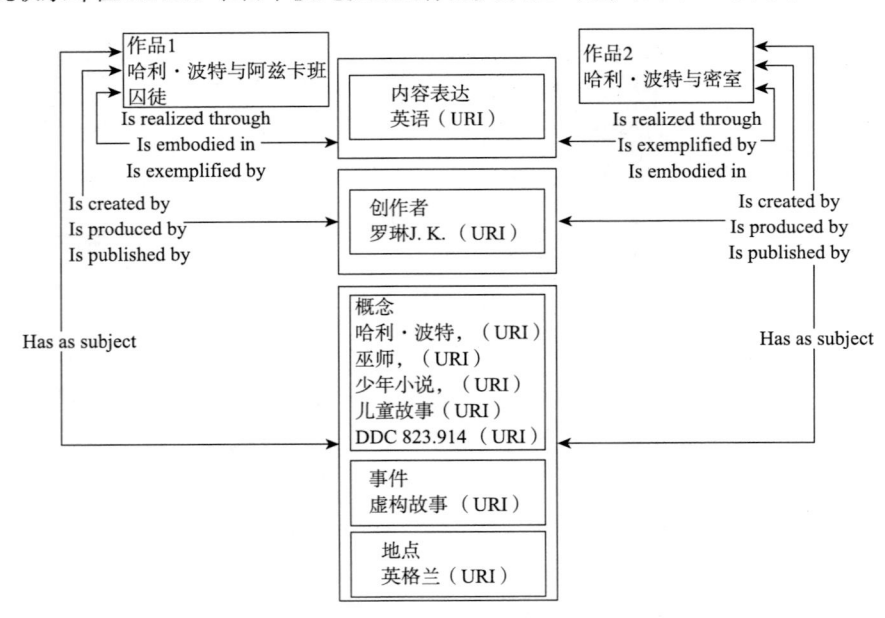

图 7-9 MARC 书目记录间关联的建立

如此便形成了这两条馆藏 MARC 书目记录之间在内容表达"Expression"、责任人"Person"、主题概念"Concept"、事件"Event"、地点"Place"等多个实体概念维度上语义关联关系的建立。

同理，若我们基于 FRBR 概念模式对 J. K. 罗琳所著哈利·波特系列中的其他五部作品：《哈利·波特与魔法石》(Harry Potter and the Philosopher's Stone)、《哈利·波特与火焰杯》(Harry Potter and the Goblet of Fire)、《哈利·波特与凤凰社》(Harry Potter and the Order of the Phoenix)、《哈利·波特与混血王子》(Harry Potter and the Half-Blood Prince)、《哈利·波特与死亡圣器》(Harry Potter and the Goblet of Fire Signature) 进行语义框架分析，很显然可得到相同的分析结论，即这些系列作品在内容表达、责任人、主题概念、事件、地点这五个实体概念维度上的取值是完全吻合的。由此，我们可以构建出基于这五个实体概念维度的哈利·波特系列丛书的关联网络，如图 7-10 所示。

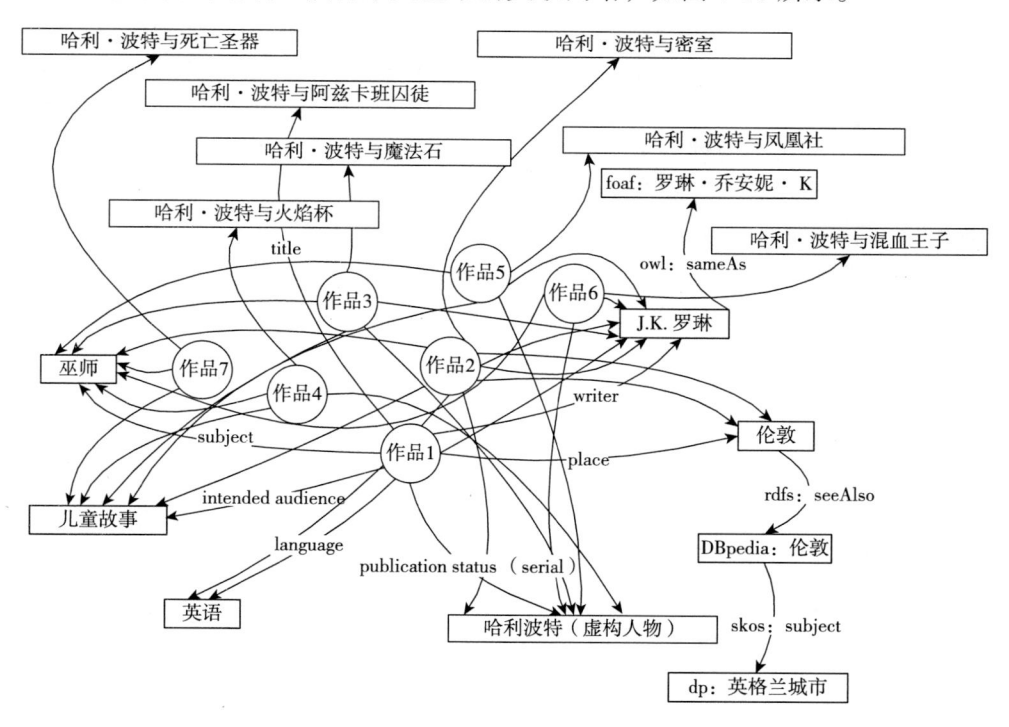

图 7-10 MARC 书目记录间关联网络的结构

如图 7-10 所示，哈利·波特系列丛书在五个实体属性方面的取值是相同的，但如果每一部作品在对应实体属性上所赋予的 URI 不同，那么在网络环境下，依旧会认为在相应实体属性上是不存在关联关系的，自然也无法在这个实体属性层面将两部作品进行聚类整合。解决此问题最有效的方式即为每一个实体属性值赋予一个唯一的 URI 标识符，以表示实体对象的专指性。倘若在某一实体属性上取值具有相同 URI 的 MARC 记录之间，则显然存在语义关联关系。此时，URI 的命名与复用问题成为关键。

7.3.5 RDF 实体对象的 URI 命名与复用

资源 URI 的产生与命名必须遵循一定的原则，任何一种算法的实现都不可能完全做到资源客体的唯一专指性，必须依靠人工手段进行修正。造成算法专指性出现误差的原因很多。例如，MARC 记录中作者、题名及其他文本数据在同一作品不同版本中的拼写可能存在微小差别，或者作者使用不同笔名、假名等来进行创作等。上述客观情况都会造成相同馆藏资源被赋予多个不同 URI 标识符的情况，由此会导致资源 URI 标识共指性问题的出现。

解决资源 URI 标识共指性问题的关键，首先是要解决概念命名的规范性，图书馆大量的规范性文档的出现正是出于此目的而构建。其任务即要有效解决人名、地名、机构名、科学术语等概念名称的规范性问题，概念名称的规范文档为解决馆藏书目数据在关联数据发布过程中 URI 标识命名的共指性问题提供了可行的实施方案。究其本质，命名规范文档是将描述相同客体的概念术语全部集中，而后利用外部链接"owl：sameAs""rdf：seeAlso"等实现这些概念术语规范集合中的概念进一步转换成为同一性的关联关系，进而被赋予相同的 URI 标识符，从而将具有共指性的多个资源利用 URI 标识复用机制聚集在一起。目前 OCLC 已向全球规范文档提供机构发布了规范文档的编辑平台（链接如下），可通过该平台直接与美国国会图书馆的名称规范文档建立关系。

"http://www.oclc.org/zhcn-asiapacific/connexion/features/authority.html"

例如，《哈利·波特与阿兹卡班囚徒》的作者 Joanne Kathleen Rowling 在图书馆的 MARC 书目记录中可能拥有多个拼写方式，同时该作者在出版其他作品时还使用过其他笔名，因此在作者的规范文档中需要列举出其使用过的每一个作者姓名的拼写方式：

=100 1/$a Rowling, J. K.
=400 1/$a Rowling, Joanne K.$q (Joanne Kathleen)
=400 1/$a Rowling, Jo
=400 1/$a Scamander, Newt
=400 1/$a Whisp, Kennilworthy
=400 1/$a Roling, G'e. Ke
=400 1/$a Rowlingová, Joanne K.
=400 1/$a Roling, Dz h . K.

基于该 MARC 格式的规范文档，图书馆同样能够对其进行 RDF 格式转换，并复用 FOAF 数据集中的属性概念，从而得到 J. K. Rolling 人名规范文档的 RDF 文件：

<http://examples/resource/auth/94541> a foaf:Person ;
foaf:name "Rowling, J. K";
foaf:name "Rowling, Joanne K";
foaf:name "Rowling, Jo";
foaf: name "Scamander, Newt";
foaf: name "Whisp, Kennilworthy";
foaf: name "Roling, G'e. Ke;
foaf: name "Rowlingová, Joanne K.";
foaf: name "Roling, Dz h . K.";
dbpedia:dateOfBirth "1965" ;
owl:sameAs <http://dbpedia.org/resource/Rowling-JK>;
rdf:seeAlso <http://sv.wikipedia.org/wiki/Rowling-JK>.
<http://example/resource/bib/5516> dc:creator <http://example/resource/auth/94541> .
<http://example/resource/bib/7058> dc:subject <http://example/resource/auth/94541> .
……

除了 MARC21 书目记录的 RDF 转换文件中各类实体资源需要利用 URI 标识命名以外，用以表示资源属性的概念术语同样需要转换成为 URI 形式。

因此，图书馆可以依据关联数据基本原则与共享机制中的 URI 复用原则，充分复用 BIB、FRBR 等已有图书馆关联数据词汇集或自行定义术语词汇，将所有的属性概念替换或扩充为关联数据词汇集中概念术语的通用形式，如将 marc21：term 替换为 bib：writesAbout，从而最终完成了传统 MARC21 书目记录向关联数据下 RDF 文档的完整转换，其 RDF 文档片段如下所示（Hasan et al., 2008）：

@base <http://example.com/potter.rdf> .
@prefix rdf: <http://www.w3.org/1999/02/22-rdf-syntax-ns#> .
@prefix bib: <http://example.com/schema/bib#> .
@prefix frbr: <http://purl.org/vocab/frbr/core#> .
@prefix vocab: < http://example.com/vocab/example#>

<http://example.com/resources/people/rowlingjk#self>
    bib:writesAbout <http://example.com/resources/genres/childrensstories#self>,
<http://example.com/resources/topics/wizards#self>,

<http://example.com/resources/topics/potterharryfictitiouscharacter#self> ;
    bib:publisher
<http://example.com/resources/organizations/bloomsbury#self> ;
    frbr:creatorOf
<http://example.com/resources/manifestations/988e45a216923b3d24e4a4a711a664#self>,
<http://example.com/resources/expressions/7a67d02fe5b1f4fccc78eb91135a7d0#self>,
<http://example.com/resources/works/d415d3e7bb88725134eb21d11718bdaa#self> ;
    bib:seenAs "Rowling, J. K." ;
    a bib:author ;
    frbr:creatorOf
<http://example.com/resources/manifestations/62c544b579c57dd1c1e4092d0d02a1#self>,
<http://example.com/resources/expressions/7df5817e8c75b34766169d8ade554bfe#self>,
<http://example.com/resources/works/7317d9412ec8b84e0bfe9989d1521#self> .

<http://example.com/resources/organizations/bloomsbury#self>
    vocab:publisherOf
<http://example.com/resources/manifestations/988e45a216923b3d24e4a4a711a664#self>,
<http://example.com/resources/people/rowlingjk#self> ;
    bib:seenAs "Bloomsbury," ;
    a bib:Publisher ;
    bib:publisherOf
<http://example.com/resources/manifestations/62c544b579c57dd1c1e4092d0d02a1#self> .

<http://example.com/resources/expressions/7a67d02fe5b1f4fccc78eb91135a7d0#self>
    bib:format
<http://example.com/resources/languages/eng#self>,
<http://example.com/resources/formats/a#self> ;
    bib:isbn

<http://example.com/resources/isbns/9780747542155#self> ;
　　　　vocab:name
　　<http://example.com/resources/titles/harrypotterandtheprisonerofazkaban#self> ;
　　　　frbr:creator <http://example.com/resources/people/rowlingjk#self> ;
　　　　frbr:embodiment
　　<http://example.com/resources/manifestations/988e45a216923b3d24e4a4a711a664#self> ;
　　　　frbr:realizationOf
　　<http://example.com/resources/works/d415d3e7bb88725134eb21d11718bdaa#self> ;
　　　　a frbr:Expression .

　　<http://example.com/resources/titles/harrypotterandtheprisonerofazkaban#self>
　　　　bib:nameOf
　　<http://example.com/resources/manifestations/988e45a216923b3d24e4a4a711a664#self>,
　　<http://example.com/resources/expressions/7a67d02fe5b1f4fccc78eb91135a7d0#self>,
　　<http://example.com/resources/works/d415d3e7bb88725134eb21d11718bdaa#self> ;
　　　　bib:seenAs "Harry Potter and the prisoner of Azkaban/" ;
　　　　a bib:Title .

　　<http://example.com/resources/dates/1999#self>
　　　　a bib:Date .

　　<http://example.com/resources/languages/eng#self>
　　　　a bib:Language .

　　<http://example.com/resources/works/d415d3e7bb88725134eb21d11718bdaa#self>
　　　　frbr:subject
　　<http://example.com/resources/genres/childrensstories#self>,
　　<http://example.com/resources/topics/wizards#self>,
　　<http://example.com/resources/topics/potterharryfictitiouscharacter#self> ;
　　　　bib:isbn
　　<http://example.com/resources/isbns/9780747542155#self> ;
　　bib:name

```
    <http://example.com/resources/titles/harrypotterandtheprisonerofazkaban#self> ;
        frbr:creator
    <http://example.com/resources/people/rowlingjk#self> ;
    <http://example.com/resources/manifestations/988e45a216923b3d24e4a4a711a664#self>
    <http://example.com/resources/expressions/7a67d02fe5b1f4fccc78eb91135a7d0#self> ;
        a frbr:Work .

    <http://example.com/resources/manifestations/988e45a216923b3d24e4a4a711a664#self>
        bib:format
    <http://example.com/resources/languages/eng#self>,
    <http://example.com/resources/formats/a#self> ;
        bib:datePublished
    <http://example.com/resources/dates/1999#self> ;
        bib:publisher
    <http://example.com/resources/organizations/bloomsbury#self> ;
        bib:isbn
    <http://example.com/resources/isbns/9780747542155#self> ;
        bib:name
    <http://example.com/resources/titles/harrypotterandtheprisonerofazkaban#self> ;
        frbr:creator
    <http://example.com/resources/people/rowlingjk#self> ;
        frbr:embodimentOf
    <http://example.com/resources/expressions/7a67d02fe5b1f4fccc78eb91135a7d0#self> ;
        a frbr:Manifestation .

    <http://example.com/resources/formats/a#self>
        a bib:Format .

    <http://example.com/resources/topics/potterharryfictitiouscharacter#self>
        bib:seenAs "Potter, Harry (Fictitious character)" ;
        a bib:Topic .
    <http://example.com/resources/isbns/0747542155#self>
```

bib:seeAlso
<http://example.com/resources/isbns/9780747542155#self> ;
　　　bib:seenAs "0747542155" ;
　　　a bib:ISBN .

<http://example.com/resources/topics/wizards#self>
　　　bib:seenAs "Wizards" ;
　　　a bib:Topic .

<http://example.com/resources/expressions/7df5817e8c75b34766169d8ade554bfe#self>
　　　bib:format <http://example.com/resources/languages/eng#self>,
<http://example.com/resources/formats/a#self> ;
　　　bib:isbn
<http://example.com/resources/isbns/9780747538493#self> ;
　　　bib:name
<http://example.com/resources/titles/harrypotterandthechamberofsecrets#self> ;
　　　frbr:creator
　　<http://example.com/resources/people/rowlingjk#self> ;
　　　frbr:embodiment
<http://example.com/resources/manifestations/62c544b579c57dd1c1e4092d0d02a1#self> ;
　　　frbr:realizationOf
<http://example.com/resources/works/7317d9412ec8b84e0bfe9989d1521#self> ;
　　　a frbr:Expression .

<http://example.com/resources/works/7317d9412ec8b84e0bfe9989d1521#self> ;
　　　　frbr:subject
<http://example.com/resources/genres/childrensstories#self>,
<http://example.com/resources/topics/wizards#self> ;
　　　bib:isbn
<http://example.com/resources/isbns/9780747538493#self> ;
　　　bib:name
<http://example.com/resources/titles/harrypotterandthechamberofsecrets#self> ;
　　　frbr:creator
<http://example.com/resources/people/rowlingjk#self> ;

<http://example.com/resources/manifestations/988e45a216923b3d24e4a4a711a664#self>
<http://example.com/resources/expressions/7df5817e8c75b34766169d8ade554bfe#self> ;
　　　a frbr:Work .

<http://example.com/resources/isbns/9780747538493#self>
<http://example.com/resources/manifestations/988e45a216923b3d24e4a4a711a664#self>
<http://example.com/resources/manifestations/62c544b579c57dd1c1e4092d0d02a1#self>,
<http://example.com/resources/expressions/7df5817e8c75b34766169d8ade554bfe#self>,
<http://example.com/resources/works/7317d9412ec8b84e0bfe9989d1521#self> ;
　　bib:seeAlso <http://example.com/resources/isbns/0747538492#self> ;
　　bib:seenAs "9780747538493" ;
　　a bib:ISBN .

<http://example.com/resources/manifestations/62c544b579c57dd1c1e4092d0d02a1#self>
　　bib:format
<http://example.com/resources/languages/eng#self>,
<http://example. com/resources/formats/a#self> ;
　　bib:datePublished
< http://example.com/resources/dates/1998#self> ;
　　bib:publisher
<http://example.com/resources/organizations/bloomsbury#self> ;
　　bib:isbn
<http://example.com/resources/isbns/9780747538493#self> ;
　　bib:name
<http://example.com/resources/titles/harrypotterandthechamberofsecrets#self> ;
　　frbr:creator
<http://example.com/resources/people/rowlingjk#self> ;
　　frbr:embodimentOf
<http://example.com/resources/expressions/7df5817e8c75b34766169d8ade554bfe#self> ;

第 7 章　馆藏资源元数据的关联网络构建与案例分析　　·249·

  a frbr:Manifestation .

<http://example.com/resources/titles/harrypotterandthechamberofsecrets#self>
  bib:nameOf
<http://example.com/resources/manifestations/62c544b579c57dd1c1e4092d0d02a1#self>,
  <http://example.com/resources/expressions/7df5817e8c75b34766169d8ade554bfe#self>,
  <http://example.com/resources/works/7317d9412ec8b84e0bfe9989d1521#self> ;
  bib:seenAs "Harry Potter and the chamber of secrets /" ;
  a bib:Title .

<http://example.com/resources/dates/1998#self>
  a bib:Date.

  借助上述 RDF 格式转换与 URI 标识命名过程，在向权威规范文档对概念术语进行认证考核后，传统 MARC21 书目记录便转换成为符合关联数据发布要求的 RDF 格式馆藏资源元数据描述文档，从而用于进一步的外部语义链接构建与馆藏资源元数据的关联数据发布过程。此时，概念术语经规范文档验证后的 MARC 关联网络结构，如图 7-11 所示。

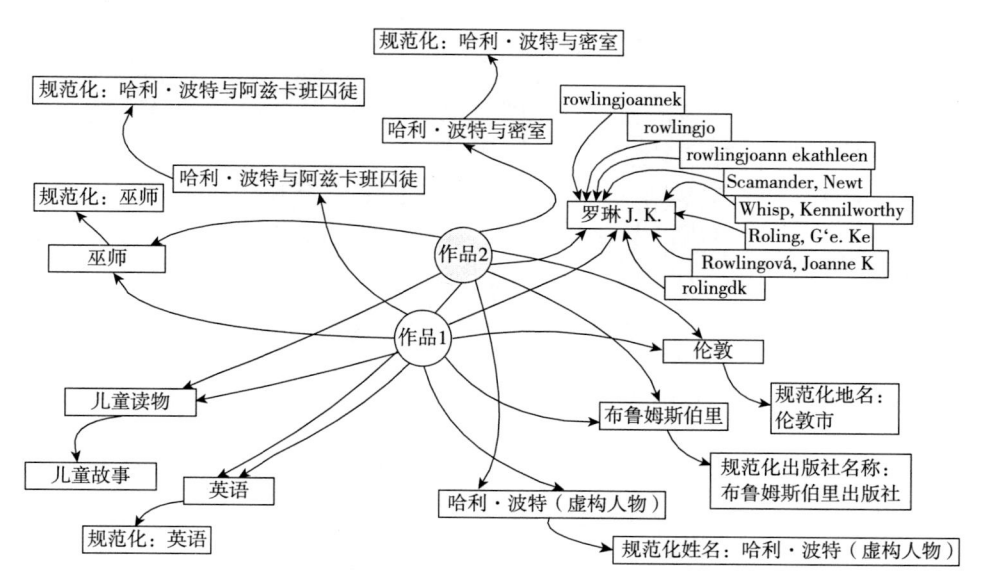

图 7-11　添加进权威概念数据的 MARC 关联网络

7.3.6 RDF 文档的外部链接桥构建

关联数据的本质是实现不同数据集之间相关数据共享规范文档中规范词汇所对应的 URI 标识，并利用 RDF 链接桥实现数据间的关联。当 MARC21 书目记录按照标准逐步转换成为关联数据所要求的 RDF 格式之后，为了使转化后的 MARC 记录能够与外部数据集建立关联关系，同时也为了方便其他数据集的数据能够快速发现、关联本地数据，从而突破数据孤岛的限制，就应该充分利用 RDF 外部链接桥实现与外部数据集的关联建立。通过与关联开放数据云中权威数据集之间语义链接的构建，馆藏书目数据能够更好地融入关联数据网络之中。关联的馆藏书目数据一经开放之后便突破了原有封闭的数据孤岛的限制，一方面，在馆藏资源服务时能够更方便地链接其他本地资源，另一方面，在资源聚合时也能够方便地关联到更多来自外部数据网络中的海量资源对象，同时也更容易被其他数据集的数据发现、复用和链接，为馆藏书目数据关联网络的不断发展壮大提供必要的环境。

上例中，《哈利·波特与阿兹卡班囚徒》书目数据经 RDF 转化后，其主题词"wizard"引入了 LCSH 中的权威词汇"wizard"，要构建本条书目记录与 LCSH 权威词汇集之间的语义链接，即首先应该确定在"wizard"在《美国国会图书馆标题表》中所对应的 URI，而后即可通过外部链接桥"skos：closeMatch"构建不同数据集之间词汇的映射关系。

具体而言，可进入 LCSH 词汇查询站点：http://id.loc.gov/authorities/subjects.html，查询《哈利·波特与阿兹卡班囚徒》书目中的主题词"wizard"，从而得到 LCSH 中该主题词的统一资源标识符为：

http://id.loc.gov/authorities/subjects/sh99001323

进一步地，图书馆就可以在描述文献主题属性的资源 URI 与 LCSH 词汇集中主题词 URI 之间构建 RDF 链接：

<http://example.com/subject/wizards#self>skos:closeMatch<http://id.loc.gov/authorities/subjects/sh99001323>

此外，MARC21 书目数据经 RDF 语义转换后所得到 RDF 文档中的实体对象还能够通过外部链接桥与关联开放数据网络中其他数据集内的客观实体之间建立关联关系。例如，DBpedia 作为维基百科的关联数据版本包含了大量的人物、地名等实体信息，因而能够与馆藏描述 RDF 文件中的文献作者等相关实体进行语义链接。具体可以利用 SPARQL 语句获得 DBpedia 数据集中关于《哈利·波特与阿兹卡班囚徒》作者 J. K. 罗琳的 URI 信息，进而与该作品 RDF 描述文件中的作者 URI 构建语义链接，具体查询过程如下所示：

<http://example.com/author/rowlingjk#self>owl:sameAs<http://dbpedia.org/resource/R

owling-JK>
　　select distinct ?uri where {
　　　　?uri a <http://dbpedia.org/ontology/Writer> ;
　　　　　　<http://xmlns.com/foaf/0.1/name> "J.K Rowling".
　　　　?uri <http://dbpedia.org/property/dateOfBirth> ?date.
　　　　FILTER(xsd:dateTime(?date) >= xsd:dateTime("1965-01-01T00:00:00")) .
　　　　FILTER(xsd:dateTime(?date) < xsd:dateTime("1966-01-01T01:00:00")) .
　　}

7.3.7　书目数据的开放发布

在将图书馆 MARC21 书目记录转换成为 RDF 三元组形式并实现其中资源的 URI 标识与 RDF 链接之后，就需要将馆藏语义描述文档作为馆藏资源元数据的关联数据发布到数据网络中，并提供面向多种客户端应用程序的数据访问与语义查询接口。在关联数据的发布过程中，所依据的主要原则是 HTTP 的内容协商机制，以及 303 重定向与 hash URIs 解析两种基本的实现策略，这也是所有类型馆藏资源关联数据发布过程中应该遵循的技术机制。

具体而言，内容协商机制的实现是由 HTTP 客户代理向服务器端发送带有 HTTP 头信息的"参引"请求，以此告知服务器端其适合于何种类型的文档反馈，而服务器端则根据对 HTTP 头信息的甄别，进而选择合适类型的内容反馈给客户端予以响应。如果头信息表明客户端代理适合 HTML 格式，那么服务器端将发送 HTML 文档至客户端，如果客户端代理适合 RDF 格式内容，则服务器端反馈 RDF 文档。通过 HTTP 协议的内容协商机制，包括 Web 网络中的通用浏览器及关联数据浏览器乃至 SPARQL 客户端等各类应用程序均能够实现面向馆藏资源关联数据的浏览与查询。在关联数据服务过程中，客户端访问服务器端的 HTTP 报文头信息构成实例表示如下：

　　GET /resource/works/7317d9412ec8b84e0bfe9989d1521#self
　　Host:examples.com
　　Accept: text/html,application/marcxml+xml
　　Accept-Language: en, de
　　HTTP/1.1 303 See Other
　　Location: http://example.com/resources/works/7317d9412ec8b84e0bfe9989d1521.rdf

当馆藏资源书目关联数据服务器检测到客户端所发送的资源获取请求中包含 HTTP 报文头信息时，依据内容协商机制中的 303 重定向策略向客户端应用程序返回下列代码所揭示的重定向信息，从而帮助用户应用程序获取所需要的原始 HTML 内容格式书目数据。

HTTP/1.1 200 OK

Content-Type: text/html

Content-Language: en

Content-Location:http://example.com/resources/works/7317d9412ec8b84e0bfe9989d1521.html

综上所述，基于 MARC 书目记录的 RDF 转换、FRBR 功能需求分析、URI 命名与复用、语义外部链接等能够为馆藏资源元数据的关联数据发布提供一种有效的可行途径。通过将 MARC21 原始书目格式在形式上转录成为符合 RDF 样式的初级文件，进而利用 MARC 字段代码与关联数据属性之间的映射工具对 MARC 字段术语及嵌套关系进行了深度转换，通过对 MARC 平面记录的多维化 FRBR 分析与 RDF 视图表达，并将表征概念属性或客观实体的文本字符替换为符合关联数据命名规范的 URI 标识，就能够得到符合关联数据发布要求的馆藏资源元数据的 RDF 语义描述文档，此外还可以进一步构建 RDF 规范文档中实体对象与其他数据集之间相关概念的 RDF 链接，由此构建概念之间的关联关系网络。

目前，馆藏 MARC 书目记录数据的 RDF 语义转换与关联数据的开放发布操作等还主要依靠人工干预的半自动化程序实现。这主要表现在，整个 MARC 记录的 RDF 语义化转换过程需要全程人工的介入，同时在转换过程中原有书目信息的丢失现象也较为普遍，因此需要针对转换方法与工具进行进一步的改进研究，目前 MARC 等书目记录的 RDF 化转换实验性系统已经出现，其成功应用将极大减少人工干预过程中的工作量。就目前对 MARC 记录 RDF 化与关联数据发布的实践情况来看，其规模还极其有限。尽管如此，瑞典国家图书馆开展 LIBRIS 书目关联数据的实践表明，应以强调"数据优先"为主导，即把提高馆藏数据在当前 Web 及未来语义 Web 环境下的可获取性作为首要目标，而将元数据的完备性置于次要地位，据此开展实验性关联数据发布的研究，从而逐步总结经验并最终形成完善的图书馆关联数据发布策略，也为我国图书馆等信息机构服务界信息资源的关联数据发布提供了重要的参考依据。

参 考 文 献

艾莉 V. 1998. 知识的进化. 刘民慧译. 珠海：珠海出版社.
白海燕，乔晓东. 2010. 基于本体和关联数据的书目组织语义化研究. 现代图书情报技术，（9）：18-27.
白海燕，朱礼军. 2010. 关联数据的自动关联构建研究. 现代图书情报技术，（2）：44-49.
毕强. 2010. 数字图书馆知识组织系统建构的发展趋势——从机器可读到机器可理解. 国家图书馆学刊，（1）：12-17.
蔡国炎，凌坚. 2011. 基于语义关联的视频元数据检索. 浙江传媒学院学报，（3）：94-97.
曹志杰，冷伏海. 2010. 文献隐性关联知识发现研究. 情报学报，（4）：605-613.
陈丽萍. 2004. 资源功能型需求对资源组织的影响. 图书情报工作，（12）：84-88.
陈伟. 2012. 用户参与的社会性标签信息组织探讨. 图书馆学研究，（6）：79-82.
成洁，石跃祥. 2007. FSVM 在图像低层特征与高层语义关联中的应用. 小型微型计算机系统，（6）：79-84.
崔瑞琴，孟连生. 2007. 数字信息资源整合问题研究. 图书情报工作，51（7）：35-37.
戴维民. 2004. 信息组织. 北京：高等教育出版社.
丁楠，潘有能. 2011. 基于关联数据的图书馆信息聚合研究. 图书与情报，（6）：50-53.
段荣婷. 2011. 基于简约知识组织系统的主题词表语义网络化研究——以《中国档案主题词表》为例. 中国图书馆学报，（5）：54-65.
冯亚惠. 2007. AACR 的替代品——资源描述与检索（RDA）介绍. 图书情报工作，（1）：129-131.
高红. 2008. RDA 标准及理念对我国文献编目工作的启示. 国家图书馆学刊，（1）：65-69.
郝亚玲. 2002. DC 元数据与网络信息资源的描述. 情报科学，（10）：1069-1074.
洪娜，方安，高东平，等. 2012. 传染病知识网络构建的技术方法与实现. 医学信息学杂志，（4）：50-55.
黄如花. 2007. 数字信息资源管理的重要工具——分类法在构建元数据框架体系中的应用调查及建议. 情报科学，（11）：1601-1608
黄文碧. 2015. 基于元数据关联的馆藏资源聚合研究. 情报理论与实践，（4）：74-79.
黄艳芬. 2009. 基于 FRBR 的网络信息资源组织研究. 图书馆，（4）：31-33.
黄永文. 2010. 关联数据在图书馆中的应用研究综述. 现代图书情报技术，（5）：1-7.
贾丽梅，郑志蕴，李钝，等. 2014. 基于动态权值的关联数据语义相似度算法研究. 计算机科学，（8）：263-266，273.

姜晓虹. 2009. 关于现代图书情报机构知识网络构建的思考. 图书馆论坛, (6)：47-50.
姜永常. 2010. 基于知识网络的动态知识构建：空间透视与机理分析. 中国图书馆学报, (4)：115-124.
姜永常. 2011. 基于知识元语义链接的知识网络构建. 情报理论与实践, (5)：50-53.
李景, 钱平. 2004. 叙词表与本体的区别与联系. 中国图书馆学报, (1)：36-39.
李婧. 2012. 基于FRBR模型下资源描述的应用性研究. 现代情报, (4)：169-173.
李雷, 张亚茹. 2012. 浅析知识组织工具的发展趋势. 河南图书馆学刊, (2)：52-54.
李雷, 赵先德, 简兆权. 2012. 电子服务概念界定与特征识别——从商品主导逻辑到服务主导逻辑. 外国经济与管理, (4)：2-10.
李娜, 任瑞娟. 2007. 叙词表、分类法与分布式本体. 现代情报, (12)：122-125.
李绪蓉, 徐焕良. 2005a. 政府信息资源管理历史追溯与标准化问题研究. 电子政务, (z4)：6-15.
李绪蓉, 徐焕良. 2005b. 政府信息资源管理与开发. 北京：北京大学出版社.
刘茜. 2003. XTM主题图与知识组织体系互操作. 四川大学硕士学位论文.
刘素清. 2003. 电子资源著录——AACR2第9章修订情况简介. 大学图书馆学报, (3)：74-78.
刘炜. 2010-02-11. 关联数据：意义及其实现.https://xueshu.baidu.com/usercenter/paper/show?paperid=06a082b45acaa04c9d1b4f122716d79d&site=xueshu_se.
刘炜. 2011. 关联数据：概念、技术及应用展望. 大学图书馆学报, (2)：5-12.
刘炜, 胡小菁, 钱国富, 等. 2012. RDA与关联数据. 中国图书馆学报, (1)：34-42.
刘媛媛, 李春旺. 2012. 关联数据的对象共指问题研究. 情报理论与实践, (2)：46-51.
娄秀明. 2010. 用关联数据技术实现网络知识组织系统的研究. 华东师范大学硕士学位论文.
卢刘明, 朱国进, 陈家训. 2005. 语义Web中几种语义描述语言的分析比较. 计算机工程, (2)：86-87.
鲁奎. 2003. 基于XML/RDF数字图书馆信息资源描述与应用研究. 合肥工业大学硕士学位论文.
马费成. 1996. 情报学的进展与深化. 情报学报, (5)：337-343.
马建霞. 2007. 主题图技术与相关知识组织方法的比较研究. 图书馆杂志, (2)：47-53.
马艳霞. 2005. 主流网络信息资源描述工具的比较研究. 现代情报, (2)：163-164.
马张华, 陈志新. 1998. 阮冈纳赞对现代编目理论的贡献. 图书馆论坛, (2)：24-26.
牟冬梅, 王萍, 张艳侠. 2015. 基于关联数据的数字资源语义聚合策略. 情报资料工作, (5)：18-23.
欧石燕. 2012. 面向关联数据的语义数字图书馆资源描述与组织框架设计与实现. 中国图书馆学报, (11)：58-71.
欧石燕, 胡珊, 张帅. 2014. 本体与关联数据驱动的图书馆信息资源语义整合方法及其测评. 图书情报工作, 58 (2)：5-13.
庞丽川. 2009. FRBR模型应用于信息资源描述的研究. 图书馆工作与研究, (4)：40-42.
钱国富. 2012. 基于关联数据的政府数据发布. 图书情报工作, (3)：123-127.
邱奇志. 2006. 几种语义描述语言之比较. 计算机与现代化, (6)：25-27.
单晓红. 2007. RDA：未来的资源描述规则及其发展. 图书情报工作, (8)：144-148.
沈志宏, 张晓林. 2010. 关联数据及其应用现状综述. 现代图书情报技术, (11)：1-9.
盛秋艳, 刘群. 2007. 一种基于本体的叙词语义描述方法. 情报科学, (9)：1415-1418.
宋炜, 张铭. 2004. 语义网简明教程. 北京：高等教育出版社.
孙兵. 2009. 知识组织工具的发展趋势浅析. 图书馆学刊, (11)：86-88.

孙鑫. 2011. Ontology 及其在知识组织中的应用. 经济研究导刊,（27）: 215-216.
谭洁清. 2011. 关联数据的简介与进展. 信息与电脑,（1）: 103-106.
唐艳春. 2014. D2R 在图书馆书目数据关联服务中的应用分析. 图书情报工作,（14）: 132-138.
滕广青, 毕强. 2010. 知识组织体系的演进路径及相关研究的发展趋势探析. 中国图书馆学报, 36（5）: 49-53.
仝召娟, 许鑫, 钱佳轶. 2014. 基于关联数据的非遗数字资源聚合研究. 图书情报工作,（11）: 21-26.
王国强, 柯平. 1996. 论郑樵目录学思想. 郑州大学学报（哲学社会科学版）,（3）: 69-75.
王军, 张丽. 2008. 网络知识组织系统的研究现状与发展趋势. 中国图书馆学报,（1）: 65-69.
王书伟. 2009. 语义 WEB 环境下知识组织体系的研究. 南开大学硕士学位论文.
王琰. 1998. 章学诚与《校仇通义》. 济宁师专学报,（6）: 90.
王一丁, 王军. 2007. 网络知识组织系统表示语言: SKOS. 大学图书馆学报,（4）: 30-35.
王英芬. 2009. MARC 格式组织网络信息资源的优缺点研究. 农业图书情报学刊,（9）: 58-60.
王忠义, 夏立新, 石义金, 等. 2013. 数字图书馆中层关联数据的创建与发布. 现代图书情报技术,（5）: 28-33.
王忠义, 夏立新, 郑路, 等. 2014. 数据集内关联数据自动创建方法研究. 情报杂志,（1）: 152-156.
吴晖, 徐丹琪. 2007. 我国知识组织研究述评. 情报杂志,（6）: 95-97.
吴丽杰. 2007. FRBR 理念及其对 RDA 的影响. 图书馆学刊,（2）: 130-131.
吴跃. 2010. AACR2 与 RDA 的联系及在图书著录部分的区别. 大学图书馆学报, 28（4）: 77-83.
夏翠娟, 刘炜, 赵亮, 等. 2012. 关联数据发布技术及其实现——以 Drupal 为例. 中国图书馆学报,（1）: 49-56.
徐如镜. 2002. 开发知识资源, 发展知识产业, 服务知识经济. 现代图书情报技术,（S1）: 4-6.
荀恩东, 颜伟. 2006. 基于语义网计算英语词语相似度. 情报学报,（1）: 43-48.
杨莉萍. 2011. 资源描述与检索内容的新标准: RDA. 图书馆学研究,（3）: 47-50.
游毅. 2013. 基于关联数据的馆藏资源聚合模式研究. 南京大学博士学位论文.
游毅, 成全. 2013. 试论基于关联数据的馆藏资源聚合模式. 情报理论与实践,（1）: 109-114.
曾蕾. 2009. 关联的图书馆数据. http://202.114.9.60/dl6/pdf/26.pdf.
张春红. 2009. 基于 DC 的高校图书馆网络信息资源组织应用分析. 长春师范学院学报（自然科学版）,（6）: 194-197.
张海玲. 2013. 图书馆书目数据的关联数据化研究——以德国国家图书馆为例. 图书馆论坛,（1）: 120-125.
张会平, 周宁, 陈勇跃. 2007. 概念图在知识组织中的应用研究. 情报科学,（10）: 1570-1574.
张秀兰. 2006. 书目描述与检索的最新内容标准——RDA. 图书情报工作,（3）: 95-97.
张玉峰, 等. 2008. 智能信息系统. 武昌: 武汉大学出版社.
张云秋, 冷伏海. 2009. 基于文献内聚度的非相关文献知识发现排序方法研究. 现代图书情报技术,（6）: 50-54.
赵焕洲, 唐爱民. 2005. 对两种知识组织系统——叙词表与 Ontology 的比较研究. 情报理论与实践,（5）: 469-471.
赵蓉英. 2007a. 论知识的网络结构. 图书情报工作, 51（9）: 6-10.

赵蓉英. 2007b. 知识网络及其应用. 北京：北京图书馆出版社.

赵蓉英，谭洁. 2014. 基于共词分析的馆藏资源语义聚合研究. 情报资料工作，（4）：34-38.

赵蓉英，王嵩，董克. 2014. 国内馆藏资源聚合模式研究综述. 图书情报工作，58（18）：138-143.

Afzal H，Eales J，Stevens R，et al. 2011. Mining semantic networks of bioinformatics e-resources from the literature. Journal of Biomed Semantics，（2）：4-11.

Agrawal R，Srikant R. 2002. Searching with numbers. Proceedings of the 11th International Conference on World Wide Web，（WWW11）：420-431.

Ahuja R K，Magnanti T L，Orlin J B. 1993. Network Flows：Theory，Algorithms，and Applications. Upper Saddle River：Prentice Hall.

Aidan H，Jürgen U，Andreas H，et al. 2012. An empirical survey of linked data conformance. Web Semantics：Science，Services and Agents on the World Wide Web，（14）：14-44.

Alistair M，Dan B. 2005. SKOS Core vocabulary specification W3C working draft 2 November 2005. World Wide Web Consortium.

Alon F，Martin T. 2011. Concept theory and semiotics in knowledge organization. Journal of Documentation，67（4）：644-674.

Ananthakrishna R，Chaudhuri S，Ganti V. 2002. Eliminating Fuzzy Duplicates in Data Warehouses. Proceedings of the 28th International Conference on Very Large Databases（VLDB '02）.

Anhai D，Jayant M，et al. 2002. Learning to map between ontologies on the semantic web. Proceeding of 11th International World Wide Web Conference.

Anja J，Robert I，Christian B. 2010. Silk–generating RDF links while publishing or consuming linked data. ISWC 2010 Posters & Demos：53-56.

Arasu A，Ganti V，Kaushik R. 2006. Efficient exact set-similarity joins. Proceedings of the 32nd International Conference on Very Large Data Bases. VLDB Endowment：918-929.

Auer S，Dietzold S，Lehmann J，et al.2009.Triplify:light-weight linked data publication from relational databases. Proceedings of the 18th International Conference on World Wide Web：621-630.

Baker T，Miles A J，Swick R. 2006. Best Practice Recipes for Publishing RDF Vocabularies. https://www.researchgate.net/topic/RDF/publications.

Bechmann M J. 1971. Market share，distances，and potential. The Review of Regional Studies，(8)：1-18.

Bechmann M J. 1995. Economic Models of Knowledge Networks，in Networks in Action. Berlin' Heidelberg' New York' Tokyo：Springer-verlag.

Beil F，Ester M. 2002. Frequent term-based text clustering. Proceedings of the 5th International Conference on Knowledge Discovery and Data Mining.

Bhattacharya I. 2006. Collective entity resolution in relational data. IEEE Data Engineer，23（2）：4-12.

Bilenko M，Mooney R J，Cohen W W，et al. 2003. Adaptive name matching in information integration. IEEE Intelligent Systems，18（5）：16-23.

Bizer C，Heath T，Ayers D，et al. 2007. Interlinking Open Data on the Web. https://www.mendeley.

com/catalogue/cbdbf76b-2d92-3be1-96b2-fb5c03d2bb46/.

Bizer C, Heath T, Berners-Lee T. 2009. Linked data: The story so far. International Journal on Semantic Web and Information System, 5（3）: 1-22.

Bois D, D'Andrea N S. 1969. A solution to the problem of linking multivariate documents. Publications of the American Statal Association, 64（325）: 163-174.

Borst S, Bruno J, Coffman Jr E G, et al. 1997. Scheduling two-point stochastic jobs to minimize the makespan on two parallel machines. Probability in the Engineering and Informational Sciences, 11（1）: 1-12.

Bowman D W, Hodge G. 2009. Engaging in small talk: nanotechnology and public interest dialogue-some international observations. Bulletin of Science, Technology and Society, （27）: 118.

Braun V, Clarke V. 2008. Using thematic analysis in psychology. Qualitative Research in Psychology, （6）: 77-101.

Brickley D, Miles A J. 2005. SKOS Core Guide. http://www.w3.org/TR/swbp-skos-core-guide/.

Brookes B C. 1974. The fundamental problem of information science. Proceedings of a Conference Held by the Aslib Coordinate Indexing Group.

Brookes B C. 1980. The foundation of information science, part III, quantitative aspects: objective maps and subjective landscapes. Journal of Information Science, 2（6）: 269-275.

Challa S, Wild D. 2009. Semantic rules on drug discovery data. Lecture Notes in Computer Science, 5（6）: 362-364.

Choi B J, Jeong D, Kim S K, et al. 2005. Resistive switching mechanism of TiO2 thin films grown by atomic-layer-deposition. Journal of Applied Physics, 98（3）: 1-11.

Cochinwala M, Kurien V, Lalk G, et al. 2001. Efficient data reconciliation. Information Sciences, 137: 1-15.

Cohen W W. 1998. Integration of Heterogeneous Databases without Common Domains Using Queries Based on Textual Similarity. Proceedings of the 1998 ACM SIGMOD International Conference on Management of Data（SIGMOD '98）: 201-212.

Cohen W W, Ravikumar P, Fienberg S E. 2003. A comparison of string distance metrics for name-matching tasks. Proceedings of the JCAI-2003 Workshop on Information Integration on the Web: 47-59.

Cohen W W, Richman J. 2002. Learning to Match and Cluster Large High-Dimensional Data Sets for Data Integration. Proceedings of the Eighth ACM SIGKDD International Conference on Knowledge Discovery and Data Mining（KDD '02）, 475-480.

Cohn D A, Atlas L, Ladner R E. 1994. Improving generalization with active learning. Machine Learning, 15（2）: 201-221.

Danko D D. 2017-05-12.Metadata and Interoperability, Geospatial. https://link.springer.com/referenceworkentry/10.1007/978-3-319-17885-1_780?noAccess=true.

Dimic B, Surla D. 2009. XML editor for UNIMARC and MARC 21 cataloguing. The Electronic Library, 27（3）: 509-528.

Ding Q, Vaynman S, Souda P, et al. 2010. Exercise affects energy metabolism and neural plasticity-related proteins in the hippocampus as revealed by proteomic analysis. European Journal of Neuroscience, 2(5): 1265-1276.

Ding Y, Sun Y Y, Chen B, et al. 2010. Semantic web portal: a platform for better browsing and visualizing semantic data. Lecture Notes in Computer Science, 6(3): 448-460.

Doan A H, Madhavan J, Domingos P, et al. 2002. Learning to map between ontologies on the semantic web. Proceedings of the 11th international conference on World Wide Web. ACM: 662-673.

Dumais S T, Furnas G W, Landauer T K, et al. 1998. Using latent semantic analysis to improve information retrieval. Proceedings of CHI'88 on Human Factors in Computing Systems.

Ester M, Kriegel H-P, Sander J, et al. 2006. A density based algorithm for discovering clusters in larges spatial databases. Proceedings of 1996 International Conference on Knowledge Discovery and Data Mining, KDD'96.

Euzenat J, Shvaiko P. 2007. Ontology Matching. Berlin: Springerlink.

Fellegi I P, Sunter A B. 1969. A Theory for Record Linkage. Journal of the American Statistical Association, 64(328): 1183-1210.

Friedman A, Thellefsen M. 2011. Concept theory and semiotics in knowledge organization. Journal of Documentation, 67(4): 644-674.

Gail H. 2000. Systems of knowledge organization for digital libraries: beyond traditional authority files. The Digital Library Federation Council on Library and Information Resources.

Gail H. 2003. Systems of knowledge organization for digital libraries: beyond traditional authority files. Washington, American: The Digital Library Federation: 4-7.

Glaser H, Jaffri A, Millard I. 2009. Managing co-reference on the semantic Web. Proceeding of Linked Data on the Web, Madrid, Spain.

Gravano L, Ipeirotis P G, Koudas N, et al. 2003. Text Joins in an RDBMS for Web Data Integration. Proceedings of the 12th International Conference on World Wide Web (WWW12): 90-101.

Guha S, Koudas N, Marathe A, et al. 2004. Merging the Results of Approximate Match Operations. Proceedings of the 30th International Conference on Very Large Databases (VLDB'04): 636-647.

Halpin H, Hayes P J. 2010. When owl: same as isn't the same: an analysis of identity links on the semantic Web. Proceedings of Linked Data on the Web, Raleigh, North Carolina.

Hasan Y, Kim L, Weed D, et al. 2008. Image guidance in external beam accelerated partial breast irradiation: comparison of surrogates for the lumpectomy cavity. International Journal of Radiation Oncology, Biology, Physics, (8): 268-269.

Hausenblas M, Halb W. 2008. Interlinking of resources with semantics. Poster at the 5th European Semantic Web Conference. W3C: 234-245.

Heath T, Hausenblas M, Bizer C, et al. 2008. How to Publish Linked Data on the Web. linkeddata http://events.linkeddata.org/iswc2008tutorial/how-to-publish-linked-data-iswc2008-slides.pdf.

Hernández M A, Stolfo S J. 1998. Real-world data is dirty: data cleansing and the merge/purge problem. Data Mining and Knowledge Discovery, 2(1): 9-37.

Hinneburg A, Keim A. 2008. All efficient approach to clustering in large multimedia databases with noise. Proceedings of 1998 International Conference on Knowledge Discovery and Data Mining, KDD'98.

Hjorland B. 2018. Reviews of Concepts in Knowledge Organization. Knowledge Organization, (4): 319-333.

Hodge V J, Austin J. 2003. A comparison of standard spell checking algorithms and a novel binary neural approach. IEEE Transactions on Knowledge and Data Engineering, 15 (5): 1073-1081.

Hogan A, Polleres A, Umbrich J, et al. 2010. Some entities are more equal than others: statistical methods to consolidate linked data. Proceedings of ESWC Workshop on NeFoRS.

Howarth L C. 2012. FRBR and linked data: connecting FRBR and linked data. Cataloging & Classification Quarterly, (5): 1-14.

Hristovski D, Džeroski S, Peterlin B, et al. 2001. Supporting discovery in medicine by association rule mining in Medline and UMLS. Medinfo, 10 (2): 574-587.

Huang Z. 1998. Extensions to the k-means algorithm for clustering large data sets with categorical values. Data Mining and Knowledge Discovery, 2 (3): 283-304

Isaac A, van der Meij L, Schlobach S, et al. 2007. An empirical study of instance-based ontology matching. ISWC/ASWC: 253-266.

Isele R, Jentzsch A, Bizer C. 2010. Silk server-adding missing links while consuming linked data. https://www.docin.com/p-467800761.html, 2019-07-20.

Isele R C, Bizer. 2013. Active learning of expressive linkage rules using genetic programming. Web Semantics: Science, Services and Agents on the World Wide Web, 23: 2-15.

Jaffri A, GlaserL H, Millard I. 2007. URI identity management for semantic Web data integration and linkage. Proceeding of the Workshop on Scalable Semantic Web Systems. Vilamoura, Portugal: Springer.

Jaro M A. 1967. Unimatch: A Record Linkage System: User's Manual. Technical Report, US Bureau of the Census, Washington, D. C.

Jaro M A. 1989. Advances in Record-Linkage Methodology as Applied to Matching the 1985 Census of Tampa, Florida. Journal of the American Statistical Association, 84 (406): 414-420.

Jean-Mary Y R, Shironoshita E P, Kabuka M R. 2009. Ontology matching with semantic verification. Journal of Web Semantic, 7 (3): 235-252.

Jeong D, In H P, Jarnjak F, et al. 2005. A message conversion system, XML-based metadata semantics description language and metadata repository. Journal of Information Science, (5): 394-406.

Joachims T. 1999. Making Large-Scale SVM Learning Practical. https://www.researchgate.net/profile/Thorsten-Joachims/publication/302567910_Making_large_scale_SVM_learning_practical/links/5b0eb5cf4585157f87237cf1/Making-large-scale-SVM-learning-practical.pdf

Jorna R, van Heusden V. 2003. Why representation (s) will not go away: crisis of concept or crisis of theory? Semiotica, 143 (1/4) 113-134.

Kallfinan L, Rousseeuw J. 1990. Finding Groups in Data: All Introduction to Cluster All analysis.

New York: John Wiley&Sons.

Koudas N, Marathe A, Srivastava D. 2004. Flexible String Matching against Large Databases in Practice. Proceedings of the Thirtieth International Conference on Very Large Databases (VLDB'04): 1078-1086.

Landau G M, Vishkin U. 1989. Fast Parallel and Serial Approximate String Matching. Journal of Algorithms, 10(2): 157-169.

Leroi I, Miles Q, AI L, et al. 2006. A comparison of small vs large assisted living facilities. International Journal of Geriatric Psychiatry, 22: 224-232.

Lindsay R K. 1999. Literature-based discovery by lexical statistics. Journal of the American Society for Information Science, 50(7): 574-587.

MacQueen J. 1967. Some methods for classification and analysis of multivariate observations. Proceedings of the 5th Berkeley Symposium on Mathematical Statistics and Probability: 281-297.

Malmsten M. 2008. Making a Library Catalogue Part of the SemanticWeb. http://citeseerx.ist.psu.edu/viewdoc/download?doi=10.1.1.1015.9072&rep=rep1&type=pdf.

Margolis E, Laurence S. 1999. Concepts: Core Readings. Cambridge: MIT Press.

Markman G D. 1999. The role of cognitive mechanisms for predicting new venture formation: contrasting theoretical perspectives. University of Colorado at Boulder.

McCallum A, Wellner B. 2004. Conditional Models of Identity Uncertainty with Application to Noun Coreference. Advances in Neural Information Processing Systems (NIPS '04).

Mones B, Friedman S. 2011. Veering around the Uncanny Valley: Revealing the underlying structure of facial expressions. IEEE Gesture Recognition Santa Barbara, CA, USA, (3): 345.

Monge A E, Elkan C P. 1996. The Field Matching Problem: Algorithms and Applications. Proceedings of the Second International Conference on Knowledge Discovery and Data Mining (KDD '96): 267-270.

Neches R, Fikes R Finin T, et al. 1991. Enabling Technology for Knowledge Sharing. Ai Magazine, 12(3): 36-56.

Needleman S B, Wunsch C D. 1970. A general method applicable to the search for similarities in the amino acid sequence of two proteins. Journal of Molecular Biology, 48(3): 443-453.

Noessner J, Niepert M, Meilicke C, et al. 2010. Leveraging terminological structure for object reconciliation. Proceedings of European Semantic Web Conference (ESWC): 334-348.

Novak J D, Gowin D N. 1984. Learning How to Learn. New York: Cambridge University Press.

Olshen R A, Breiman L, Friedman J H, et al. 1984. Classification and Regression Trees. Boca Raton: CRC Press.

Otto D, David G, Bernarda S, et al. 1987. From Farming to Biotechnology. Oxford: Basil Blackwell Ltd.

Pasula H, Marthi B, Milch B, et al. 2002. Identity Uncertainty and Citation Matching. Advances in Neural Information Processing Systems (NIPS '02): 1401-1408.

Pernelle N, Saïs F, Symeonidou D. 2013. An automatic key discovery approach for data linking. Web Semantics: Science, Services and Agents on the World Wide Web, 23: 16-30.

Polleres F, Schindlauer R. 2007. SPARQL++ for mapping between RDF vocabularies. Applications of Semantics Lecture Notes in Computer Science, 43 (3): 878-896.

Ravikumar P, Cohen W W. 2004. A Hierarchical Graphical Model for Record Linkage. Proceedings of the 20th Conference Uncertainty in Artificial Intelligence (UAI '04): 454-461.

Rob S, Danny A, Nadeem S. 2008. Semantic MARC, MARC21 and the Semantic Web. http://citeseerx.ist.psu.edu/viewdoc/download?doi=10.1.1.135.7963&rep=rep1&type=pdf.

Rodriguez A. 2003. Determining semantic similarity among entity classes from different ontologies. Knowledge and Data, 37 (2): 24-31.

Ruiz-Primo M A; Shavelson, R J. 1996. Problems and issues in the use of concept maps in science assessment. Journal of Research in Science Teaching, 33 (6): 569-600.

Sarah B, Bill H. 2011. Intertextuality and the Semantic Web: Jane Eyre as a test case for modelling literary relationships with Linked Data, Intertextuality and the Semantic Web, lod-cloud.

Sarawagi S, Bhamidipaty A. 2002. Interactive Deduplication Using Active Learning. Proceedings of the Eighth ACM SIGKDD International Conference on Knowledge Discovery and Data Mining (KDD '02): 269-278.

Saur K G. 2009. Functional Requirements for Bibliographic Records. International Federation of Library Associations and Institutions.

Scharffe F, Fensel D. 2008. Correspondence patterns for ontology alignment. Knowledge Engineering: Practice and Patterns. Springer Berlin Heidelberg: 83-92.

Sekine S, Sudo K, Ogino T. 1999. Statistical matching of two ontologies. Proceedings of ACL SIGLEX99 Workshop: Standardizing Lexical Resources. ACM: 134-141.

Singla P, Domingos P. 2004. Multi-Relational Record Linkage. Proc. KDD-2004 Workshop Multi-Relational Data Mining: 31-48.

Sleeman J, Finin T. 2010. Learning co-reference relations for FOAF instances. Proceedings of the 9th International Semantic Web Conference (ISWC), Shanghai, China.

Smiraglia R P. 2005. Content metadata: an analysis of Etruscan artifacts in a museum of archeology, Cataloging & Classification Quarterly, 40: 135-151.

Smith T F, Waterman M S. 1981. Identification of common molecular subsequences. Journal of Molecular Biology, 147: 195-197.

Sören A, Sebastian D, et al. 2009. Triplify: light-weight linked data publication from relational databases. Proceedings of the 18th International Conference on World Wide Web: 621-630.

Steinbach M, Kary G. 2000. A comparison of document clustering techniques. Proceedings of KDD 2000 Workshop on Text Mining.

Stella G, Dectre C. 2008. The last 50 years of knowledge organization: a journey through my personal archives. Journal of Information Science, (4): 427-438.

Synak M, Kruk S. 2005. MarcOnt initiative-the ontology for the librarian world. https://www.researchgate.net/profile/Sebastian-Kruk/publication/228674549_MarcOnt_Initiative-the_Ontology_for_the_Librarian_World/links/5568061a08aefcb861d38fba/MarcOnt-Initiative-the-Ontology-for-the-Librarian-World.pdf.

Tejada S, Knoblock C A, Minton S. 2002. Learning Domain-Independent String Transformation

Weights for High Accuracy Object Identification. Proceedings of the Eighth ACM SIGKDD International Conference on Knowledge Discovery and Data Mining (KDD '02): 350-359.

Tennant R. 2002. MARC exit strategies. Library Journal, 19（19）: 27-28.

Thomas F. 2010. Towards Knowledge Discovery in the Semantic Web. MKWI.

Tifous A, Ghali A E, Giboin A, et al. 2009. Networked Knowledge-Networked Media: Integrating Knowledge Management, New Media Technologies and Semantic Systems. Berlin Heidelberg: Springer.

Verykios V S, Elmagarmid A K, Houstis E N. 2000. Automating the approximate record matching process. Information Sciences, 126: 83-98.

Volz J, Bizer C, Gaedke M, et al. 2009. Silk-a link discovery framework for the web of data. https://www.researchgate.net/profile/Martin-Gaedke/publication/228638267_Silk-A_Link_Discovery_Framework_for_the_Web_of_Data/links/00b7d517a5a4d17f5c000000/Silk-A-Link-Discovery-Framework-for-the-Web-of-Data.pdf.

Wang Y R, Madnick S E. 1989. The Inter-Database Instance Identification Problem in Integrating Autonomous Systems. Proceedings of the Fifth IEEE International Conference on Data Eng （ICDE '89）: 46-55.

Waterman M S, Smith T F, Beyer W A. 1976. Some biological sequence metrics. Advances in Math, 20（4）: 367-387.

Westrum A-L, Rekkavik A, Tallerås K. 2012-02-03. Improving the presentation of library data using FRBR and Linked data. https://journal.code4lib.org/articles/6424.

Winkler W E. 1993. Improved Decision Rules in the Felligi-Sunter Model of Record Linkage. Technical Report Statistical Research Report Series RR93/12, US Bureau of the Census, Washington, D. C.

Winkler W E. 2002. Methods for Record Linkage and Bayesian Networks. Technical Report Statistical Research Report Series RRS2002/05, US Bureau of the Census, Washington, D. C.

Winkler W E, Thibaudeau Y. 1991. An Application of the Fellegi-Sunter Model of Record Linkage to the 1990 US Decennial Census. Technical Report Statistical Research Report Series RR91/09, US Bureau of the Census, Washington, D. C.

Wren J D. 2004. Extending the mutual information measure to rank inferred literature relationships. BMC Bioinformatics,（1）: 145-158.

Yildiz C, Bartlett A. 2011. Language, foreign nationality and ethnicity in an English prison: implications for the quality of health and social research. Journal of Medical Ethics, 37: 637-640.

Yoo I, Hu X H. 2006. Semantic Texting Mining and its Application in Biomedical Domain. Drexel University.

Zeng L. Athena S. 2005. Toward an international sharing and use of subject authority data. Kent State University. FRBR Workshop, OC.

后　　记

　　长期以来，馆藏资源的序化与组织问题都是图书馆开展信息资源开发与服务的核心问题，网络时代的到来促使用户的信息需求朝着个性化、智能化、主动推送式的多元化知识型服务方向发展，这就对传统的馆藏资源的序化与组织理论和系统提出了新的挑战。以细粒度的馆藏资源为中心而构建的馆藏资源语义揭示、语义关联、深度聚合、满足用户意图的智能化知识网络构建与主动推送式知识服务将成为下一代馆藏资源组织、开发与利用问题的核心与根本。本书的研究则以关联数据的指导原则为依托，侧重于从馆藏资源元数据的实体单元细粒度层面开展对馆藏资源知识单元进行语义描述、关联数据发布、关联网络构建，关联关系管理与维护等方面的研究，是基于语义的馆藏资源深度聚合、面向用户意图感知的智能化知识网络构建与主动推送式知识服务研究的前提和基础，为后续科研工作的开展提供了必要的理论支撑。

　　以语义及语义关联关系揭示为基础的馆藏资源知识网络的构建是对传统馆藏资源序化与组织研究的深化和发展，是为实现基于语义的馆藏资源知识型服务的基础保障，以此为本源的馆藏资源深度聚合研究、面向用户意图感知的智能化知识网络构建与主动推送式知识服务研究将成为本领域未来研究的焦点与核心。